中药资源开发技术
系列丛书

Research and
Practice of
Whole Industry Chain of
Polygonatum

黄精
全产业链研究与实践

姜程曦　鲁梦琪　主　编
秦宇雯　赵　祺　副主编

化学工业出版社
·北京·

内容简介

《黄精全产业链研究与实践》共分为五章内容，全面系统地介绍了黄精的种源鉴定与种植、黄精的加工与产品开发、黄精的药用与保健、黄精的历史与文化、黄精的产业与规划，为黄精的研究、开发和利用提供了重要的参考依据；同时，也为培育发展现代中药、创新药物大品种、提升生物医药产业水平提供了范例。

《黄精全产业链研究与实践》可供从事中药材黄精研究的学者、中药材黄精种植技术研究的科研人员等参考使用。

图书在版编目（CIP）数据

黄精全产业链研究与实践 ／ 姜程曦，鲁梦琪主编；秦宇雯，赵祺副主编. -- 北京 ：化学工业出版社，2025. 1（2025.4重印）. --（中药资源开发技术系列丛书）. -- ISBN 978-7-122-46784-3

Ⅰ．F426.7

中国国家版本馆CIP数据核字第2024EU0512号

责任编辑：褚红喜	文字编辑：王　玮
责任校对：张茜越	装帧设计：刘丽华

出版发行：化学工业出版社
　　　　　（北京市东城区青年湖南街13号　邮政编码100011）
印　　装：河北鑫兆源印刷有限公司
787mm×1092mm　1/16　印张12¾　彩插2　字数246千字　2025年4月北京第1版第2次印刷

购书咨询：010-64518888　　　　　　　　　售后服务：010-64518899
网　　址：http://www.cip.com.cn

凡购买本书，如有缺损质量问题，本社销售中心负责调换。

定　　价：98.00元　　　　　　　　　　　　　　　　　　　版权所有　违者必究

中药资源开发技术系列丛书编委会

主　任：李校堃　商洪才　张铁军　陈常青

副主任：吴含荃　林　生　王庆来　朱文宗

　　　　黄云较　林文麟　赵立军　汪　涛

　　　　朱　强　袁　玮　甘国峰

秘书长：姜程曦

秘　书：鲁梦琪　秦宇雯　朱　姗　付佳琪

　　　　赵　祺　薛　畅

《黄精全产业链研究与实践》编写组

主　　编：姜程曦　鲁梦琪

副 主 编：秦宇雯　赵　祺

编写人员（排名不分先后）：

　　　　　朱　姗　付佳琪　程道馨　尤志勉

　　　　　宋大伟　陈　维　周柳凤　杨金凤

　　　　　寿海艳　张晓淳　盛颖睿　赵晓丽

　　　　　陈风帆　姜程曦　鲁梦琪　秦宇雯

　　　　　赵　祺　薛　畅　范欣荣　周　丹

　　　　　刘凌豪

序

中医药是中华民族独特的瑰宝，承载了华夏几千年的临床实践经验与智慧，特别在疾病预防、治疗、康复方面的贡献，推动了人类的健康与发展，其独特的优势作用也备受国际社会认可。国家不断推进实施中医药发展的战略，有力推动了我国中医药临床研究和产业链高质量稳步发展。

中药黄精始载于《名医别录》，记为上品，药食两用，其"味甘，平，无毒，主补中益气，除风湿，安五脏，久服轻身、延年、不饥"，具有补气养阴、健脾、润肺、益肾之功效。目前，多项现代研究证实黄精在增强免疫力、改善记忆力、降糖、降脂、抗炎、抗菌、抗病毒、抗衰老、抗肿瘤等诸多方面发挥一定的调节作用，值得深入研究和开发，以挖掘黄精更多的潜力和价值。

《黄精全产业链研究与实践》一书从黄精的历史沿革、药理药效、种植采收、炮制加工、产品研发、产业规划等方面进行归纳总结，打造黄精全产业链运行模式，深化黄精产业整体发展水平，同时引领创新中医药全产业链发展模式和思路，拓宽中医药行业发展道路。

本书是在温州医科大学姜程曦教授的带领下，由团队成员共同编撰。姜教授团队一直致力于中药材 GAP 基地建设、中药药理药效研究、科技成果转化与产品研发等工作，特别是深耕于黄精的相关内容，为黄精全产业链的发展作出了卓越贡献，在此方面见解独特，在姜教授的影响下，团队成员日拱一卒，功不唐捐，圆满完成本书的内容。

本书在黄精科研、产业及应用等方面论述科学全面、实用性强，对黄精生产、研发、应用领域的专家学者具有一定的参考价值。

温州医科大学
2024 年 6 月

前言

黄精全产业链主要涉及种植技术、产业链整合、技术创新与应用以及市场拓展等。本书的内容对黄精的研究和应用意义深远，能够在中医药文化传承、资源利用、产业水平、产品质量及经济发展等多方面发挥积极作用。

传承与发展中医药文化。黄精作为中医药的重要组成部分，其全产业链的发展有助于传承和发展中医药文化。通过全产业链的研究与实践，可以深入挖掘黄精的药用价值和历史文化内涵，推广中医药的健康理念和养生文化，增强公众对中医药的认知和信任，推动中医药事业的传承和发展。

促进资源有效利用与可持续发展。黄精作为一种珍贵的中药材，其全产业链的研究与实践有助于实现资源的有效开发和利用。通过科学种植、精细加工和高效利用，可以提高黄精的产量和质量，满足市场需求，同时减少对自然资源的过度依赖，实现可持续发展。

推动产业升级与经济增长。全产业链的发展能够促进相关产业的升级和经济增长。从种植、加工到销售，黄精产业链的每一个环节都涉及技术创新、产业升级和市场拓展等方面，这将带动相关产业的协同发展，推动整个产业链的升级和转型，为地方经济注入新的活力。

提升产品质量与品牌价值。全产业链的研究与实践有助于提升黄精产品的质量和品牌价值。通过标准化种植、精细化加工和严格的质量控制，可以确保黄精产品的质量和安全，提高产品的市场竞争力。同时，加强品牌建设和市场推广，可以提升黄精产品的知名度和美誉度，增强消费者对产品的信任度和忠诚度。

促进农村经济发展与乡村振兴。黄精全产业链的发展对于促进地方经济发展和振兴乡村具有重要意义。通过发展黄精产业，可以带动农村地区的就业和创业，提高农民的收入水平和生活质量。同时，通过推动农业产业升级和多元化发展，可以促进农村经济的整体发展和乡村振兴的实现。

黄精全产业链的研究与实践是一个复杂而系统的工程，需要各个环节的紧密配合和协作；通过加强技术创新、整合产业链、拓展市场等方面的努力，推动黄精产业的持续发展和繁荣。本书的内容不仅对黄精产业发展具有重要的战略意义和现实意义，也可作为其他中药资源全产业链发展的参考。

本书编写过程中，得到温州医科大学、韩国全南大学、天津中医药大学、澳门科技大学、黑龙江中医药大学、安徽农业大学、温州护士学校、池州市九华山黄精研究所等编者单位的鼎力支持与热心帮助，得到了来自政府相关部门、科研机构、高校、行业协会以及众多一线从业者的大力支持与无私帮助。特别感谢为本书提供数据、案例和宝贵意见的各位专家、学者和企业家。同时，衷心感谢出版社的编辑团队，他们的专业指导和辛勤付出，使得本书得以顺利出版。最后，向所有在黄精产业发展中默默奉献的人们致以最诚挚的敬意和感谢，是你们的努力共同推动了黄精产业的繁荣发展。

限于编者水平，书中难免存在不足之处，敬请读者和专家批评指导，以便及时改正。

编者

2024 年 6 月

目录

第一章 黄精的种源鉴定与种植
001

第一节 概述 ……………………………………… 002

第二节 黄精本草考证 …………………………… 002
一、名称考证 …………………………………… 002
二、基原考证 …………………………………… 003
三、功效考证 …………………………………… 005

第三节 黄精资源研究 …………………………… 005
一、黄精资源分类 ……………………………… 005
二、黄精资源分布及种植现状 ………………… 007
三、黄精种质资源研究 ………………………… 008

第四节 黄精种质资源鉴定 ……………………… 009
一、形态特征鉴定 ……………………………… 010
二、种源质量鉴定 ……………………………… 020
三、性状及显微结构鉴定 ……………………… 021
四、分子鉴定 …………………………………… 022

第五节 黄精种植技术 …………………………… 023
一、引用标准 …………………………………… 024
二、建立黄精的种质资源库 …………………… 024
三、选地与整地 ………………………………… 025
四、黄精繁殖 …………………………………… 025
五、栽种 ………………………………………… 027
六、田间管理 …………………………………… 027
七、病虫害 ……………………………………… 028
八、采收 ………………………………………… 030

参考文献 ………………………………………… 030

第二章 黄精的加工与产品开发
034

第一节 黄精的加工历史沿革与发展 …………… 035
一、黄精的产地初加工历史沿革与发展 ……… 035
二、黄精的炮制历史沿革与发展 ……………… 039

三、黄精炮制机理研究……………………………………………… 050
第二节　黄精质量控制与评价的研究与展望……………………… 052
一、黄精质量控制与评价的现状…………………………………… 053
二、黄精质量控制与评价的展望…………………………………… 056
第三节　黄精产品的开发、应用与发展…………………………… 057
一、黄精药品的开发、应用与发展………………………………… 058
二、黄精药膳和食品的开发、应用与发展………………………… 060
三、黄精日化用品的开发、应用与发展…………………………… 072

参考文献………………………………………………………………… 075

第三章 黄精的药用与保健

第一节　黄精的传统功效及应用…………………………………… 081
一、魏晋南北朝时期………………………………………………… 081
二、唐宋金元时期…………………………………………………… 083
三、明清时期………………………………………………………… 091
第二节　黄精的现代药理药效作用………………………………… 105
一、抗氧化、抗衰老作用…………………………………………… 106
二、抗炎作用………………………………………………………… 110
三、抗肿瘤作用……………………………………………………… 112
四、降血糖作用……………………………………………………… 115
五、调节血脂作用…………………………………………………… 118
六、抗菌抗病毒作用………………………………………………… 121
七、调节免疫作用…………………………………………………… 124
八、抗疲劳作用……………………………………………………… 127
九、保护神经作用…………………………………………………… 131
十、防治抑郁作用…………………………………………………… 135
十一、保护骨骼作用………………………………………………… 137
十二、保护心血管作用……………………………………………… 139
十三、保护肝肾作用………………………………………………… 144
第三节　总结………………………………………………………… 148

参考文献………………………………………………………………… 149

第四章 黄精的历史与文化

159

第一节 概述 ················· 160
一、黄精的药食同源文化 ················· 160
二、黄精的文学价值 ················· 161
三、黄精的农耕文化 ················· 161
四、黄精的创新文化 ················· 161

第二节 黄精的药食同源文化 ················· 162
一、成为食材的黄精 ················· 162
二、黄精的食用文化 ················· 163
三、黄精的药用文化 ················· 164
四、黄精的药食同源传统文化 ················· 165

第三节 黄精的文学表达 ················· 167
一、歌咏黄精的诗篇 ················· 167
二、提及黄精的文学名著 ················· 169

第四节 黄精的农耕文化 ················· 171

第五节 黄精的创新文化 ················· 172

第六节 千年传承的瑰宝 ················· 174

参考文献 ················· 175

第五章 黄精的产业规划

176

第一节 黄精代表性产业 ················· 177
一、安徽九华黄精产业 ················· 177
二、湖南安化黄精产业 ················· 178
三、其他地区黄精产业 ················· 178

第二节 黄精产业发展现状 ················· 179
一、黄精产业体系现状 ················· 179
二、黄精产值现状 ················· 179
三、黄精市场现状 ················· 179
四、相关政策支持 ················· 179

第三节 黄精产业发展中存在的问题 ················· 180
一、种植技术和品种问题 ················· 180
二、产业链和市场问题 ················· 180

三、资金和政策支持问题……………………………………… 181
　　四、产业组织和人才问题……………………………………… 181
　第四节　黄精产业规划与展望…………………………………… 182
　　一、加强黄精种植技术研发与推广…………………………… 182
　　二、拓展黄精产业链，增加附加值…………………………… 183
　　三、加强黄精品牌建设与市场推广…………………………… 184
　　四、加强科研创新，提升黄精产业竞争力…………………… 184
　　五、建设黄精产业园区，促进产业聚集发展………………… 185
　　六、加强对黄精产业的政策扶持与引导……………………… 186
　　七、拓展黄精国际市场，提高出口竞争力…………………… 186
　　八、加强对黄精产业人才的培养与引进……………………… 187
　第五节　总结……………………………………………………… 188
　　一、市场需求持续增长………………………………………… 188
　　二、产业链不断完善…………………………………………… 188
　　三、科技创新推动产业升级…………………………………… 188
　　四、国际市场拓展……………………………………………… 189
　　五、品牌建设和质量提升……………………………………… 189

参考文献……………………………………………………………… 189

第一章 黄精的种源鉴定与种植

第一节 概 述

黄精是我国传统大宗药材，有悠久的种植史和药用史，是中国传统的"药食同源"的物品，具有重要的生物学功能和社会功能，集药用、食用、经济、文化和社会等价值于一体。2020 年版《中华人民共和国药典》（以下简称《中国药典》）[1] 收录了 3 种来源：百合科黄精属滇黄精（*Polygonatum kingianum* Coll. et Hemsl.）、黄精（*Polygonatum sibiricum* Delar. ex Red.）、多花黄精（*Polygonatum cyrtonema* Hua.）；按形状不同，分别习称"大黄精""鸡头黄精""姜形黄精"。黄精味甘，性平；归脾、肺、肾经；具有补气养阴、健脾、润肺、益肾的功效。临床上用其主治脾胃气虚，体倦乏力，胃阴不足，口干食少，肺虚燥咳，劳嗽咳血，精血不足，腰膝酸软，须发早白，内热消渴等证候。现代研究表明，黄精具有降血糖、抗肿瘤、增加免疫、抗衰老、降血脂、抗动脉粥样硬化、抗骨质疏松、抗病原微生物、抗病毒、改善记忆、防治老年痴呆、调节造血等功效[2]。

该属植物在我国分布广泛，在漫长的进化过程中，因自然选择促成了丰富的遗传变异且形成了各种优良的遗传性状及生物类型，为黄精属植物人工选育适宜药用、食用的优良品种提供了丰富的资源。目前黄精属植物形态和生药性状相似、物种鉴定困难、植物学性状上进行准确分类较为困难，导致市场上混伪品多、药材质量极不稳定，给用药和食品安全带来很大的隐患，因此，对黄精属植物进行快速准确的鉴定和了解基本品质就显得尤为重要和迫切。

第二节 黄精本草考证

一、名称考证

黄精有很多别名，本草书籍记录的有"戊己芝"（《五符经》），"救穷草"、"生姜"（《滇南本草》），"米辅"（《本草蒙筌》），"鹿竹"、"鸡格"、"重楼"、"菟竹"（《名医别录》），"垂珠"、"白及"（《抱朴子》），"太阳之草"（《博物志》），"仙人余粮"、"马箭"（《本草图经》），"黄芝"（《瑞草经》），"笔管菜"（《本草纲目》），"鸡头参"（《山西中药志》）等，《诗经·广雅》中也曾提到"龙衔"这一称呼。黄精经过加工又可当作食物以饱腹，故《滇南本草》[3] 云："洗净，九蒸，九晒，服之甘美。俗亦能救荒，故名救穷草。"《本草蒙筌》[4] 又云："洗净九蒸九曝代粮，可过凶年。因味甘甜，又名米辅。"《本草纲目》也曾提到："九蒸九曝，可以代粮，又名米辅。"亦云："其根横行，状如葳蕤，俗采其苗爆熟，淘去苦味食之，名笔管菜。"黄精之名取自于仙家用其得土地之精华，故时珍《本草纲目》曰："仙家以为芝草之类，以其得坤土之精粹，故谓之黄精。《五符经》云：'黄精获天地之淳精，故名为戊己芝，是此义也。'"[20] 黄精的种类众多，形态各异，因此有很多从形态上命名的名字。如《滇南本草》中："根如嫩生姜色，俗呼生姜。"《本草纲目》曰："鹿竹、菟竹，因叶似竹，而鹿兔食也，垂珠，以子形也。"也有因其相似之物而命名，如《本草从新》[5] 提到："似玉竹而稍大，黄白多须，故俗呼为玉竹黄精。又一种似白及，俗呼为白及黄精。又名山生姜，恐非真者。"可见古人大都根据其外在形态对黄精命名，同时也有根据其地理位置命名的，而黄精品种繁多遍布很广，古人就其地理位置进行了浅显的考证调查。

二、基原考证

黄精最早记载于《名医别录》，而因其外形相与女萎、葳蕤相似，古籍记载中常常混淆。《名医别录》[6]（公元220—450年）曾记载："黄精，味甘，平，无毒。主补中益气，除风湿，安五脏。久服轻身、延年、不饥。"《神农本草经》[7] 中记载的"女萎（葳蕤）"："味甘，平。主中风暴热，不能动摇，跌筋结肉，诸不足。久服去面黑皯，好颜色，润泽，轻身，不老。"虽黄精、女萎性味都为甘、平，都可使人延年、不老，但两者的功效主治大不相同。《名医别录》同时记载："葳蕤，无毒。主治心腹结气，虚热，湿毒，腰痛，茎中寒，及目痛眦烂泪出。"且《证类本草》[8] 记载黄精"一枝多叶，叶状似竹而短，根似葳蕤"。这指出黄精的根与葳蕤相似，但其功效主治并不相同，故并不能肯定或否定"黄精"即"女萎（葳蕤）"。经查阅历代资料表明，女萎为今毛茛科女萎，葳蕤为今百合科玉竹[9]。故认为黄精医用记载始于《名医别录》。

随后，唐代的《新修本草》[10]《食疗本草》[11]《本草拾遗》[12] 关于黄精植物形态有了进一步的描述。《新修本草》[10] 记载："黄精叶乃与钩吻相似，惟茎不紫、花不黄为异……肥地生者即大如拳，薄地生者犹如拇指……叶似柳叶及龙胆、徐长卿辈而坚……黄精直生，如龙胆、泽漆，两叶或四、五叶相对……"，故黄精属植物叶对节而生的有对生型和轮生型，而根据《中国植物志》(1978年版)[13] 记载的有27种黄精和多花黄精类黄精品种，其中只有棒丝黄精（*P. cathcartii* Baker）和对叶黄精 [*P. oppositifolium* (Wall.) Royle] 的叶序是对生，其他黄精属植物的叶序是互生或轮生，且棒丝黄精和对叶黄精生长于我国西藏自治区东部和南部等海拔2400 m以上的地区，分布较少，较难采集，因此推测"两叶或四、五叶相对"是指黄精叶序为轮生叶，"叶似柳叶及龙胆、徐长卿辈而坚"的描述也符合轮叶型黄精特点[14]，由此推测唐代药用黄精主流为轮叶型黄精；且《食疗本草》[11] 中记载黄精"以相对者是正，不对者名偏精"；《本草拾遗》[12] 中记载黄精"其叶偏生、不对者为偏精，功用不如正精"，明确指出"相对者"的轮生叶序类型的黄精功效优于"不对者"的互生叶序类型黄精，因此，唐代药用黄精基原植物为轮叶型黄精。

宋代苏颂在《本草图经》[15]记载："黄精，旧不载所处州郡，但云生山谷。以嵩山、茅山者为佳。今南北皆有之……三月生苗，高一二尺以来；叶如竹叶而短，两两相对；茎梗柔脆，颇似桃枝，本黄末赤；四月开细青白花，如小豆花状……江南人说黄精苗叶，稍类钩吻，但钩吻叶头极尖，而根细。"黄精对生叶类群分布在我国西藏自治区等海拔较高的地方，且资源量很少，与云生山谷不符，可推知"两两相对"指的是轮叶类型而不是对叶类型。而根据《江苏植物志》[16]中记载，江苏分布有黄精（*P. sibiricum* Redouté）、囊丝黄精（*P. cyrtonema* Hna.）、湖北黄精（*P. zanlanscianense* Pamp.）；根据《嵩山植物志》[17]记载，嵩山分布有黄精、湖北黄精、二苞黄精［*P. involucratum* (Franch.et Sav.) Maxim］。黄精和湖北黄精叶轮生，囊丝黄精和二苞黄精叶互生。湖北黄精根状茎味苦，一般不做药用[18]，可推知宋代主流药用黄精为黄精（*P. sibiricum* Delar. ex Redoute）。此外，由《证类本草》[8]中黄精的原植物形态图可以观察到，安徽省滁州黄精、陕西省丹州黄精、山西省解州黄精、河南省相州黄精、陕西省商州黄精的叶序类型均为轮叶型，只有四川永康军黄精为互生叶类黄精，其植物形态与多花黄精一致，可推知宋代药用黄精基原植物为轮生叶型黄精，当时开始出现以多花黄精为基原植物的药用黄精，主流药用黄精基原植物仍为黄精。

明代安徽凤阳人朱橚的《救荒本草》[19]云："生山谷，南北皆有之。嵩山、茅山者佳。根生肥地者大如拳，薄地者犹如拇指。叶似竹叶，或二叶、或三叶、或四五叶，俱皆对节而生，味甘，性平，无毒。"又云："叶光滑者谓之太阳之草，名曰黄精，食之可以长生。"从"叶似竹叶，或二叶、或三叶、或四五叶，俱皆对节而生"可推知明代药用黄精叶序类型为轮叶型，而且《救荒本草》中的黄精原植物附图叶序类型为轮叶型，与植物黄精相似。《本草纲目》[20]也有记载："黄精叶似竹而不尖，或两叶、三叶、四叶、五叶，俱对节而生，其根横行，状如葳蕤……并言钩吻是野葛，蔓生，其茎如箭，与苏恭之说相合。"这说明明代药用黄精基原植物为轮叶型黄精，为黄精本草考证提供了佐证。清代时期关于黄精植物形态的记载极少，《本草正义》[21]中记载黄精"今产于徽州，徽州人常以为馈赠之品"，程铭恩等[22]调查了我国皖南地区的流通黄精属植物，发现多花黄精占有资源量的80%，湖北黄精约占10%，长梗黄精（*P. filipes* Merr.）约占10%，推知当时主流药用黄精的基原植物为多花黄精。

近代《中国道地药材》[23]记载："目前除湖南、贵州、广西主产姜形黄精质优外，安徽九华山所产亦属上品。"姜形黄精的原植物为多花黄精，并且《安徽中药资源与开发利用》[24]中记载安徽省黄精尤以青阳产的"九华黄精"质量最佳。因此可推知九华黄精的基原植物为多花黄精。从历代本草中关于黄精的记载可以发现药用黄精具有多源性，其基原植物形态复杂。从唐代到明代主流药用黄精基原植物为轮叶型黄精，宋代时开始出现以多花黄精为基原植物的药用黄精，20世纪以后主流药用黄精的基原植物变为多花黄精。

三、功效考证

黄精自古以来就是我国古代仙家、道家和佛家推崇的养生圣品，早在唐朝时期，黄精的栽培种植就已经有了一定的规模。唐代许宣平的《见李白诗又吟》曰："一池荷叶衣无尽，两亩黄精食有余。"该诗句从侧面反映了黄精在我国古代医学和日常养生中都具有重要地位。《神农本草经疏》[25]对黄精的功效进行了详细论证："味厚气薄土位乎中，脾治中焦，故补中。久服轻身延年，著其为效之极功也，虽非治疗之所急，而为养性之上药，故仙经累赞其能服饵驻颜，久而弥盛矣。"历代本草多引用《名医别录》所言，仍有部分古典医籍对黄精的功效进行补充。《证类本草》[8]记载黄精"补五劳七伤，助筋骨，止饥，耐寒暑，益脾胃，润心肺"。《本草蒙筌》[4]记载黄精"壮元阳……小儿羸瘦，多啖弥佳"。《本草纲目》[20]记载黄精"补诸虚，止寒热，填精髓……"《中国药典》（2020年版）记载黄精"甘，平。归脾、肺、肾经。补气养阴，健脾，润肺，益肾"。由此可见，黄精从古至今都是被历代医家广为应用的补益药。

黄精不但具有补气养阴的功效，而且甘美易食，可长期养生服用，在饥荒年代亦可食用充饥。黄精药食两用历史悠久，在很多古籍文献中都有体现，如《证类本草》[8]记载黄精"根、叶、花、实皆可饵服，酒散随宜，具在断谷方中"。我国最早的中医食疗学专著《食疗本草》[11]也记载："饵黄精，能老不饥……根、叶、花、实，皆可食之。"这说明古人很早就发现黄精各个部位都具有很高的食药价值，并用其来增强体质和延缓衰老。现代研究也证实，黄精花中的皂苷、多糖、酚类、矿物元素和氨基酸等化学成分含量均高于黄精根茎，具有很高的药食两用价值[26]。

第三节 黄精资源研究

一、黄精资源分类

黄精属植物种类繁多，分布于北温带，以亚洲东部较为集中，欧洲及北美洲次之。关于黄精属植物的划分，最早是由 Baker（1875年）根据叶的着生顺序将其划分为互生叶类（Sect. Alternifolia）、轮生叶类（Sect. Verticillata）和对生叶类（Sect. Oppositifolia）3个类群。而《中国植物志》根据有无苞片、叶序类型、花被筒的长度、花被的形状等性状，将该属分为8个系，即短筒系（Ser. Altelobata.）、互生叶系（Ser. Alternifolia Baker.）、苞叶系（Ser. Bracteata Kom.）、独花系（Ser. Hookeriana.）、滇黄精系（Ser. Kingiana.）、对叶系（Ser. Oppositifolia.）、点花系（Ser. Punctata.）、轮生叶系（Ser. Verticillata）。但由于黄精属植物性状相似，难以凭借叶的着生顺序简单划分，于是该种分类方式被淘汰。据世界植物在线（Plants of the World Online）官方网站的最新统计数据，全世界黄精属植物约有107种，该网站统计了黄精属植物80种。中国植物志官网统计了黄精属植物约有40种，我国黄精属植物有31种，其中包括4个玉竹品种，其余27个黄精品种分布如表1-1所示，分布种占该属种类的80%以上，蕴藏量在500吨左右，广泛分布于32个行政区域。其中，黄精分布于我国北方诸省及安徽（东部）、浙江（西北部）地区。滇黄精分布于我国贵州、云南、四川等地。多花黄精主要分布于我国南部诸省区，陕西、甘肃（南部）及东北地区南部也有分布。从资源分布的常见度和群集度来看，我国黄精资源形成南北两大类。北黄精以大兴安岭南部、东北平原、内蒙古高原和贺兰山为分布中心，其原植物为黄精；南黄精以云贵高原和江南丘陵地带为分布中心，其原植物为滇黄精和多花黄精。

表1-1　我国黄精属植物分类汇总

黄精品种	分布地区
黄精（P. sibiricum）	黑龙江、吉林、辽宁、河北、山西、陕西、内蒙古、宁夏、甘肃（东部）、河南、山东、安徽（东部）、浙江（西北部）
滇黄精（P. kingianum）	云南、四川、贵州
多花黄精（P. cyrtonema）	四川、贵州、湖南、湖北、河南（南部和西部）、江西、安徽、江苏（南部）、浙江、福建、广东（中部和北部）、广西（北部）
细根茎黄精（P. gracile）	甘肃（东南部）、陕西（秦岭）、山西（南部）
独花黄精（P. hookeri）	西藏（南部和东南部）、云南（西北部）、四川、甘肃（东南部）、青海（南部）
湖北黄精（P. zanlanscianense）	甘肃（东南部）、陕西（南部）、四川、贵州（东部）、湖北、湖南（西部）、河南、江西（西北部）、江苏（宜兴）
轮叶黄精（P. verticillatum）	西藏（东部和南部）、云南（西北部）、四川（西部）、青海（东北部）、甘肃（东南部）、陕西（南部）、山西（西部）
格脉黄精（P. tessellatum）	云南（西部和西北部）
卷叶黄精（P. cirrhifolium）	西藏（东部和南部）、云南（西北部）、四川、甘肃（东南部）、青海（东部与南部）、宁夏、陕西（南部）
新疆黄精（P. roseum）	新疆（塔里木盆地以北）
长苞黄精（P. desoulayi）	黑龙江
点花黄精（P. punctatum）	西藏（南部）、四川、云南、贵州、广西（西南部）、广东
距药黄精（P. franchetii）	陕西（秦岭以南）、四川（东部）、湖北（西部）、湖南（西北部）
对叶黄精（P. oppositifolium）	西藏（南部）
二苞黄精（P. involucratum）	黑龙江（东南部）、吉林、辽宁、河北、山西、河南（西北部）
节根黄精（P. nodosum）	湖北（西部）、甘肃（南部）、四川、云南（东北部）
短筒黄精（P. altelobatum）	台湾

续表

黄精品种	分布地区
大苞黄精（P. megaphyllum）	甘肃（东南部）、陕西（秦岭）、山西（西部）、河北（西南部）
热河黄精（P. macropodium）	山西、辽宁、山东、河北
粗毛黄精（P. hirtellum）	四川（西南部）、甘肃（南部）
长梗黄精（P. filipes）	浙江、福建、江西、江苏、安徽、广东（北部）、湖南
狭叶黄精（P. stenophyllum）	辽宁、吉林、黑龙江
垂叶黄精（P. curvistylum）	四川（西部）、云南（西北部）
棒丝黄精（P. cathcartii）	西藏（东部）、云南（西北部）、四川（西部）
阿里黄精（P. arisanense）	台湾
互卷黄精（P. alternicirrhosum）	四川（西南部）
五叶黄精（P. acuminatifolium）	吉林、河北（北部）

二、黄精资源分布及种植现状

黄精属植物在我国分布虽广，但适应性较差、生境选择性强。喜生于土壤肥沃、表层水分充足、荫蔽但上层透光性充足的林缘、灌丛和草丛或林下开阔地带。野生黄精类药材的原植物由其生长结构特征决定，通常不形成优势种群，而以伴生或附生状态参与生物结构的组合，群落组成成分因种类和生境的不同而异。马存德[27]等对陕西省略阳县野生黄精进行资源调查，发现其主要分布在略阳县西北部地区海拔850~1400 m的砂质土壤、腐殖土的稀疏阔叶林下，提示了黄精适合生长的土质特点。吴其国等[28]比较了安徽青阳县野生多花黄精和栽培品种的黄精多糖和总酚含量差异，野生种黄精多糖和总酚的含量明显高于栽培品种的含量，且差异均有统计学意义，说明野生的黄精优于栽培种。周守标等[29]通过对安徽黄精属药用植物的野外调查和实验园地栽培观察发现，安徽省现有黄精属植物11种，这是后期引种栽培的结果，其中距药黄精和多花黄精两种互生叶黄精亲缘关系极为密切。叶淑英[30]分析不同生境对野生多花黄精根茎生物量积累的影响，提示生长在溪沟边腐殖质丰富地块的多花黄精根茎生物量及生物量积累速度均最大。结合调查的安徽祁门、旌德、岳西、金寨、池州等地有多花黄精自然分布和引种栽培成功的地域特点发现，野生黄精资源分布日益减少，主要分布在海拔600~1200 m的常绿阔叶林、竹林、林缘、山坡阴湿处、水沟边，偶有散在林下岩石缝隙中。这说明黄精进行野生抚育和栽培时可以选择在海拔100~800 m的砂质土壤、腐殖土的稀疏阔叶林下。李映焕等[31]研究发现安徽省黄精属互生叶类群，以多花黄精资源量最为充足，分布广且有一定丰度，根状茎也较为肥厚，为研究黄精属资源分布提供了间接指导。郭敏娜等[32]通过调查发现山西省野生黄精广泛分布于11个市、50个县，晋北、晋南和晋中均有野生黄精分布。其中，晋南和晋中部地区的分布县域较多，野生黄精资源较丰富。

山西省野生黄精的花期主要集中在6～7月，果期主要集中在7～9月。山西省内南北地区野生黄精叶和果形态差异明显，从叶片形态来看，晋北地区叶片形态整体偏"短小"；晋南部黄精叶宽，且明显大于晋北部。

随着黄精的市场需求量越来越大，近几年来黄精价格不断提高，应用领域不断扩大，黄精种植面积也逐步扩大，戴琴等[33]研究仿野生栽培多花黄精3年，产量达1500～1800千克/亩，扩大了黄精种植途径；谷甫刚等[34]对多花黄精的栽培密度、施肥、中耕、防病4个方面进行研究，进一步规范了多花黄精的栽培方法。李胜德[35]从选地整地、良种繁殖、栽植、田间管理、病虫害防治、采收与加工等方面研究多花黄精的林下栽培技术，以促进林下种植经济的发展。鲍康阜率先制定了九华黄精的《中药材生产质量管理规范》（good agricultural practice，GAP）栽培技术规程[36-38]，根据中药材GAP产品标准，对九华黄精的规范化栽培提出具体技术措施，从而保障了黄精的品质和质量安全。

近年来，为提高农民收入水平，全国各地政府鼓励农民开发适宜荒山林地种植黄精，大力发展黄精产业。由于黄精为"十大皖药"之一，安徽省野生资源蕴藏量100余吨，安徽省政府积极培育林下经济，深入推进绿色生态优势产业发展，科学定位、示范带动，举全省之力打造百亿黄精产业。如安徽省池州市九华府金莲智慧农业有限公司依托池州市九华山黄精研究所建成黄精标准化种植面积2万余亩，已建成百亩以上黄精种植基地40个、"十大皖药"标准化种植基地2个、黄精GAP种植基地2个，省级长三角绿色农产品（黄精）生产加工供应基地2个。九华黄精被批准为"中国国家地理标志"产品，金寨县依托"竹下黄精"立体种植模式种植黄精面积达2.38万亩，金寨黄精被评为"全国黄精地理标志"产品，祁门县种植黄精中药材种植面积达2万余亩，拥有2个国家林下经济（黄精等中药材）示范基地。此外，浙江省江山黄精获得"全国农产品地理标志"产品。湖南省怀化市博世康黄精种植加工基地致力于黄精的精深加工，并在新晃黄精城、麻阳长寿谷等地发展产地加工、集散贸易、林下种植、生态康养等项目，基地计划引入GAP管理制度，并利用太空育种技术选育出优质黄精品种。黑龙江省天问山黄精基地建设了万亩黄精生态产业园，并获得了有机产品认证证书。江西省铜鼓县花山林场黄精种植总面积4.2万亩，其中高标准种植基地6000亩。贵州省梵净山种植基地有2万多亩黄精种植园。这些种植基地充分利用得天独厚的自然环境优势，在品种优育、种苗繁育、栽培模式、采收技术、生产技术、产品研发、销售等方面形成了产业链模式，建立了标准化、规范化种植管理技术，确保产品质量、生产环境安全，使黄精的种植面积和产量都在稳步提升。

三、黄精种质资源研究

通过对不同种质的黄精进行比较发现，其种质资源多样性比率较高，亲缘关系较远，遗传变异较大，这些结果可能与黄精的分布有关[39]。周簌[40]研究发现黄精属植物资源兼有药用、食用和观赏价值。吴世安等[41]通过对黄精属植物叶绿体DNA分析，发现黄精属、竹根七属、鹿药属和舞鹤草属构成的狭义黄精族与铃兰族中铃兰属有较近的亲缘关系，并支持将扭柄花属和万寿竹属、鹿药属和舞鹤草属聚成另一支，在狭义黄精族内，黄精属与竹根七属聚成一支，鹿药属与舞鹤草属聚成另一支，为探讨族内属间系统演化关系提供了分子生物学方面的证据。董治程[42]测定了10批不同产地的多花黄精、黄精或滇黄精，发现不同品种的黄精药材的药用成分含量有明显的差异，黄精含量明显高于其他两个品种，多花黄精高于滇黄精。李世等[43]研究发现，在黄精野生变家种的过程中，在正确的栽培方式下，3年生黄精的亩产量比2年生黄精的亩产量多580千克左右。由不同产地地下块茎与地理因子的相关性分析可知，经度、海拔、降水量与地下茎块部分的生长无明显相关性，但是纬度越低，地下块茎的节数越少、最长茎变短；年均温也与最长茎、最短茎呈显著负相关，说明纬度越低、越热的地方地下茎块的体积可能会相对较小；年日照时数与单体重量呈极显著性正相关，无霜期与单体重量、最长茎、最短茎、节数呈极显著正相关，说明光照和温度是地下块茎生长的主导因子[44]。多花黄精的地上性状和地下性状在种质间差异均达到显著或极显著水平。其中，不同多花黄精种质的叶宽、株高、果径与百粒重的遗传率较高，且遗传变异系数较小，生态环境条件对其影响较小。这些农艺指标也可作为评价黄精种质品质的指标。生态环境对不同多花黄精种质的根茎特征及叶长、叶片厚度等性状的影响较大。不同多花黄精种质的根茎形态和生物量分别与叶面积、10℃以上积温呈极显著正相关；生态环境对叶面积影响较大，同时株高、茎粗也与叶面积呈极显著正相关，因此，在多花黄精育种栽培过程可通过初选亲本表型特征，并适当改变其生长地环境，从而达到其品种性状改良和增产增收的目标[45]。

第四节　黄精种质资源鉴定

植物种质资源的研究主要包括调查、收集、鉴定、保存和应用等内容。历史上，植物种质资源的研究主要经历了原始种质资源的采集、传统品种的栽培、现代品种的优化和人工选育三个过程，积累了大量内容丰富的原始材料和文献资料，为生物资源的科学研究提供了基础材料。因此，种质资源研究是生物资源研究的重要内容，是生物资源科学管理、合理利用和资源保护的理论依据，是良种选育、新品种选育和工程育种等应用研究的理论基础，也是构建可持续发展体系、生态农业体系、现代循环农业体系、现代工业体系、现代化经济体系和绿色经济体系的理论依据。

黄精产业集经济、生态和社会效益于一体，黄精制品的营养价值和经济价值得到广泛关注，并显示出巨大的发展潜力和广阔的市场前景。但是，长期的无性繁殖及种源的自繁、自留导致了植株的混杂、老化，种子质量标准缺乏，且优良品种选育研究极少，导致种质退化、抗逆性差、植株病毒化严重，由此引起减产现象。此外，植株间良莠不齐、品质变异较大，导致药材质量不稳定，严重影响了黄精临床应用的有效性和安全性。因此，黄精种质资源的收集、筛选、鉴定、保护和利用的研究成为一个重要的研究课题，也是解决目前客观存在问题的可行方法。

一、形态特征鉴定

1. 正品黄精

（1）滇黄精

别名：大黄精。

茎：茎高 1~3 m，顶端常作攀援状。

叶：叶轮生，无柄，每轮 3~10 枚，条形、条状披针形或披针形，长 6~20（~25）cm，宽 3~30 mm，先端拳卷（图 1-1）。

花：花腋生，花被筒状，花序具（1~）2~4（~6）花，总花梗下垂，长 1~2 cm，花梗长 0.5~1.5 cm，苞片膜质，微小，通常位于花梗下部；花被粉红色，长 18~25 mm，裂片长 3~5 mm；花丝长 3~5 mm，丝状或两侧扁，花药长 4~6 mm；子房长 4~6 mm，花柱长（8~）10~14 mm。花期为 3~5 月（图 1-2）。

图1-1　叶（滇黄精）

图1-2　花（滇黄精）

果实：浆果红色，直径 1~1.5 cm，具 7~12 颗种子。果期为 9~10 月（图 1-3）。

根茎：根茎肥大，近圆柱形或近连珠状，结节有时作不规则菱状，结节长可达 10 cm 以上，宽 3~6 cm，厚 2~3 cm。表面淡黄色至黄棕色，具环节，有皱纹及须根痕，结节上侧茎痕呈圆盘状，圆周凹入，中部突出。质硬而韧，不易折断，断面角质，淡黄色至黄棕色。气微，味甜，嚼之有黏性（图1-4）。

图1-3 果实（滇黄精）

图1-4 根茎（滇黄精）

滇黄精的整体图见图 1-5。

滇黄精 *Polygonatum kingianum* Coll. et Hemsl.

图1-5 滇黄精整体图（程道馨绘）（见彩插）

1—植株的一部分；2—花被（已剖开）；3—花；4—雌蕊；5—根茎；6—根茎切面；7—果实；8—果实切面

（2）黄精

别名：鸡头黄精。

茎：茎高50～90 cm，或可达1 m以上，有时呈攀援状。

叶：叶轮生，每轮4～6枚，条状披针形，长8～15 cm，宽（4～）6～16 mm，先端拳卷或弯曲成钩（图1-6）。

花：花序通常具2～4朵花，似呈伞形状，总花梗长1～2 cm，花梗长（2.5～）4～10 mm，俯垂；苞片位于花梗基部，膜质，钻形或条状披针形，长3～5 mm，具1脉；花被乳白色至淡黄色，全长9～12 mm，花被筒中部稍缢缩，裂片长约4 mm；花丝长0.5～1 mm，花药长2～3 mm；子房长约3 mm，花柱长5～7 mm。花期5～6月（图1-7）。

果实：浆果球形，成熟时黑色，直径7～10 mm，具4～7颗种子。果期8～9月（图1-8）。

根茎：呈结节状弯柱形，长3～10 cm，直径0.5～1.5 cm。结节长2～4 cm，略呈圆锥形，常有分枝。表面黄白色或灰黄色，半透明，有纵皱纹，茎痕圆形，直径5～8 mm（图1-9）。

图1-6 叶（黄精）

图1-7 花（黄精）

图1-8 果实（黄精）

图1-9 根茎（黄精）

黄精的整体图见图1-10。

（3）多花黄精

别名：姜形黄精。

茎：茎高50～100 cm，通常具10～15枚叶。

黄精 *Polygonatum sibiricum* Delar. ex Red.

图1-10 黄精整体图（程道馨绘）（见彩插）
1—植株；2—花被（已剖开）；3—花；4—果实；5—果实切面；6—根茎

叶：叶互生，椭圆形、卵状披针形至矩圆状披针形，少有稍作镰状弯曲，长10～18 cm，宽2～7 cm，先端尖至渐尖（图1-11）。

花：花序具（1～）2～7（～14）朵花，伞形，总花梗长1～4（～6）cm，花梗长0.5～1.5（～3）cm；苞片微小，位于花梗中部以下，或不存在；花被黄绿色，全长18～25 mm，裂片长约3 mm；花丝长3～4 mm，两侧扁或稍扁，具乳头状突起至具短绵毛，顶端稍膨大乃至具囊状突起，花药长3.5～4 mm；子房长3～6 mm，花柱长12～15 mm。花期5～6月（图1-12）。

图1-11 叶（多花黄精）

图1-12 花（多花黄精）

果实：浆果黑色，直径约 1 cm，具 3~9 颗种子。果期 8~10 月（图 1-13）。

根茎：呈长条结节块状，长短不等，常数个块状结节相连。表面灰黄色或黄褐色，粗糙，结节上侧有突出的圆盘状茎痕，直径 0.8~1.5 cm（图 1-14）。

图1-13　果实（多花黄精）　　　　　　图1-14　根茎（多花黄精）

多花黄精的整体图见图 1-15。

多花黄精 *Polygonatum cyrtonema* Hua.

图1-15　多花黄精整体图（程道馨绘）（见彩插）
1—植株；2—花（已剖开）；3—雌蕊；4—果实；5—果实切面；6—根茎

2. 生长特性

黄精为多年生草本植物，生长周期为 5~6 年。其种子在适宜条件下萌发后分化形成极小的初生根茎，初生根茎当年没有真叶出土，在地下完成年周期生长。次年春季，初生根茎在前一年已分化的叶原基的基础上继续分化，并形成单叶幼苗；同时地下根茎分化、膨大形成次生根茎。秋季倒苗时，次生根茎的生长点已分化完成第三年的根茎节数。第三年开始抽地上茎，但不开花结果，直至生长5~6年的植株才开花结实。野生状态下，黄精实生苗植株的营养阶段不易辨别，多为开花植株，并且每株都有一个庞大的地下发育体系。黄精的繁殖有种子和营养两种方式，但种子繁殖周期长，在适宜条件下需4~5年才可进入产量的开始期，根茎则具有较强的繁殖能力，其根茎每年可生长一段茎节，每段茎节分化的节数不定，每个抽茎节以下各节，从上而下依次分化形成1~5个腋芽，上位芽具有生长优势，一般成为下一年的有效芽。在上位芽正常发育时，下位芽一般处于潜伏状态或退化。依此，逐年交替生长，形成结节状根茎体系。生长年限越长，根茎体系越庞大，根茎直径越粗。黄精根茎的无融合生殖能力为资源更新提供了保障。黄精的栽培在我国已有上千年的历史，人们利用其生长发育特性，人为地使其根茎体系分离，刺激潜伏芽或不定芽萌发，缩短黄精商品的生产周期，提高药材产量。

3. 黄精代用品

(1) 卷叶黄精的根茎

卷叶黄精（*Polygonatum cirrhifolium* (Wall.) Boyle.）又名滇钩吻，野生分布于我国湖南、湖北、四川、云南、西藏、甘肃、陕西、宁夏、青海等地及东北各省。叶3~8片，轮生，先端卷曲，下面有粉。花小，白色或绿色稍带紫色；花梗基部无苞片或具披针形膜质白色苞片，但不明显；无脉，花序通常具2朵花。根茎连珠状或姜块状，长5~12 cm，每个结节有直径约1 cm的圆形茎痕。味甜，若有苦味不宜作黄精用。地方习用品。本品常切片生晒作黄精片销售。

(2) 湖北黄精的根茎

湖北黄精（*Polygonatum zanlanscianense* Pamp.）野生分布于我国湖北、湖南、江西、河南、陕西、甘肃、四川、贵州等地。本品与卷叶黄精相似，唯花梗基部有明显的膜质苞片，具1脉，花序通常具2~6朵花。根茎味苦。少数地区采挖，常切片销售。

(3) 长梗黄精的根茎

长梗黄精（*Polygonatum filipes* Merr.）野生分布于我国浙江、福建、江苏、安徽、江西、湖南、广东等省及广西壮族自治区。叶互生，叶背被短毛。花序通常具3朵以上花，总花梗细丝状，长3~8 cm。根茎长3~5 cm，直径约2 cm。表面黄棕色，茎痕圆形，节环纹较稀疏。本品常混入多花黄精中。

(4) 热河黄精的根茎

热河黄精（*Polygonatum macropodum* Turcz.）野生分布于我国河北、辽宁、山东等省。叶互生，叶片呈椭圆形或长卵形。花序通常具5~12朵花，总花梗长3~5 cm。根茎圆柱形，有隆起环状节纹，节距疏密不一。产区常作玉竹或黄精产销。

（5）轮叶黄精的根茎

轮叶黄精 [*Polygonatum verticillatum* (L.) All.] 野生分布于我国陕西、甘肃、山西、青海、四川、云南等省以及西藏自治区。叶常 3 叶轮生，叶片线状披针形，先端不卷曲；花紫堇色，具深紫色斑点，花柱与子房近等长或稍长。根茎形状因产区不同差异较大，常结节状弯曲盘生；一端膨大，一端较细或下粗上细如羊角状，自节处分支成段，直径约 1 cm。表面黄白色，有明显纵皱纹与大小不等的茎痕及须根痕。质较软，断面黄白色。气无臭，味微苦。在少数地区作黄精使用。

（6）对叶黄精的根茎

对叶黄精 [*Polygonatum oppositifolium* (Wall.) Royle] 野生分布于我国四川、云南等省以及西藏自治区。叶对生，花序通常具 2～3 朵花，花丝顶端膨大呈囊状。根茎连珠状，结节呈不规则球形，直径约 1 cm。少数地区也作黄精使用。

（7）阿里黄精的根茎

阿里黄精 (*Polygonatum arisanense* Hay.) 分布于我国台湾等地区，生长于海拔 1500 m 的地区，尚未由人工引种栽培。根状茎多呈连珠状，直径约 1 cm。茎高达 1 m，具 12～23 叶。叶互生，卵状披针形至披针形，长 8～20 cm。花序具 2～4 朵花，多伞形，总花梗长 1～2 cm，花梗长 1～1.5 cm；花被全长约 20 mm，裂片长约 5 mm；花丝长约 5 mm，下部两侧扁，上部丝状，接近平滑；子房长约 5 mm，花柱长约 13 mm。花期 5 月。

（8）小黄精的根茎

小黄精 (*Polygonatum uncinatum* Diels.) 属于铃兰科黄精属植物，主要分布在我国湖南、江西、福建和河南等省，是一种多年生草本植物。小黄精通常不被用作药材，因此不能作为正品黄精入药。

（9）康定玉竹的根茎

康定玉竹 (*Polygonatum prattii* Baker.) 为天门冬科黄精属植物。该种大多植株矮小，根状茎细圆柱形，叶多为互生和对生，椭圆形至矩圆形，根状茎细圆柱形，直径为 3～5 mm，茎高 8～30 cm。叶子长度 2～6 cm，宽度 1～2 cm。主要生长在我国四川西部的林下、灌丛或山坡草地，海拔在 2500～3300 m。

（10）五叶黄精的根茎

五叶黄精 (*Polygonatum acuminatifolium* Kom.) 为天门冬科黄精属具有根状茎的草本植物，茎不分枝，基部具膜质的鞘，直立。叶全缘。我国国内主要分布于吉林、河北（北部），国外如俄罗斯远东地区也有分布。生林下，海拔 1100～1400 m。根状茎细圆柱形，直径 3～4 mm。茎高 20～30 cm，仅具 4～5 叶。叶互生，椭圆形至矩圆状椭圆形，长 7～9 cm，具长 5～15 mm 的叶柄。花序具（1～）2 花，总花梗长 1～2 cm，花梗长 2～6 mm，中部以上具一膜质的微小苞片；花被白绿色，全长 2～2.7 cm，裂片长 4～5 mm，筒内花丝贴生部分具短绵毛；花丝长 3.5～4.5 mm，两侧扁，具乳头状突起至具短绵毛，顶端有时膨大呈囊状；花药长 4~4.5 mm；子房长约 6 mm，花柱长 15~20 mm。花期 5~6 月。

（11）细根茎黄精的根茎

细根茎黄精（*Polygonatum gracile* P. Y. Li）的叶通常为轮生，近轮叶黄精，而根状茎为细圆柱形，又与康定玉竹相似。但以其叶常为 2 轮，花序具 2 花，花梗甚短，具一稍长于花梗的膜质苞片，可以与它们区别开来。分布于我国甘肃（东南部）、陕西（秦岭）和山西（南部）。

（12）狭叶黄精的根茎

狭叶黄精（*Polygonatum stenophyllum* Maxim.）为天门冬科黄精属具有根状茎的草本植物，生林下或灌丛，但不多见。分布于我国黑龙江、吉林、辽宁，朝鲜和俄罗斯远东地区也有分布。

（13）新疆黄精的根茎

新疆黄精［*Polygonatum roseum* (Ledeb.) Kunth］为天门冬科黄精属具根状茎的草本植物。根状茎细圆柱形，粗细大致均匀，直径 3~5 mm，"节间"长 3~5 cm。生长于海拔 1450~1900 m 的山坡阴处。分布于我国新疆维吾尔自治区（塔里木盆地以北），哈萨克斯坦共和国和西伯利亚西部地区也有分布。根状茎细圆柱形，粗细大致均匀，直径 3~5 mm，"节间"长 3~5 cm。茎高 40~80 cm。叶大部分每 3~4 枚轮生，下部少数可互生或对生，披针形至条状披针形，先端尖，长 7~12 cm，宽 9~16 mm。总花梗平展或俯垂，长 1~1.5 cm，花梗长 1~4 mm，极少无花梗而两花并生；苞片极微小，位于花梗上；花被淡紫色，全长 10~12 mm，裂片长 1.5~2 mm；花丝极短，花药长 1.5~1.8 mm；子房长约 2 mm，花柱与子房近等长。浆果直径 7~11 mm，具 2~7 颗种子。花期 5 月，果期 10 月。

（14）垂叶黄精的根茎

垂叶黄精（*Polygonatum curvistylum* Hua.）主要分布于我国河北（南部）、河南、山东、山西、陕西、甘肃（东部）、江苏、安徽、浙江、江西、福建、台湾、湖北、湖南、广东、广西、四川和贵州。日本、朝鲜半岛和俄罗斯（远东地区）也有分布。生于海拔 800~2800 m 的林下、灌丛或山坡阴处。根状茎近圆柱形或近连珠状，结节有时作不规则状，直径 5~15 mm。茎高 15~35cm。

（15）独花黄精的根茎

独花黄精（*Polygonatum hookeri* Baker.）是天门冬科黄精属植物。根状茎圆柱形，结节处稍有增粗，"节间"长 2~3.5 cm，直径 3~7 mm。叶几枚至十余枚，常紧接在一起，当茎伸长时，显出下部的叶为互生，上部的叶为对生或 3 叶轮生，条形、矩圆形或矩圆状披针形，长 2~4 cm，宽 3~8 mm，先端略尖。通常全株仅生 1 花，位于最下的一个叶腋内，少有 2 朵生于一总花梗上，花梗长 4~7 mm；苞片微小，膜质，早落；花被紫色，全长 15~20（~25）mm，花被筒直径 3~4 mm，裂片长 6～10 mm；花丝极短，长约 0.5 mm，花药长约 2 mm。国内主要分布于西藏自治区（南部和东南部）、云南（西北部）、四川、甘肃（东南部）、青海（南部）。印度的锡金邦也有分布。生长于海拔在 3200～4300 m 的林下、山坡草地或冲积扇上。

（16）互卷黄精的根茎

互卷黄精（*Polygonatum alternicirrhosum* Hand.-Mazz）的花被筒明显短于裂片，在叶片顶端拳卷的类群中较为特殊，但其叶互生，似和粗毛黄精有联系。根状茎连珠状。茎高 80～170 cm，上部呈"之"字形弯曲。叶互生，矩圆状披针形至披针形，长 5～10 cm，宽 8～17 mm，先端拳卷，边缘略呈皱波状。产于我国四川（西南部）。生长在石灰石地区的岩石中，海拔 1700～1800 m 处。

（17）距药黄精的根茎

距药黄精（*Polygonatum olympicum* Hua in Journ.）是天门冬科黄精属植物。根状茎为连珠状，直径 7～10 mm。茎高 40～80 cm，叶互生，矩圆状披针形，少有长矩圆形，长 6～12 cm，先端渐尖。花序具 2～3 朵花，总花梗长 2～6 cm，花梗长约 5 mm，基部具一与之等长的膜质苞片；苞片在花芽时特别明显，似两颗片包着花芽；花被淡绿色，全长约 20 mm，裂片长约 2 mm；花丝长约 3 mm，略弯曲，两侧扁，具乳头状突起，顶端在药背处有长约 1.5 mm 的距，花药长 2.5～3 mm；子房长约 5 mm，花柱长 15 mm。浆果直径 7～8 mm，熟时紫黑色，具 4～6 颗种子。花期 5～6 月，果期 8～9 月。距药黄精分布于我国陕西（秦岭以南）、四川（东部）、湖北（西部）、湖南（西北部）。生长于海拔 1100～1900 m 的林下、灌丛或草坡。

（18）点花黄精的根茎

点花黄精（*Polygonatum punctatum* Royle ex Kunth.）是木兰亚纲天门冬科黄精属具根状茎的草本植物，根状茎多呈连珠状，直径 1～1.5 cm，密生肉质须根。分布于我国西藏（南部）、四川、云南、贵州、广西（西南部）、广东（海南）地区，越南、尼泊尔、不丹和印度也有分布。生长于海拔 1100～2700 m 的林下岩石上或附生树上。

（19）短筒黄精的根茎

短筒黄精（*Polygonatum altelobatum* Hayata.）的茎不分枝，基部具膜质的鞘，直立。叶全缘。花生叶腋间，伞形、伞房或总状花序。原产于我国台湾地区，现分布在山西、辽宁、河北、山东等地。生长在海拔 400～1500 m 的林下及阴坡。

（20）二苞黄精的根茎

二苞黄精 [*Polygonatum involucratum* (Franch. et Sav.) Maxim.] 是天门冬科黄精属具根状茎的草本植物。根状茎细圆柱形，直径 3～5 mm。茎高 20～50 cm，具 4～7 叶。叶互生，卵形、卵状椭圆形至矩圆状椭圆形，长 5～10 cm，先端短渐尖，下部的具短柄，上部的近无柄。国内主要分布于黑龙江（东南部）、吉林、辽宁、河北、山西、河南（西北部）。朝鲜、俄罗斯远东地区、日本也有分布。生长于海拔 700~1400 m 的林下或阴湿山坡。

（21）格脉黄精的根茎

格脉黄精（*Polygonatum tessellatum* F. T. Wang et Tang）是天门冬科黄精属植物，具根状茎的草本植物，该种以其花的特征和叶革质，显然与对叶黄精接近，但叶为轮生，花不集合成花序，果梗上举，可以区别。分布于我国的云南（西部和西北部）地区，缅甸也有分布。生长于海拔 1600~2200 m 的林下石缝间或附生树上。

（22）节根黄精的根茎

节根黄精（*Polygonatum nodosum* Hua.）是天门冬科黄精属的草本植物。根状茎较细，节结膨大，呈连珠状；叶互生，卵状椭圆形或椭圆形，先端尖；花被淡黄绿色，花被筒里的花丝贴生，部分粗糙且具短绵毛，口部稍缢缩，花丝两侧扁，稍弯曲，具乳头状突起，还具短绵毛；浆果直径约 7 mm，有种子；花期 5~6 月。在我国主要分布于湖北（西部）、甘肃（南部）、四川、云南（东北部）等地，一般常见于海拔 1700~2000 m 的林下、沟谷阴湿地或石岩上。

（23）棒丝黄精的根茎

棒丝黄精（*Polygonatum cathcartii* Baker.）的根状茎呈连珠状，结节不规则球形，直径约 1.5 cm。茎高 0.6~2 m。叶极大部分为对生，有时上部或下部有 1~2 叶散生，少有 3 叶轮生的，披针形或矩圆状披针形，长 7~15 cm，宽 1.5~4 cm，先端渐尖，近无柄或略具短柄，下面带灰白色。花序具（1~）2~3 花，总花梗长 1.5~3 cm，俯垂，花梗长 5~10 mm；苞片膜质，微小，位于花梗上，早落；花被圆筒状或多钟形，淡黄色或白色，全长 11~15 mm，裂片长 2~3 mm；花丝长 2~3 mm，向上弯曲，顶端膨大呈囊状，花药长 3~4 mm；子房长 5~7 mm，花柱长约 4 mm。浆果橘红色，直径约 7 mm，具 2~4 颗种子。花期 6~7 月，果期 9~10 月。分布在我国的西藏自治区（东部）、云南（西北部）、四川（西部）。印度锡金邦也有分布。生长在海拔 2400~2900 m 的林下。本种的花丝顶端膨大似囊，似乎与多花黄精有联系，但后者叶为互生，花大，花柱长为子房的 2~4 倍，迥然不同。本种以其花的形态和叶对生等性状，显然和对叶黄精相接近。

（24）长苞黄精的根茎

长苞黄精（*Polygonatum desoulavyi* Kom.）的根状茎呈细圆柱形，直径约 3 mm。茎高 20~30 cm。叶互生，矩圆状椭圆形，长 6~8 cm，先端短渐尖。花序具 1~2 花，花梗上具 1 枚叶状苞片；苞片披针形至宽披针形，长达 2 cm，宽 3~6 mm；花被白色，全长约 2.3 cm。产于我国黑龙江。俄罗斯远东地区也有分布。生长在海拔 600 m 的林下。本种以其苞片叶状，与二苞黄精接近，但在外形上似小玉竹。

（25）大苞黄精的根茎

大苞黄精（*Polygonatum megaphyllum* P. Y. Li）的根状茎通常具瘤状结节而呈不规则的连珠状或为圆柱形，直径3～6 mm。茎高15～30 cm，除花和茎的下部外，其他部分疏生短柔毛。叶互生，狭卵形、卵形或卵状椭圆形，长3.5～8 cm。花序通常具2花，总花梗长4～6 mm，顶端有3～4枚叶状苞片；花梗极短，长1～2 mm；苞片卵形或狭卵形，长1～3 cm；花被淡绿色，全长11～19 mm，裂片长约3 mm；花丝长约4 mm，稍两侧扁，接近平滑，花药约与花丝等长；子房长3～4 mm，花柱长6～11 mm。花期5～6月。产于我国甘肃（东南部）、陕西（秦岭）、山西（西部）、河北（西南部）。生长在海拔1700～2500 m的山坡或林下。

（26）粗毛黄精的根茎

粗毛黄精（*Polygonatum hirtellum* Hand.-Mazz.）的根状茎呈连珠状，结节近卵状球形，直径1～2 cm。茎高30～100 cm，全株除花之外具短硬毛。叶全部为互生至兼有对生，或绝大多数为3叶轮生，矩圆状披针形至披针形，长3～10 cm，宽7～15 mm，先端尖，略弯至拳卷，边缘多呈皱波状。花序具（1～）2～3花，总花梗长1～10 mm，花梗长2～4 mm，俯垂，苞片不存在；花被白色，全长7～8 mm，裂片长1.5～2 mm；花丝极短，长约0.5 mm，花药长约1.5 mm；子房长约2 mm，花柱长约1 mm。花期6月。产于我国四川（西南部）、甘肃（南部）地区。生长在海拔1000～2900 m的林下或阳山坡。本种以其全株具短硬毛，在本属中颇为特殊，但从花的构造来看，宜属于轮叶系。

二、种源质量鉴定

1. 净度分析

参照GB/T 3543.3—1995《农作物种子检验规程 净度分析》的规定执行。将试样分离成种苗和杂质，杂质包括石粒、泥块、沙土、脱落的外皮及其他植物体。随机取待检测种苗试样约200 g，分离种苗和杂质，将每份试样各成分分别称重，计算各成分所占百分率，增失差小于5%，测定值有效。

2. 质量测定

参照GB/T 3543.7—1995《农作物种子检验规程 其他项目检验》的规定执行。采用百粒法和千粒法测定黄精种苗的质量。百粒法试样取8个重复，每个重复100粒，重复间变异系数小于4.0，测定值有效；千粒法试样取2个重复，每个重复1000粒，重复间差数与平均数之比小于5%，测定值有效。

3. 真实性鉴定

采用种苗外观形态法，从供试样品中随机取100粒净种苗，4次重复，逐粒观察种苗形态特征，并测量其直径、围径和芽长。

4. 水分测定

参照 GB/T 3543.6—1995《农作物种子检验规程 水分测定》的规定执行。一般采用高温烘干法测定水分，将样品放置在温度为（131±2）℃的恒温烘箱内，每隔 1 小时取出放入干燥器内冷却后称重，直至种苗达到恒重。

5. 发芽率测定

参照 GB/T 3543.4—1995《农作物种子检验规程 发芽试验》的规定执行。滤纸为发芽床，在 25℃发芽箱里连续观察 25 天。

6. 活力测定

参照 GB/T 3543.7—1995《农作物种子检验规程 其他项目检验》的规定执行，采用四唑染色法（TTC 法）测定种苗生活力。采用 0.5% TTC 溶液进行染色处理，染色时间为 3 小时，温度为 25℃。

三、性状及显微结构鉴定

目前对 3 种药用黄精显微结构的描述较多，大黄精（滇黄精）表皮细胞外壁较厚，薄壁组织间散有多数大的黏液细胞，内含草酸钙针晶束；维管束散列，大多周木型。鸡头黄精（黄精）、姜形黄精（多花黄精）的维管束多为外韧型[1]。

程铭恩[46]等研究发现，黄精属植物的多糖类物质及形似柱晶束的针晶束均分布于黏液细胞中，挥发油类物质及皂苷成分多分布于除黏液细胞以外的基本组织中，此外，不同种黄精属植物种间导管分子排列紧密程度有所不同，以外韧型、周木型及不完全周木型 3 种结构类型的维管束为主。周培军等[47]用石蜡切片法、水合氯醛装片法及醋酸甘油装片法鉴别滇黄精与轮叶黄精，其中轮叶黄精黏液细胞多而无内皮层细胞，导管主为环纹及具缘纹孔型；滇黄精黏液细胞稀少，存在凯氏点，具一列类方形内皮层细胞，导管为梯纹及螺纹型。

黄精有效成分主要包括黄精多糖（如半乳甘露聚糖、高聚半乳糖、葡-甘聚糖、葡-果聚糖等）、黄精甾体皂苷（如薯蓣皂苷元、菝葜皂苷元、黄精皂苷等）、生物碱类、黄酮及蒽醌类、三萜皂苷、植物甾醇、挥发油、氨基酸及多种微量元素等，存在于黄精粗多糖、黄精甲醇提取物、黄精乙醇提取物、黄精水煎液、黄精水提液等提取物中，黄精多糖是主要活性成分，具有多种药理作用[48]。《中国药典》（2020年版）以黄精醇溶性浸出物及黄精多糖含量为指标检验黄精药材质量，黄精醇溶性浸出物含量不得少于 45%（溶剂为稀乙醇），以黄精多糖含量为指标性成分时采用紫外-可见分光光度法测定，规定黄精多糖含量以无水葡萄糖计不低于 7%。黄精植物药材总含糖量较高，均在 60% 以上，不同产地、不同品种对黄精含糖量均有影响，一般来说原药材多糖含量较高，饮片游离糖含量较高。多花黄精、长梗黄精及轮叶黄精等品种的多糖含量均较高；卷叶黄精、多花黄精、滇黄精、长梗黄精及轮叶黄精等总甾体皂苷含量均较高，部分根茎味苦的黄精品种虽不能药用，但若其多糖含量较高，仍可应用于黄精多糖的提取。应对高含量有效成分的黄精品种进行深入研究，以便提取其有效成分或目标成分，减轻市场需求压力。如长梗黄精多糖免疫效果明显，可提取其有效成分以减轻医药领域对药用黄精的需求[49]。

四、分子鉴定

黄精属形态上具有过渡性、地理分布上存在重叠性，造成本属植物复杂的类群关系，亦导致同属中药材黄精和玉竹的原植物栽培与药用混乱。随着分子生物学技术的发展，基因组分子鉴定技术成为继形态鉴定、显微鉴定和理化鉴定之后较为可靠的鉴定与分类手段。该技术源于 DNA 序列水平的遗传变异，包括替换、缺失、插入等[50]。它能够直接在 DNA 分子水平上检测生物间的差异，具有准确度高、特异性强、重复性好及快速、微量等优点[51,52]。分子鉴定技术应用至今，已在物种遗传多样性研究、种质资源评价、亲缘关系研究、品种鉴定、遗传图谱构建和辅助育种等方面得到广泛应用，弥补了传统分类及育种方法的不足，成为经典形态学鉴定有力的辅助工具。

目前，简单重复序列区间（inter-simple sequence repeat，ISSR）和简单重复序列（simple sequence repeat，SSR）技术广泛应用于黄精属种质资源的鉴定、遗传多样性及亲缘关系分析、指纹图谱构建。朱巧等[53]采集 60 份黄精属植物材料，利用 SSR 分子标记产生的多态性数据进行遗传差异性和群体结构的分析，结果表明黄精属植物遗传多样性丰富，变异幅度大，种的界限相对模糊，互生叶系与轮生叶系的某些植物存在差异减小的现象；我国西部地区的遗传多样性较其他地区高，可能是我国黄精属植物的起源中心。王世强等[54]采用 12 对 SSR 引物对 32 个野生黄精种质材料进行相关分析发现，SSR 聚类结果能够反映供试黄精材料的亲缘关系。基于相关数据构建的 DNA 指纹图谱，试验的所有种质材料都能得到高效区分。随着高通量测序技术发展及测序成本的降低，基于转录组数据衍生的 EST-SSR 技术在多花黄精 SSR 位点分析、标记开发、功能基因挖掘等方面已经得到相关验证与应用[55,56]。陈友吾等[57]通过对多花黄精转录组测序数据鉴定与分析发现，其转录组 SSR 位点出现频率高，重复单元类型丰富，多态性较高，为黄精属内种间物种的分子鉴别、多花黄精优良品种的分子辅助育种提供了技术手段。徐惠龙等[58]利用 ISSR 技术鉴别两种闽产易混黄精属植物：多花黄精与长梗黄精，发现这两种植物遗传多样性较高，种质资源丰富，种质间分化差异大，认为 ISSR 技术可为黄精属种质鉴别提供新的方法与参考依据。周晔等[59-61]通过试验证实 ISSR 技术适用于玉竹、多花黄精、小玉竹、黄精、卷叶黄精等黄精属植物分子水平的区分与鉴定。

目标起始密码子多态性（start codon targeted polymorphism，SCoT）分子标记作

为一种新型分子标记技术，在黄精属的应用上起步较晚，相关研究报道较少。刘跃钧等[62]以 19 份不同种源的黄精属 *Polygonatum* Mill. 植物为试材，利用 SCoT 分子标记技术对材料进行遗传多样性研究，结果显示验证筛选出的 15 个 SCoT 引物，一共扩增出 500 条 DNA 片段，其中 498 条具有多态性，多态性比率为 99.6%，供试黄精种质间的遗传相似系数范围为 0.5540～0.7340，说明不同种质资源黄精有着较丰富的遗传多样性，SCoT 标记可以为黄精的分类及鉴别提供一定的依据。

DNA 条形码在黄精属植物的应用较多。*psbA-trnH*、*ITS2* 这两条序列在黄精属应用上比较常见。张家曾[63]采用 *ITS2*、*psbA-trnH* 通用引物对不同产地的黄精与多花黄精 DNA 进行 PCR 扩增、测序，数据分析发现 *ITS2* 扩增效率不佳，而 *psbA-trnH* 序列适用于鉴定黄精与多花黄精及其遗传多样性的分析。杨培等[64]利用通用引物对黄精属 8 个物种样品扩增发现，核基因（*ITS2* 和 *ITS*）序列扩增效率低，不能进行后续分析，而叶绿体有关基因（*rbcL*、*matK*、*psbA-trnH*）序列的种内与种间变异均较小，并不适用于该属分子鉴定。周先治等[65]对不同地区多花黄精的 *ITS2* 与 *psbA-trnH* 序列比对与相关分析发现，*ITS2* 序列聚类结果可区分部分地区多花黄精种质资源，而 *psbA-trnH* 序列在多花黄精中较为保守，聚类结果完全不能区分不同地域的多花黄精。王家坚[66]选用了 4 个条形码片段（*rbcL*、*trnK*、*psbA-trnH* 和 *trnC-petN*）推测黄精族黄精属演化关系发现，黄精属内分为 3 个支持率较高的分支：一个分支包括分布于我国西南地区的大部分黄精属轮叶的种类；一个分支主要分布于我国东北地区，以及部分华中地区的互叶种类；而黄精（*Polygonatum sibiricum* Redouté）介于以上两个大的分支之间。相关研究来看，单一片段的 DNA 条形码在黄精属的应用受限，并不能完全发挥本身技术的优势。在以后研究中应当采用 DNA 条形码组合或设计筛选适合本属的"物种条形码"。

第五节 黄精种植技术

随着社会的发展，人民的生活水平不断提高、健康意识不断提升，黄精的需求量日益增加，而资源日益衰减；黄精的根茎和种子存在休眠特性，需要类"春化作用"来打破休眠，这也在客观上造成黄精资源的减少；黄精种子育苗系统复杂，过程烦琐、效率低，影响了黄精的可持续利用和发展。而且，近几年药农为了蝇头小利而无节制地采挖，不多加管理，导致野生黄精越来越少，野生黄精面临资源枯竭、物种退化等问题；部分当地农户自行种植黄精，凭借经验对待黄精生长的各个环节，田间管理极差，存在滥施肥、滥用除草剂等现象，导致黄精连作障碍现象十分普遍，病虫害增加。随着时间的推移，农户种植黄精就面临品种及种子退化问题，而且部分黄精药材重金属含量和农药残留量超标，进而影响黄精的产量和质量，很难得到市场的认可，严重限制了黄精的应用。因此，必须建立黄精种质资源库及黄精的规范化种植基地，从源头上规范并统一黄精药材的生产，联合相关科研院所研发出品质优良的黄精药材，开发黄精的新产品，拓展其产业链，提高黄精的食用价值和药用价值，同时也为农民致富、企业增收、政府增效开辟一条发展之路。

一、引用标准

GB 3095—2012《环境空气质量标准》，GB 3838—2002《地表水环境质量标准》，NY/T 1276—2007《农药安全使用规范总则》，《中药材生产质量管理规范（GAP）》，NY/T 496—2010《肥料合理使用准则 通则》，《中国药典》（2020年版），《药用植物及制剂进出口绿色行业标准》。

二、建立黄精的种质资源库

黄精属 *Polygonatum* Mill. 是百合科 *Liliaceae* Juss. 的多年生草本植物，该属植物种类繁多，适应性强，分布广泛。据世界植物名称检索名录（World Checklist of Selected Plant Families，WCSP）官方网站的最新统计数据显示，目前全世界黄精属植物有327种，广泛分布于北温带。北欧、东欧、中亚、东亚、东南亚、北美等地区均有分布，但主要分布于喜马拉雅山至日本的广袤区域内。目前，学者普遍认可的黄精属植物有87种，其中8种为杂交种，9种为变种；共有47种分布于中国32个省级行政区域内。

1. 调查方法

采用资料查阅、知情人访谈、踏查、线路调查、样地调查、单株调查等方法掌握黄精属植物生长情况及分布，分别对整株、茎叶、花果、块根等部位进行拍照，建立黄精种质资源数据库系统，绘制种质资源分布示意图，编写调查报告。

2. 调查工具

常用的调查工具有：外业调查资料、调查簿、数码照相机、电脑、围尺、钢卷尺、测高仪、GPS仪、望远镜、生长锥、采集袋、标本夹、放大镜、枝剪、手锯、标签、记号笔等。

3. 种质资源的鉴定方法

常用鉴定方法有传统的形态学鉴定、生理生化指标鉴定、物理指标鉴定，以及现代的色谱鉴定和分子生物学鉴定等。通常采用传统的形态学鉴定和现代的分子生物学鉴定（ISSR和SCoT分子标记鉴定，DNA条形码鉴定）相结合的方法，对收集到的黄精种质资源进行科学、合理、准确的鉴定，以保障黄精的真实性和药材质量。

4. 黄精种质资源的多种评价指标和综合评价

首先，选择形态学指标（如株高、茎粗、叶长、叶宽、花被筒长和花被筒宽等）、农艺学指标（如生育期、果实和根茎等经济性状）、生态学指标（如物候期和耐荫性）、抗寒性指标（如可溶性糖、游离蛋白质、脯氨酸和丙二醛等生理指标）和生药学指标（多糖含量、水分含量、可溶性浸出物、总灰分、多糖水提液的抗氧化活性等）等对黄精种质资源进行初步的评价。在此基础上，采用多种综合评价方法（主成分分析法、层次分析法、模糊综合评判法、灰色综合评价法和多目标决策分析模型等）对黄精种质资源进行综合评价，筛选出黄精的优良种质。

三、选地与整地

1. 选地

以湿润肥沃的林间地或山地、林缘地、草丛或林下开阔地带种植最为合适，在疏林下种植亦可。以土质肥沃、疏松富含腐殖质的砂壤土种植最为好；黏、重或贫瘠、干旱的土壤，以及铅、汞、铬、砷等重金属、有毒有害物质超标的土壤均不宜栽培。

参照HJ 694—2018《环境影响评价技术导则 土壤环境》、HJ 945.1—2018《国家大气污染物排放标准制订技术导则》和HJ 945.2—2018《国家水污染物排放标准制订技术导则》中有关项执行，主要检测内容如下：

① **土壤检测项目** pH、重金属及农残检测。
② **大气监测项目** 二氧化硫、二氧化氮、总悬浮颗粒物等。
③ **灌溉水监测项目** 水温、pH、化学需氧量、总磷、悬浮物、生化需氧量、阴离子表面活性剂、挥发酚、总氮、硫化物、氟化物、全盐量、总氰化物、六价铬、苯、甲苯、二甲苯、氯化物、总铅、总镉、总铜、总锌、硒、砷、总汞、石油类、粪大肠菌群数等。

2. 整地

将土壤深翻30 cm以上，水稻土栽培要求深翻50 cm以上，打破犁底层。坡地应依等高线筑梯地作畦，防止水土流失。一般畦面宽1.2 m，畦长10~15 m，畦面高出地平面20~25 cm。在畦内施足底肥，优质腐熟农家肥60000 kg/hm^2，均匀施入畦床土壤内，再深翻30 cm，使肥、土充分混合，再耙细、整平后作畦待播。

四、黄精繁殖

1. 种子繁殖

选择生长健壮、无病虫害的3~4年生植株留种，加强田间管理，防治好病虫害。秋季浆果由青变黑时采摘，放入筛箩中在河水中洗去果肉皮壳，室内晾干，低温沙藏处理。具体方法是：在院落向阳背风处挖一深坑（深40 cm，宽30 cm），将1份种子与3份干净的细河沙充分混拌均匀，沙的湿度以手握之成团、落地即散、指间不滴水为度，将混种湿沙放入坑内；中央放玉米或大豆秸秆，以利通气；然后用细沙覆盖，保持坑内湿润，经常检查，防止落干和鼠害，待翌年春季惊蛰前后种芽开始萌动时取出种子，筛去湿沙播种或直接播种。可采用撒播或条播。条播是在整好的苗床上按行距15 cm开沟深3～5 cm，将处理好的催芽种子均匀播入沟内。覆土厚度2.5～3.0 cm，稍加压实，保持土壤湿润。黄精种胚有二次休眠现象，自然情况下，播种后当年出苗率不到10%，次年才能达到80%～90%。苗圃地播种当年要注意做好清沟排水和除草工作。次年春季出苗后要注意加强管理，搭建遮阴棚；及时拔草，防止草荒；追施稀薄粪水，促使小苗健壮成长。8月下旬，可去除遮阴棚。一般要经过4～5年才能育成大规格商品苗。

2. 根茎繁殖

（1）根茎分级

在秋冬季节挖取4年龄黄精地下新鲜根茎，选择长势较好、具有顶芽的健康根茎段做种（一般选小块的，无须切成数段），用湿润细土集中排种于避风、湿润、荫蔽的苗圃地中，进行地下根茎分株繁殖。苗圃的整地、田间管理等均按照当地药农的经验进行。初春时翻开表土，随机挖取地下根茎分株繁殖种苗若干株，测其芽长、根长、根数等，结合其他药用植物种苗的分级标准，对黄精无性繁殖种苗进行分级，制定相应的分级标准。在栽培时应尽量选择一级、二级种苗进行种植，剔除三级苗和等外苗。

① **一级种苗**　芽长大于3.0 cm，五根最长根平均长度大于15 cm，种苗根数多于25根，芽色白、健壮、根系整齐、发育好，外观无病斑、无损伤。

② **二级种苗**　芽长0.5～3.0 cm，五根最长根平均长度12 cm，种苗根数20～25根，芽色白、较健壮，根系较齐发育较好，外观无病斑、无损伤。

③ **三级种苗**　芽长低于0.5 cm，五根最长根平均长度小于10 cm，种苗根数少于20根，芽色白、生长一般，根系发育一般，外观无病斑、无损伤。

④ **等外苗**　没有明显的芽或芽很短，根系稀少且发育不良，外观有病斑和损伤。

（2）栽前准备

移栽前对土地进行精细耕整，按1.5～2 m开厢，厢面宽1.3～1.5 m，厢沟0.3～0.5 m，厢面中间种植黄精2行，窝距0.4～0.6 m，实行错窝种植，黄精密度为单株2000窝/667 m²。选取健壮无病的一级、二级种苗的先端幼嫩部，按长3～4节带顶芽1～2个切段，用多菌灵（1:800）泡种4小时，捞起后用草木灰拌种；也可只在伤口处涂抹碘伏、草木灰、多菌灵等晾干收浆后栽种；或者用咪鲜胺液（1:300）、甲基托布津液（1:800）浸泡后栽种。秋季栽种后加盖草、地膜或厩肥保暖越冬。

五、栽种

春栽在 3 月上旬～4 月上旬，秋栽在 9～11 月进行。天气以晴天为好。九华黄精的栽植规格按行距 22～24 cm、株距 10～16 cm 种植为宜。将块茎顺垄沟摆放，有顶芽一端向上，根须向下，与地面呈一定角度排入栽种，深度一般为 8～10 cm。栽后及时覆土，厚度一般为 4～5 cm，再用稻草、秸秆如玉米秆及树叶等覆盖，厚度为 6～8 cm，以便黄精种芽破土。

六、田间管理

1. 套种

适当套种高秆作物，将九华黄精与当地习惯栽培的经济林木或粮食作物进行套作。

（1）九华黄精与经济林木套作

在新栽培的毛竹林下套种九华黄精种苗，每亩定植 150～200 株，每年结合竹兜抚育 2～3 次，以控制杂草生长，促进九华黄精的生长和毛竹的早日成园。

（2）九华黄精与粮食作物套作

九华黄精喜荫蔽，因此与其间作的粮食作物宜为玉米（高粱）等高秆作物，最好是中晚熟玉米。种植时，每种植 4 行九华黄精则种植 2 行玉米。间种玉米一定要春播、早播。玉米与九华黄精的行距约为 20 cm。

2. 中耕、除草、追肥、覆草

每年的 11 月份各中耕、除草 1 次，结合中耕进行追肥。中耕要浅，以免伤根。在 11 月份除草后，追施过磷酸钙、菜籽饼肥各 750 kg/hm^2。推荐使用生物菌肥（有机肥）、沼气渣肥、液肥；食用菌棒废料、菜籽饼肥等有机肥、无氯三元素复合肥、磷酸二氢钾等。山区可采用砍青、埋青的方式增加土壤有机质。禁止使用工业垃圾肥和城市垃圾肥。

3. 疏花摘蕾

一般在 5 月初即可将以收获根茎为目的的九华黄精花蕾剪掉（留种的可在第二年花期时保留花蕾）。

4. 排灌

雨季要提前做好清沟排水准备；宜起深沟排涝，畦面浅开斜沟防渍水，避免积水造成九华黄精烂茎；旱季宜喷灌、浇灌，以保证土壤水分。

七、病虫害

1. 主要病虫害

（1）黑斑病

发病规律及症状：5月发病，7~9月进入盛期，经病残体传播可危害叶片。初期叶片从尖端出现不规则紫褐色小斑点，病健部交界处有紫红色边沿，后扩展成1.5~13 mm的深褐色斑块，显微镜下可见患处有黑色疱状颗粒，雨季会加重病势，致使叶片枯黄脱落。

防治措施：增加土地轮作，及时焚毁病株；预防期可喷施奥力克速净液（1∶300）、波尔多液（1∶1∶1000）或50%退菌特液（1∶1000），7天/次，3~4次；发病期混合奥力克速净液与大蒜油喷施，3~5天/次，连用2次，可有效控制病情。

（2）叶斑病

发病规律及症状：4~5月发病，7~8月为发病盛期，主要危害叶片。初期染病叶片基部呈斑点状褪色，后逐渐扩大呈椭圆形或不规则状灰褐色斑，中间浅白色，边缘褐色，斑块直径1~1.5 cm，边缘靠外有明显黄晕，雨季助长病势，严重时使叶片枯焦而死。

防治措施：前期可喷施生物制剂哈茨木霉菌溶液（1∶300）、50%退菌特液（1∶1000）、65%代森锌可湿性粉剂500~600倍液或10%苯醚甲环唑溶液（1∶2000），7~10天/次，连续3~4次；收获后清理地块，加强水肥管理（多花黄精栽培上应注意忌氯，施肥时不要使用含氯复合肥，否则商品黄精味苦易吸潮），及时焚毁病株。

（3）炭疽病

发病规律及症状：6月中下旬发病，发病盛期在8~9月，主危害叶片。病菌可由伤口、根部和地上部分侵染植株，高温偏湿的环境可助长病势。初期病斑为浅褐色小斑点，后扩展为深褐色类圆形，斑上出现黑色小颗粒，中部凹陷或穿孔，使植株叶片脱落枯死。

防治措施：病菌在病残体或土壤中越冬，种植时应深耕细作，及时焚毁病株；合理密植，疏风遮阴；前期喷施2%波尔多液预防；发病期喷施70%甲基托布津液（1∶1000）、80%代森锌液（1∶600）或50%退菌特液（1∶1000）防治，7~10天/次。

（4）根腐病

发病规律及症状：此病主要侵染根部，发病初期根部产生水渍状褐色坏死斑，严重时整个根内部腐烂，仅残留纤维状维管束，病部呈褐色或红褐色。湿度大时，根茎表面产生白色或黄色霉层（即分生孢子）。由于根部腐烂，病株易从土中拔起。发病植株随病害发展，地上部生长不良，叶片由外向里逐渐变黄，最后整株枯死。根腐病主要发生于田间湿度大、积水、土壤板结、覆盖太厚、根部肥害、根茎有创伤或根系线虫、地下害虫危害等情况，高温高湿有利发病。该病从苗期至生长中后期均可发生，一般7～9月为发病高峰期。冬季土壤湿度过大，也会发生。

防治措施： 开沟理墒，以利排水和降低地下水位。播种或移栽时用草木灰拌种苗，初发病时选用75%百菌清600倍液、25%甲霜灵锰锌600倍液、70%代森锰锌600倍液、64%杀毒矾600倍液、80%多菌灵500倍液等药液浇根，7～10天浇施一次，防控2～3次。也可选用50%多菌灵可湿性粉剂600倍液+58%甲霜灵锰锌可湿性粉剂600倍液混合后浇淋根部。若发现线虫或地下害虫危害，选用10%克线磷颗粒剂沟施、穴施和撒施，2～3千克/亩；或50%辛硫磷乳油800倍液浇淋根部。

（5）蛴螬

发病规律及症状： 蛴螬为鞘翅目金龟甲总科幼虫的统称，是在我国分布广泛的地下害虫。身体乳白色且呈"C"字形弯曲，体壁柔软多褶皱，表面疏生细毛。春秋两季，蛴螬咬食黄精的幼嫩根茎，造成断苗或根部空洞。

防治措施： 施用充分腐熟的农家肥可减少害虫滋生，用2%氯虫苯甲酰胺SC 450 g/hm^{2}拌种预防；用黑光灯诱杀成虫；病发期亩用2.5%敌百虫粉与75 kg细土拌匀沟撒杀虫或用90%敌百虫液（1:1000）浇灌根部防治。

（6）小地老虎

发病规律及症状： 幼虫暗褐色体形稍扁，外表粗糙且布满黑色颗粒和褶皱。成虫头部具触角，翅暗褐色。春秋两季，小地老虎幼虫啃食黄精的地上部分，成虫则昼伏夜出，咬断黄精未出土幼苗或幼苗的根，导致整棵植株死亡，严重影响黄精苗成活率。

防治措施： 用黑光灯诱杀；用糖醋液混合敌百虫每90～150 m^{2}放置一盆诱杀，10～15天更换1次诱虫液；虫害高发期喷施50%辛硫磷乳油液（1:800）或90%敌百虫晶体溶液（1:800）杀虫；亩用2.5%敌百虫粉2.0～2.5 kg加20 kg细土拌匀沟撒治虫。

（7）棉铃虫

发病规律及症状： 棉铃虫为鳞翅目夜蛾科害虫，幼虫危害花、果。

防治措施： 用黑光灯诱杀成虫；在幼虫盛发期用2.5%溴氰菊酯乳油2000倍液，或50%辛硫酸乳油1500倍液喷雾；也可用日本追寄蝇、螟蛉悬茧姬蜂等天敌进行生物防治。

（8）蚜虫

发病规律及症状： 蚜虫危害叶子及幼苗。

防治措施： 可用50%杀螟松乳油1000～2000倍液或乐果乳油1500～2000倍液喷雾防治。

2. 绿色防控技术

（1）选用无病种苗

外地引种必须实施植物检疫；种苗栽植前进行药剂处理。采用 50% 多菌灵 500 倍液浸渍 30 分钟，晾干后再栽植。

（2）农业措施

要根据黄精的生长发育特性，创造有利其健康生长的环境。重点抓好遮阴（林下栽培或遮阳）、防渍、防旱等环节。

（3）理化诱杀

采用频振式灭虫灯、黑光灯可有效诱杀金龟子（蛴螬成虫）、飞虱、叶蝉等。根据不同地形，每 1.3～2.7 hm² 安装一盏频振式灭虫灯。用蔗糖 1 份、醋 4 份、酒 1 份、水 16 份，加 90% 敌百虫原药 0.1 份，配成糖醋诱液，可有效诱杀小地老虎，每 90～150 m² 放置一盆。

八、采收

1. 采收时间

采收年份和采收季节适宜与否直接影响九华黄精的产量与品质。

种子繁殖 5 年生黄精的多糖含量最高，为最佳收获年限，当年 12 月份至翌年早春黄精萌发前，根茎中黄精多糖含量最高，根茎肥厚饱满。因此，春、秋两季均可采收，9～11 月为佳，当栽培 3～4 年的植株茎秆上有叶片枯萎时即可采收。

根茎繁殖的九华黄精以 3 年生采挖为宜。选择在无烈日、无雨、无霜冻的阴天或多云天气采收，晴天在 15 点以后进行采收。采收时土壤相对含水率在 30% 左右，土壤最为疏松，容易与黄精根茎分离。

2. 采收方法

按垄栽方向依次将九华黄精根茎带土挖出，去掉地上茎叶，用竹片或木棍将泥土刮掉，避免弄伤块根。经短时间风干，抖除泥土，注意不要碰伤块根，须根无须去掉。

加工前除去须根，用清水清洗，用蒸笼蒸 20 分钟左右至透心后，取出边晒边揉至全干即可。最后进行分级，以块大、肥润、色黄、断面半透明者为最佳。

参考文献

[1] 国家药典委员会. 中华人民共和国药典（2020 年版）一部 [M]. 北京：中国医药科技出版社，2020.

[2] 秦宇雯，陆兔林，姜程曦，等. 九华黄精的炮制工艺沿革及现代研究 [J]. 中草药，2018，49（18）：

4432-4438.

[3] 兰茂. 滇南本草 [M]. 于乃义, 整理. 云南: 云南科技出版社, 2000.

[4] 明·陈嘉谟. 本草蒙筌 [M]. 太原: 山西科学技术出版社, 2015.

[5] 清·吴仪洛. 本草从新 [M]. 太原: 山西科学技术出版社, 2015.

[6] 梁·陶弘景. 名医别录 [M]. 尚志钧, 校注. 北京: 中国中医药出版社, 2013.

[7] 清·黄奭辑. 神农本草经 [M]. 北京: 中医古籍出版社, 1982.

[8] 宋·唐慎微. 证类本草 [M]. 郭君双, 校注. 北京: 中国医药科技出版社, 2011.

[9] 赵容, 尹海波. 中药玉竹的本草考证 [J]. 中国实验方剂学杂志, 2017, 23 (15): 228.

[10] 苏敬等撰, 尚志钧校. 新修本草 [M]. 合肥: 安徽科技出版社, 1981.

[11] 孟诜, 张鼎. 食疗本草 [M]. 北京: 人民卫生出版社, 1984.

[12] 唐·陈藏器. 本草拾遗 [M]. 合肥: 安徽科学技术出版社, 2002.

[13] 汪发缵, 唐进. 中国植物志: 第15卷 被子植物门: 单子叶植物纲百合（二）[M]. 北京: 科学出版社, 1978.

[14] 程铭恩, 王德群. 药用黄精种质的变迁 [J]. 中华医史杂志, 2009, 39 (1): 17-20.

[15] 尚志钧辑校. 本草图经 [M]. 济南: 山东中医学院影印, 1983.

[16] 江苏植物研究所. 江苏植物志（上册）[M]. 南京: 江苏科技出版社, 1977.

[17] 叶水忠, 吴顺卿, 张石亭, 等. 嵩山植物志（下册）[M]. 北京: 中国科学技术出版社, 1993.

[18] 万德光. 中药品种品质与药效 [M]. 哈尔滨: 黑龙江科学技术出版社, 1989.

[19] 王家奎. 张瑞贤. 李敏. 救荒本草校释与研究 [M]. 北京: 中医古籍出版社, 2007.

[20] 明·李时珍. 本草纲目 [M].2版. 北京: 华夏出版社, 2004.

[21] 张山雷. 本草正义 [M]. 上海: 上海中医药大学出版社, 1997.

[22] 程铭恩, 王德群. 黄精属5种药用植物根状茎的结构及其组织化学定位 [J]. 中国中药杂志, 2013, 38 (13): 2068-2072.

[23] 胡世林. 中国道地药材 [M]. 哈尔滨: 黑龙江科学技术出版社, 1989.

[24] 李映焕, 曹光明. 安徽中药资源与开发利用 [M]. 合肥: 安徽科学技术出版社, 2006.

[25] 缪希雍. 神农本草经疏 [M]. 北京: 中国中医药出版社. 1997: 81.

[26] 张泽锐, 刘京晶, 黄申, 等. 多花黄精和长梗黄精花主要营养功效成分 [J]. 中国中药杂志, 2020, 45 (6): 1329-1333.

[27] 马存德, 席鹏洲, 王月茹, 等. 陕西略阳县野生黄精资源调查研究 [J]. 现代中药研究与实践, 2016, 30 (4): 20-23.

[28] 吴其国, 胡叶青, 范珍, 等. 安徽不同产地野生与栽培多花黄精总酚含量比较 [J]. 齐齐哈尔医学院学报, 2017, 38 (18): 2175-2176.

[29] 周守标, 张小平, 张定成, 等. 安徽黄精属（Polygonatum）植物的分支分析 [J]. 广西植物, 2000 (4): 329-331.

[30] 叶淑英. 不同生长条件对野生多花黄精根茎生物量的影响 [J]. 林业勘察设计, 2012 (1): 173-175.

[31] 李映焕, 曹光明. 安徽中药资源与开发利用 [M]. 合肥: 安徽科学技术出版社, 2006.

[32] 郭敏娜, 张孟容, 杨东方, 等. 山西省野生黄精资源调查 [J]. 中国中医药现代远程教育, 2024, 22 (9): 76-79.

[33] 戴琴, 王晓霞, 黄勤春, 等. 毛竹林下多花黄精仿野生栽培技术 [J]. 中国现代中药, 2014, 16 (3):

205-207.

[34] 田启建,赵致,谷甫刚.黄精栽培技术研究[J].湖北农业科学,2011,50(4):772-776.

[35] 李德胜.多花黄精林下栽培技术[J].现代农业科技,2015(10):93,101.

[36] 鲍康阜.九华黄精的GAP栽培技术规程[J].安徽农业科学,2018,46(4):43-44,52.

[37] 吴洁.九华山黄精产业化发展研究[D].南昌:江西农业大学,2013.

[38] 乐观,吴平平,陈龙胜.九华黄精高产栽培技术研究进展[J].安徽科技,2013,(11):24.

[39] 刘跃钧,张媛,蒋燕锋,等.黄精种质资源遗传多样性研究[J].浙江农林大学学报,2016,33(6):1085-1091.

[40] 周繇.长白山区黄精属植物的种质资源及其开发利用[J].中国野生植物资源,2002(2):34-35.

[41] 吴世安,吕海亮,杨继饶,等.叶绿体DNA片段的RFLP分析在黄精族系统学研究中的应用[J].植物分类学报,2000(2):97-110.

[42] 董治程.不同产地黄精的资源现状调查与质量分析[D].长沙:湖南中医药大学,2012.

[43] 李世,郭学鉴,苏淑欣,等.黄精野生变家种高产高效栽培技术研究[J].中国中药杂志,1997(7):14-17,62-63.

[44] 李晨烨.不同种源多花黄精遗传变异与选择的研究[D].福州:福建农林大学,2019.

[45] 吴媛媛.不同多花黄精种质的农艺及生理生化性状差异比较[D].长沙:湖南农业大学,2018.

[46] 程铭恩,王德群.黄精属5种药用植物根状茎的结构及其组织化学定位[J].中国中药杂志,2013,38(13):2068-2072.

[47] 周培军,李学芳,符德欢,等.滇黄精与易混品轮叶黄精的比较鉴别[J].广州中医药大学学报,2017,34(4):587-591.

[48] 张娇,王元忠,杨维泽,等.黄精属植物化学成分及药理活性研究进展[J].中国中药杂志,2019,44(10):1989-2008.

[49] 南方协作组.常用中药材品种整理和质量研究[M].福州:福建科学技术出版社,1994:438-456.

[50] 刘枫,赵群,戴军,等.DNA分子标记技术在石斛属鉴别中的应用进展[J].皖西学院学报,2017,33(2):9-13,31.

[51] 王刚,曹佩,韦学敏,等.分子标记技术在药用植物种质资源研究中的应用[J].中国现代中药,2019,21(11):1435-1444.

[52] 崔占虎,龙平,王颖莉,等.DNA分子标记技术在中成药鉴定中的应用与展望[J].中药材,2015,38(1):188-192.

[53] 朱巧,邓欣,张树冰,等.黄精属6种植物的SSR遗传差异分析[J].中国中药杂志,2018,43(14):2935-2943.

[54] 王世强,王立儒,刘帅,等.基于SSR标记的黄精品种(系)DNA指纹图谱库构建[J].分子植物育种,2018,16(6):1878-1887.

[55] 贺润丽,尹桂芳,李春花,等.苦荞种皮转录组SSR位点信息分析及其分子标记的开发[J].分子植物育种,2020,18(18):6085-6092.

[56] 廖荣俊,杨阳,叶碧欢,等.多花黄精根茎的转录组分析与甾体皂苷生物合成相关基因发掘[J].中国中药杂志,2020,45(7):1648-1656.

[57] 陈友吾,廖荣俊,叶碧欢,等.多花黄精转录组SSR位点分析及分子标记开发[J].中草药,2020,51(1):182-189.

[58] 徐惠龙,汪英俊,陈鸣,等.基于ISSR标记的福建省多花黄精与长梗黄精种质鉴别及遗传多样性分析[J].福建农业学报,2017,32(6):619-624.

[59] 周晔,唐铖,安适之,等.ISSR法鉴定中药玉竹与小玉竹[J].中医药学报,2006,34(5):7-9,64.

[60] 周晔,唐铖,张玫,等.随机扩增多态性DMA技术与简单序列重复标记法探讨部分黄精属药用植物亲缘关系的研究[J].时珍国医国药,2008,19(7):1646-1647.

[61] 周晔,王润玲,唐铖,等.ISSR法鉴定中药黄精与卷叶黄精[J].天津医科大学学报,2006,12(2):178-180,189.

[62] 刘跃钧,张媛,蒋燕锋,等.黄精种质资源遗传多样性研究[J].浙江农林大学学报,2016,33(6):1085-1091.

[63] 张家曾.黄精与多花黄精的DNA条形码研究[J].长沙:湖南中医药大学,2013.

[64] 杨培,周红,辛天怡,等.黄精属药用植物DNA条形码鉴定研究[J].世界中医药,2015,10(8):1173-1176.

[65] 周先治,饶宝蓉,高晖,等.基于DNA条形码的多花黄精系统发育和变异位点分析研究[J].中草药,2020,51(15):4003-4010.

[66] 王家坚.基于分子系统发育的黄精族染色体进化研究[D].吉首:吉首大学,2016.

第二章 黄精的加工与产品开发

2015年4月14日，国务院办公厅发布了关于转发工业和信息化部等部门中药材保护和发展规划（2015—2020年）的通知，这是我国第一个关于中药材保护和发展的国家级规划，该规划指出中药材是中医药事业传承和发展的物质基础，是关系国计民生的战略性资源。2023年12月21日，商务部、科技部颁布第57号令《中国禁止出口限制出口技术目录》，制黄精炮制工艺技术就被纳入该目录，充分体现了制黄精炮制工艺这一项传承技术的极端重要性，保护意义十分重大。

第一节 黄精的加工历史沿革与发展

一、黄精的产地初加工历史沿革与发展

黄精的产地初加工是指根据黄精性质和产品销售运输保管的要求在产地进行的初步加工处理；主要目的是洁净、除杂、去须、干燥黄精，防止霉变虫蛀，便于分级、包装、贮藏、调运及进一步加工炮制成饮片，是保障中药材质量和临床用药安全有效的重要手段[1]。

1. 古法产地初加工工艺

黄精产地初加工始于《名医别录》，历朝历代的记载较笼统。《雷公炮炙论》《本草经集注》《证类本草》等7本古籍中记载黄精的初加工均为"二月采，阴干"；另有一部分是在炮制之前加上"洗净""晒干""去须根"等初加工步骤（表2-1），如《雷公炮炙论》记载："凡采得，以溪水洗净后，蒸，从巳至午……"《备急千金要方》记载："去须毛，洗令净洁，打碎蒸，令好熟……"

表2-1 古籍著作中黄精初加工步骤记载

朝代	作者及出处	初加工步骤
六朝	佚名·《名医别录》	阴干
刘宋	雷敩·《雷公炮炙论》	以溪水洗净后，蒸，从巳至子……
梁	陶弘景·《本草经集注》	阴干
唐	苏敬·《新修本草》	阴干
唐	孙思邈·《备急千金要方》	去须毛，洗令净洁，打碎蒸，令好熟……
宋	唐慎微·《证类本草》	阴干
宋	王怀隐·《太平圣惠方》	去须净洗
元	佚名·《增广和剂局方药性总论》	阴干
明	李梴·《医学入门》	阴干入药，生用
明	陈嘉谟·《本草蒙筌》	洗净

续表

朝代	作者及出处	初加工步骤
清	汪昂·《本草易读》	蒸过晒干用
	卢之颐·《本草乘雅半偈》	以溪水洗净，蒸之，从巳至子……
	吴仪洛·《本草从新》	去须……
	凌奂·《本草害利》	溪水洗净……
	严洁等·《得配本草》	洗净砂泥……
	钱允治·《雷公炮制药性解》	以溪水洗净后蒸，从巳至午……
	黄元御·《玉楸药解》	砂锅蒸，晒用

2.近现代产地初加工工艺

根据国家标准、地方标准等权威性文件的要求，近现代黄精产地初加工主要包括：洗净、去须根、略烫或蒸透、干燥等步骤。《中国药典》（1963年版）记载："洗去泥土，除去须根，蒸至显现油润时，取出烘干或晒干；或置水中煮沸后，晒干或烘干即得"。1977~2020年版的《中国药典》记载较为统一，皆为"除去须根，洗净，置沸水中略烫或蒸至透心，干燥"。由此可见，古今黄精产地初加工方法存在差异。

不同产地黄精因气候及地理环境的不同，导致黄精的肉质存在差异，各个地方药材标准及炮制规范等规定的步骤有些许不同之处，例如，甘肃省将黄精初加工的具体步骤规定为："除去茎叶及须根，洗净，晾晒1~2天，至外部稍干，内部尚软时，用竹筐轻撞一遍，除去外层薄皮及须根，并使其柔软，再边晒边揉，至无硬心为度，待晒干后再撞至光亮柔润即可"；内蒙古将黄精初加工的具体步骤规定为："去须根，晾至柔软，反复揉晴，直至无硬心，晒干"。各地方黄精初加工步骤详见表2-2。

表2-2 地方药材标准及炮制规范中黄精初加工步骤记载

年份	出处	初加工步骤
1979	《藏药标准》（西藏、青海、四川、甘肃、云南、新疆六局合编）	除去须根，洗净，在沸水中擦过或蒸至透心，干燥
2023	《江西省中药材单页标准》	春、秋二季采挖，除去须根，洗净，置沸水中略烫或蒸至透心，干燥
2009	《甘肃省中药材标准》	除去茎叶及须根，洗净，晾晒1~2天，至外部稍干，内部尚软时，用竹筐轻撞一遍，除去外层薄皮及须根，并使其柔软，再边晒边揉，至无硬心为度，待晒干后再撞至光亮柔润即可
2020	《甘肃省中藏药材标准》	
2020	《香港中药材标准第十期》	除去杂质及须根，洗净，蒸透或置沸水中略烫，晒干或烘干
1974	《北京市中药饮片切制规范》	除去须根及泥土，蒸至呈现油润时，取出晒干或烘干。或置水中煮沸后，晒干或烘干

续表

年份	出处	初加工步骤
1984	《广东省中药炮制规范》	除去须根，洗净，置沸水中略烫或蒸至透心，干燥
1986	《浙江省中药炮制规范》	除去须根，洗净，置沸水中略烫或蒸至透心，晒干
1988	《全国中药炮制规范》	除去须根、洗净，置沸水中略烫或蒸至透心，干燥
1988	《福建省中药炮制规范》	除去须根、洗净，置沸水中略烫或蒸至透心，干燥
1991	《江西省中药炮制规范》	除去地上茎及须根，洗净，置沸水中略烫或蒸至透心，晒干或烘干
2002	《山东省中药炮制规范》	除去须根，洗净，置沸水中略烫或蒸至透心，干燥
2005	《河南省中药饮片炮制规范》	
2008	《北京市中药饮片炮制规范》	
2008	《江西省中药饮片炮制规范》	
2009	《湖北省中药饮片炮制规范》	
2010	《青海省藏药炮制规范》	
2012	《福建省中药饮片炮制规范》	
2015	《浙江省中药炮制规范》	
2015	《四川省中药饮片炮制规范》	
2018	《上海市中药饮片炮制规范》	
2019	《安徽省中药饮片炮制规范》	
2021	《河南省中药材炮制规范》	
2022	《天津市中药饮片炮制规范》	
2023	《重庆市中药饮片炮制规范》	
2015	《内蒙古蒙药炮制规范》	除去须根，晾至柔软，反复揉晴，直至无硬心，晒干

　　黄精产地初加工有利于其贮藏保管、保障有效成分含量的稳定、降低黄精的刺激性，以及产生人体易于吸收的小分子活性物质，是中药质量控制非常重要的一环，也是目前中药产业链条中基础最薄弱、质量问题最多、社会与行业关注最少，急需规范与加强管理的重要环节。同样，关于黄精产地初加工的研究报道也比较少，主要集中在产地初加工工艺参数的优化上。李彩红等[2]以性状、水分、灰分和多糖等评价指标，考察生品、蒸透心和煮透心的多花黄精于自然变温、60℃恒温和105℃恒温条件下干燥，发现多花黄精产地初加工较适宜的干燥温度为60℃恒温。张清华等[3]以黄精多糖、稀醇溶性浸出物、水溶性浸出物为指标，考察产地趁鲜加工（烫制、煮制和蒸制"杀青"）对黄精质量的影响，发现黄精去须根个货产地"杀青"以煮制20分钟的方法较佳，黄精切片产地"杀青"以蒸制1小时方法较佳。

　　为了减少生产重复环节、提高中药质量，加强中药生产过程质量控制，有学者提出"中药材产地加工和饮片炮制一体化"（以下简称"一体化"）的概念，该概念的提出，旨在通过改变传统的加工模式，从源头保证中药质量，以提高中药临床安全和疗效[4]。近几年，有不少学者研究了"一体化"的可行性，如俸婷婷等[5]以多糖、醇浸物、水浸物含量、指纹图谱等为评价指标，结合小鼠抗疲劳试验，比较传统加工与"一体化"加工，发现"一体化"加工产品不亚于传统加工产品，明确黄精"一体化"加工的合理性和可行性。但是，黄精产地初加工的研究仍停留在表层，研究方法和手段落后，评价指标简单且无特异性，研究结论无法指导实际生产，急需将现代科学系统性研究思路与创新技术引入黄精产地初加工研究。利用现代先进的技术手段及研究思路，提高黄精产地初加工技术、降低黄精在初加工过程中的损耗、规范化黄精的产地初加工对于保障黄精药材及饮片的质量以及临床疗效具有积极作用。

3. 黄精产地初加工实地调研

通过对全国黄精主产区进行调研，发现各地区黄精的产地初加工方法各有不同。产地初加工的不同会造成黄精药材质量良莠不齐，很难规范与提升，影响下游药企标准化、规模化、集约化、智能化、数字化的生产。

（1）主产中国北部地区黄精的产地加工方法

我国北部地区主产黄精（*Polygonatum sibiricum* Red.），其加工方法为"直接晒干"，对于难以直接晒干的肉质肥厚者"先蒸煮后晒干"[1]。例如，牡丹江市地方标准中，牡丹江地区黄精栽培技术规程中记载采收加工方法为"……将根部挖出，晾晒半日，去土"；泰安市地方标准中泰山黄精栽培技术规程以及南阳市地方标准中黄精栽培技术规程中，采收后处理步骤为"清洗根茎，用蒸锅蒸 0.5～1 h，蒸至透心，取出晒干或 50～60℃烘干……"

（2）主产中国南部地区黄精的产地加工方法

我国南部地区主产滇黄精（*Polygonatum kingianum* Coll.et Hemsl.），其加工方法为"直接烘干"[1]或"蒸后烘干/晒干"。例如，云南省地方标准中，滇黄精林下栽培技术规程中对于产地初加工介绍包括"滇黄精采挖后，清洗，稍晾干……"；怒江州地方标准中，滇黄精规范化种植栽培技术规程中初加工为"采收后，应及时清洗，除去须根，按大小分拣，烘干、切片晒干"；而大理州地方标准中，滇黄精生产技术规程中记录滇黄精初加工为"用清水冲洗干净，放在蒸笼内用大火蒸至蒸透心，取出晒干或烘干"。

（3）主产浙江、安徽等地黄精的产地加工方法

我国浙江、安徽、湖南、贵州等地区主产多花黄精（*Polygonatum cyrtonema* Hua），其加工方法为"滚筒机反复揉搓后晒干"，可达黄精药材"透明色黄"的传统品质要求[1]。例如，安徽省地方标准中，多花黄精产地加工技术规程中初加工步骤依次为"去根 - 洗净 - 蒸透 - 沥水 - 干燥"；江西省地方标准中，多花黄精规范化种植技术规程中对于黄精产地初加工记录为"洗净泥土，除去杂质，至沸水中煮 5

分钟或用蒸汽蒸 20 分钟，呈现油润即半熟后取出烘或晒至 7 成干燥，再用滚筒去除剩余须根后晒或烘至全干"；四川省地方标准中，DB51/T 2571—2019《林下黄精种植技术规程》产地加工的要求为"将根茎去净泥土，带顶芽部分切下用作种苗，其余部分除去须根，用清水洗净后，蒸透晒干，或低于 70℃烘干"。

案例 2-1 九华山地区多花黄精的产地初加工方法

挑选优质黄精，清洗后，手工去须，蒸至透心，晒 20～40 天，同时揉搓黄精表皮，使其光滑（图 2-1）。

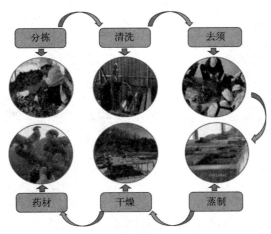

图2-1 九华山黄精初加工流程图

二、黄精的炮制历史沿革与发展

中药炮制是指在中医理论的指导下，按中医用药要求将中药材加工成中药饮片的传统方法和技术，是中医临床用药的必备工序，也是国家级非物质文化遗产之一。《食疗本草》和《本草原始》中记载黄精："蒸之若生，则刺人咽喉。曝使干，不尔朽坏。"这表明黄精必须通过炮制一方面除去其刺激性，才能单服；另一方面是为了方便保存，防止其霉烂变质[6,7]。从古至今，黄精的炮制方法有很多，如清蒸、酒蒸、九蒸九晒、黑豆制等，其中以"九蒸九晒"这一反复蒸晒的炮制方法，使用最为广泛、历史最为悠久[6,7]，如安化黄精九制传统技艺已经被纳入湖南省非物质文化遗产名录，这充分体现了地方对黄精九制传统技艺的重视、传承和保护，具有重要的历史意义和现实需要。

1. 开创与形成期

南北朝时期，开始出现对黄精炮制方法的记载，《雷公炮炙论》中首次提到黄精蒸制法："凡采得，以溪水洗净后，蒸，从巳至子，刀薄切，曝干用"，表明黄精的炮制方法初步形成[6, 7]。唐朝时期,《备急千金要方》中提出需将黄精打碎后再蒸,便于取其汁液。《千金翼方》首次提到重蒸法,重蒸法的出现为九蒸九晒的形成打下了基础。《食疗本草》在分析前人炮制方法的基础上,首次提出黄精九蒸九曝(晒)法。五代时期,《日华子诸家本草》再次提及黄精九蒸九曝。至此,黄精的九蒸九晒初步形成[6, 7](图2-2和表2-3)。

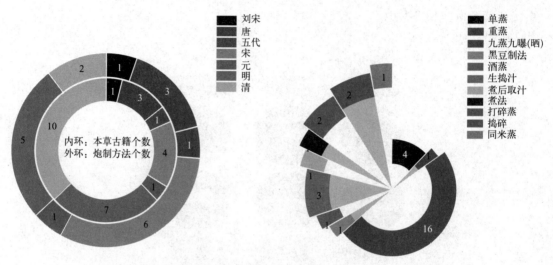

图2-2　记载黄精的古籍著作及炮制方法个数(左图)和历朝历代黄精各个炮制方法出现的个数(右图)(见彩插)

表 2-3　古籍著作中黄精炮制方法记载

朝代	出处	炮制方法	详细步骤
刘宋	雷敩·《雷公炮炙论》	单蒸	凡采得,以溪水洗净后,蒸,从巳至子,刀薄切,曝干用
唐	孙思邈·《备急千金要方》	打碎蒸	黄精一石,去须毛,洗令净洁,打碎蒸,令好熟,压得汁,复煎去游水,得一斗
唐	孙思邈·《千金翼方》	重蒸	九月末掘取根,拣肥大者去目熟蒸,微暴干又蒸,曝干,食之如蜜,可停
唐	孟诜·《食疗本草》	九蒸九曝	可取瓮子去底,釜上安置令得,所盛黄精令满。密盖,蒸之。令气溜,即曝之。第二遍蒸之亦如此。九蒸九曝。凡生时有一硕,熟有三、四斗
五代	佚名·《日华子诸家本草》	九蒸九曝	黄精单服,九蒸九曝
宋	唐慎微·《证类本草》	九蒸九曝	今人服用,以九蒸九曝为胜,而云阴干者恐为烂坏……单服九蒸九曝,食之驻颜,入药生用
宋	苏颂·《本草图经》	九蒸九曝	今通八月采,山中人九蒸九曝,作果卖,甚甘美
宋	苏颂·《本草图经》	煮后取汁	细切一石,以水二石五斗,煮去苦味,滤出,囊中压取汁,澄清,再煎如膏乃止。以炒黑豆黄末相和,令得所,捏作饼子如钱许大

续表

朝代	出处	炮制方法	详细步骤
宋	王怀隐、陈昭遇等·《太平圣惠方》	切碎后蒸	上取黄精一硕，去须，以水淘洗令净，切碎，蒸令烂熟，压取汁，于大釜中煎之
		捣罗为末	上取黄精根茎，不限多少，细锉阴干，捣罗为末
		煮法	去须净洗，切取一硕，以水二硕煮之，从朝至暮，如水空，可取火煎止
		生捣汁	黄精生者，捣取汁三斗，于银铛中煎之，令可丸即丸
	佚名·《小儿卫生总微论方》	生捣汁	……又得黄精自然汁，涂炙之，最良
元	朱震亨·《丹溪心法》	生捣汁	黄精（倍前三味生捣汁，和四味研细焙干）
明	李时珍·《本草纲目》	九蒸九晒	黄精二斤，蔓菁子一斤（淘），同和，九蒸九晒，为末
		同米蒸	用黄精根（去皮，洗净）二斤，日中曝令软，纳粟米饭甑中，同蒸至二斗米熟，时时食之
		捣碎	黄精、枸杞子等分。捣作饼，日干为末，炼蜜丸梧子大
	陈嘉谟·《本草蒙筌》	九蒸九曝	洗净九蒸九曝代粮，可过凶年
	龚廷贤·《寿世保元》	酒蒸	取净黄精用黄酒拌匀，置炖药罐内，密闭，隔水加热或用蒸汽加热，炖至黄酒被吸尽；或置适宜容器内，蒸至内外滋润，色黑，取出，晒至外皮稍干时，切厚片，干燥
	龚廷贤·《鲁府禁方》	黑豆制法	黄精四两，黑豆二升同煮熟去豆，忌铁器
	李中立·《本草原始》	九蒸九晒	洗净，九蒸九晒
	李梴·《医学入门》	九蒸九晒	若单服之，先用滚水焯去苦汁，九蒸九晒
	朱橚·《救荒本草》	九蒸九曝	九蒸九暴，食甚甘美，其蒸暴用瓮去底安釜上，装置黄精令满，密盖蒸之，令气溜即暴之，如此九蒸九暴
清	陈其瑞·《本草撮要》	九蒸九晒	九蒸九晒用
	卢之颐·《本草乘雅半偈》	单蒸	以溪水洗净，蒸之，从巳至子，薄切曝干，可入药用
	蒋介繁·《本草择要纲目》	九蒸九曝	单服九蒸九曝食之驻颜断谷
	汪昂·《本草备要》	九蒸九晒	九蒸九晒用
	黄元御·《玉楸药解》	单蒸	砂锅蒸，晒用
	吴仪洛·《本草从新》	九蒸九晒	去须，九蒸九晒用（每蒸一次、必半日方透）
	凌奂·《本草害利》	九蒸九晒	溪水洗净，九蒸九晒用
	严洁等·《得配本草》	九蒸九晒	洗净砂泥，蒸晒九次用
	黄宫绣·《本草求真》	九蒸九晒	九蒸九晒用
	黄凯钧·《药笼小品》	单蒸	鲜者如蕨薤，须蒸透作黑色

2. 发展与繁盛期

宋朝时期，黄精的炮制方法快速发展。《证类本草》和《本草图经》中均记载黄精"九蒸九曝"的炮制方法，《本草图经》首次记载黄精需先通过"煮"将其"苦"味去除，再与其他辅料共制；《太平圣惠方》记载了黄精生捣汁、捣罗为末、煮制等处理方法，再将黄精运用到方剂中时，将黄精与其他药材共制[6]。

元朝时期，《丹溪心法》再次提及黄精生捣汁，后与其他药材共制[6]。

明朝时期，《本草纲目》新增黄精与蔓荆子共同九蒸九曝，净黄精与米同蒸，以及与其他药材捣碎作饼、晒干研细等炮制方法。《寿世保元》首次收录黄精酒蒸法。《鲁府禁方》首次收录黄精黑豆制法，并强调黄精炮制需规避铁器。另外，《本草蒙筌》《本草原始》《医学入门》及《救荒本草》均沿用唐、宋时期黄精九蒸九晒的炮制方法。至此，黄精的炮制方法进一步发展，其中黄精九蒸九晒受到后世广泛重视（图2-2和表2-3）。

清朝时期，《本草乘雅半偈》《玉楸药解》和《药笼小品》沿用南北朝时期黄精单蒸的炮制方法。《本草撮要》《本草择要纲目》《本草备要》《本草从新》《本草害利》《得配本草》和《本草求真》等古籍沿用黄精九蒸九晒的炮制方法；但是《本草从新》着重介绍了黄精九蒸九晒的蒸制时间。从图2-2和表2-3可以看出，清朝时期记载黄精的本草古籍个数最多，但是黄精炮制方法的个数反而降低，这说明黄精的炮制方法更集中，主要以"九蒸九晒"为主。

3. 传承与优化期

根据国家标准、地方标准和炮制规范等权威性文件总结，近现代黄精炮制主要以生黄精、蒸黄精和酒黄精为主。生黄精炮制过程主要包括：除去杂质，洗净，略润，切厚片，干燥。蒸黄精炮制过程主要包括：除去杂质，洗净，大小分档，加清水润透，置适宜的蒸制容器内，反复蒸至内外呈滋润黑色，取出，稍晾，切片或段，干燥。酒黄精炮制过程主要包括：除去杂质，洗净，大小分档，加黄酒润透，炖透或蒸透，稍晾，切厚片，干燥。

1963～1977年版《中国药典》均收录生黄精、蒸黄精和酒黄精，1977年版《中国药典》将生黄精炮制方法中"洗净泥土"改为"除去杂质，洗净"，并沿用至今；同时，将蒸黄精和酒黄精均归为制黄精范畴，蒸制次数、黄酒比例均进行了调整，并增加了酒蒸法。1985～2020年版《中国药典》只收录生黄精和酒黄精，生黄精规定了切片厚度，酒黄精记载较为统一。地理差异、气候不同、文化遗留、药工主观判断等影响因素导致全国各地的黄精炮制方法略有差异，如江西极具特色的建昌帮"炆黄精"，四川以黑豆汁为辅料的"九制黄精"（表2-4）。

表 2-4　历版《中国药典》及地方药材标准中关于黄精炮制方法的记载

年份	标准	名称	炮制方法		详细步骤
1963		生黄精	切制		洗净泥土，略润，切片，晒干即得
		酒黄精	酒炖		取拣净的黄精，洗净，置盆内用黄酒拌匀，装入罐内或适宜容器内，密闭，坐水锅中，隔水炖至酒吸尽，取出，切段，晾干即得。每黄精100斤，用黄酒50斤
		蒸黄精	蒸制（单蒸）		取拣净的黄精，洗净，置笼屉内加热蒸透，取出，切段，晾干即得
1977	《中国药典》	生黄精	切制		除去杂质，洗净，略润，切片，晒干
		制黄精	蒸黄精	蒸制（重蒸）	取净黄精，照蒸法（《中国药典》附录18页）反复蒸至内外呈滋润黑色，取出，稍晾，切片或段，干燥
			酒黄精	酒蒸或酒炖	取净黄精，照酒制法（《中国药典》附录18页）用黄酒炖透或蒸透，取出，稍晾，切片或段，干燥。每黄精100 kg，用黄酒20 kg
1985~2020		生黄精	切制		除去杂质，洗净，略润，切厚片，干燥
		酒黄精	酒炖或酒蒸		取净黄精，照酒炖法或酒蒸法（1985~1990年版《中国药典》附录15页、1995~2010年版附录ⅡID、2015~2020年版通则0213）炖透或蒸透，稍晾，切厚片，干燥。每黄精100 kg，用黄酒20 kg
1979	《藏药标准》（西藏、青海、四川、甘肃、云南、新疆六局合编）	生黄精	切制		除去杂质，洗净，略润，切片，晒干
2023	《江西省中药材单页标准》	炆黄精	炆制		取原药材，除去杂质，洗净，放入炆药坛内，加入温水，上盖，移至围灶内，坛间放少量木炭，坛四周堆放谷糠，点燃后炆1天，至药透汁干，取出，干燥，入容器内，用酒喷洒均匀，闷润，待吸尽后，蒸制，焖至转黑色时，取出，干燥至半干，切斜厚片，干燥。每100 kg黄精，用黄酒20 kg
2019~2020	《甘肃省中藏药材标准》	生黄精	切制		除净杂质，润透，切厚片，晒干
2021	《四川省中药材单页标准》	九制黄精	复制（黑豆；九蒸九晒）		取黑豆，煎汁（取黑豆10 kg，加水适量，煮约4 h，煎汁约15 kg，豆渣再加水煮约3 h，煎汁约10 kg，合并得黑豆汁约25 kg），将黑豆汁分为9等份，备用；另取黄精片，加一份黑豆汁拌润至汁液吸尽，蒸1 h，取出干燥，相同操作反复9次（蒸制产生的蒸液应在制备过程中加入黄精中）

从各地方炮制规范和代表性炮制专著来看，黄精炮制方法多数以蒸黄精及酒黄精为主，各地方具体炮制过程有少许不同之处，但大致流程相同，详见图2-3、表2-5。有些黄精的炮制方法极具地域及民族特色，辅料也更加丰富，如《中国民族药

炮制集成》中收集了各民族的黄精炮制方法：傣族常用蒸黄精、蒙古族常用奶黄精和烫黄精、土家族常用煎黄精等，并对常用炮制方法及辅料做了解释，如用沸水烫或蒸煮可减轻或消除对口腔及胃肠道的刺激；酒制升提，可引药上行、增强药力扩散，促进吸收，增强补精益肾之效；用蜂蜜可增强其润肺止咳，补脾益气之效。

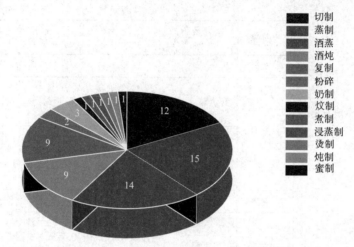

图2-3 地方炮制规范和代表性炮制专著中黄精各个炮制方法出现的个数（见彩插）

在传承黄精传统炮制方法的基础上，众多学者对其炮制方法进行优化；而在优选炮制方法时，需将其药材品质放在第一位。陈志敏等[8]对高压蒸制黄精九蒸九晒进行了优化，以多糖、总糖和浸出物为指标，明确最佳参数120℃、高压2 h、压制1次即可。苏联麟等[9]研究发现六蒸六晒黄精多糖和九蒸九晒黄精多糖均能显著增强生物体的免疫活性，改善免疫抑制小鼠肠道菌群的失衡，增加肠道短链脂肪酸的含量，但六蒸六晒黄精多糖对提高生物体的免疫活性有更好的效果，表明黄精最佳蒸晒次数为6次；另有研究表明四蒸四晒后黄精的化学成分趋于稳定，若以总糖、果糖、磷脂为主要质量指标，四蒸四晒黄精口感、风味和功能性均为最佳[10]。肖晓燕等[11]通过正交试验及AHP-综合评分法优选酒黄精炮制工艺参数为闷润10 h、隔水蒸制20 h、切厚片、60℃干燥。沈灵等[12]采用单因素实验、正交试验优选酒黄精的最佳炮制方法条件为生黄精100 g、加黄酒20 g、润制1 h、蒸制7 h、焖制3 h、60～80℃干燥。石双慧等[13]通过AHP-熵权法结合Box-Behnken设计响应面法确定酒黄精最佳炮制工艺参数为润制5 h、蒸制1 h、蒸制压力0.06 MPa、焖制7 h。刘露梅等[14]采用析因试验优选最佳酒黄精炮制条件为蒸制压力0.12 MPa、蒸制3 h、70℃干燥箱干燥24 h，重复2次。韩国庆等[15]采用正交试验法，以总多糖含量和感官评价为指标，明确奶黄精的最佳炮制工艺条件为加鲜奶1.5倍量、浸泡2 h、70℃烘干。邓延文等[16]通过Box-Behnken响应面法优化炆黄精的炮制工艺，明确其最佳条件为每400 g黄精炆制8 h、蒸制5 h、黄酒用量15%。甘青霞等[17]研究结果表明蜜黄精的最佳炮制条件为加20%炼蜜、闷润16 h、流通蒸汽100℃、炖制16 h、湿热灭菌。

表2-5 各地方炮制规范和代表性炮制专著中关于黄精炮制方法的记载

年份	出处	名称	炮制方法	详细步骤
2022	甘肃省中药炮制规范	生黄精	切制	洗净泥土，润透，切片，晒干
2022	甘肃省中药炮制规范	酒黄精	酒蒸或酒炖	取黄精，清水洗净，捞出，置盆内用黄酒拌匀，装铜罐（或适宜容器）内，密闭，坐锅中隔水炖至酒尽，取出，切段，晒干。每100 kg黄精，用黄酒20 kg 又法：将洗净的黄精，润透，切段，用黄酒拌匀，润透，放笼中隔水蒸24 h，晒至五成干，止火，候冷，出笼，晒干。每100kg黄精，用黄酒25kg
1983	闽东中药加工炮制规范	蒸黄精	蒸制	取原药材，大小分开，蒸6～8 h，第2天晒8成干后均匀拌入余汁，反复蒸拌以颜色变黑，味甜不刺喉为度，切片，晒干
2011	广东省中药炮制规范	蒸黄精	蒸制	除去杂质，洗净，闷润1天至透心，蒸8 h，焖闷12 h，取出，再蒸8 h，局闷12 h，至黑色透心显油润，取出，切厚片
1986	吉林省中药炮制标准	酒黄精	酒蒸	除净黄精块，用酒润润，闷润，蒸8～12 h，焖闷12 h，待酒液被吸尽，切厚片（如用生品须按上述方法重复蒸制1次）。每黄精100 kg，用酒20 kg
2005	贵州省中药饮片炮制规范	酒黄精	酒炖	除去杂质，洗净泥土，捞出，喷淋黄汁拌匀，至色漆黑时，取出，晒至人成干，切3 mm片，晒干。每100 kg黄精，用黄酒40 kg
2005	贵州省中药饮片炮制规范	酒黄精	酒蒸	取原药材，除去杂质，略洗，用水洗净后浸泡至灰渣，（8～12 h）时取出，晒至半干，加酒拌匀，晾至半干，无麻味时取出，用片刀切成厚片，装入甑内蒸呈润润的黑色，蒸至内外均呈黑色油润，用酒100 kg，用酒1000 g黄精，用酒120 g
1988	全国中炮炮制规范	生黄精	切制	取原药材，洗净，用黄酒拌匀，略润，干燥
1988	全国中炮炮制规范	酒黄精	酒蒸或酒炖	取净黄精，用黄酒拌匀，置炖药罐内，密闭，隔水加热或蒸汽加热，炖至酒被吸尽，或置适宜容器内，蒸至内外滋润，色黑，干燥。每100 kg黄精，用黄酒20 kg，干时，切厚片，干燥
1988	全国中炮炮制规范	蒸黄精	蒸制	取黄精，洗净，蒸至色棕黑滋润时取出，切厚片，干燥
2012	福建省中药饮片炮制规范	生黄精	切制	除去杂质，洗净，略润，切厚片，晒干

续表

年份	出处	名称	炮制方法	详细步骤
2012	福建省中药饮片炮制规范	制黄精	复制（黑豆、黄酒）	取净黄精，照蒸法反复蒸或黄酒煮至内外滋润黑色，取出，切厚片或短段，干燥
		酒黄精	酒蒸或酒炖	取净黄精，照酒制法炖透或蒸透，取出，稍晾，切厚片，干燥
2002	山东省中药饮片炮制规范	生黄精	切制	去净杂质，洗净，略润，切厚片
		酒黄精	酒蒸或酒炖	（1）将净黄精片用黄酒拌匀，闷润气圆后蒸约8 h，至内外均呈黑褐色，放笼屉内，武火加热，闷约4 h，至内外均呈黑褐色，干燥至外皮微干，再将净黄精与黄酒装入蒸罐内，拌和均匀，隔水加热，炖约12 h，闷约8 h，至黄酒基本吸尽，取出，摊晒至外皮微干，再将罐中余汁拌入，吸尽后干燥。每100 kg黄精片，用黄酒20 kg （2）将净黄精片用黄酒拌匀，闷润气圆后蒸时所得浓缩液拌入，拌和均匀，内外均呈黑褐色后干燥。每100 kg黄精片，用黄酒20 kg
2005	贵州省中药饮片炮制规范	蒸黄精	蒸制	取原药材，除去杂质，洗净，大小分开，略泡，润透过夜，取出，切厚片，干燥
		酒黄精	酒蒸	取药材，除去杂质，洗净，闷润，略泡，润透，照酒蒸法（炮制通则）反复蒸至容器内蒸8～12 h，切厚片；加酒拌匀，切厚片，干燥。或取黄精片，照酒蒸法反复蒸至表面棕褐色、内部深褐色，干燥。每100 kg黄精，用黄酒12 kg
2005	云南省中药饮片炮制规范	炙黄精	复制（黑豆、炼蜜、白酒）	取药材，挑选，加黑豆汁拌匀，吸尽，蒸成片，厚度不超过6 mm，至切面黄棕色至黄褐色，干燥，切碎屑，筛去碎屑，即得。片置容器内，加白酒和炼蜜置容器内，每1000 g净药材，用黑豆汁250 g，炼蜜50 g，白酒50 g
2005	河南省中药饮片炮制规范	生黄精	切制	除去杂质，洗净，略润，切厚片，干燥
		酒黄精	酒蒸或酒炖	取净黄精，照酒炖法或酒蒸法（炮制通则）炖透或蒸，取出，稍晾，切厚片，干燥。每100 kg黄精，用黄酒20 kg
		蒸黄精	蒸制	取黄精，蒸至色棕黑滋润取出，切厚片，干燥
2006	重庆市中药饮片炮制规范及标准	生黄精	切制	除去杂质，洗净，切厚片，干燥

续表

年份	出处	名称	炮制方法	详细步骤
2006	重庆市中药饮片炮制规范及标准	制黄精	复制（黑豆）	取黑豆，蒸取浓汁与黄精共煮，（黑豆汁平过药面）沸后文火煮至水尽，取出，微晾，黑色，再置容器内蒸5～8 h，或黑豆汁拌浸黄精，润透心，蒸至内外呈黑色，取出，切厚片，干燥。每100 kg黄精，用黑豆10 kg
		酒黄精	酒蒸或酒炖	取净黄精，照酒炖法或酒蒸法蒸透或蒸至内外呈黑色，稍晾，切厚片，干燥。每100 kg黄精，用黄酒20 kg
2008		生黄精	切制	除去杂质，洗净，略润，切厚片，干燥
		制黄精 蒸黄精	蒸制	蒸黄精：取净黄精，漂过夜，捞起，干燥，加入酒拌匀，待吸尽，入甑，蒸至内外黑色为度，干燥至半干，横切厚片，干燥。每100 kg黄精，用黄酒20 kg
		酒黄精	酒蒸或酒炖	照酒炖法或酒蒸法蒸透或蒸至内外呈黑色，稍晾，切厚片，干燥。每100 kg黄精，用黄酒20 kg
	江西省中药饮片炮制规范	炙黄精	炙制	取原药，除去杂质，洗净，用清水漂约1天，取出，沥干水，放入炊药罐内，每罐装药2/3，加入温水，上盖，移至药汁灶内，焖一夜，取出，至药汁炊干，罐间放少量木炭，并堆放干糠，点燃后约1天，至药汁炊干，用酒喷酒均匀，焖润待吸尽后，蒸4～6 h，加黄酒拌匀，闷润，取出，干燥至半干，切斜厚片，干燥。每100 kg黄精，用黄酒20 kg
2008	北京市中药饮片炮制规范	酒黄精	酒蒸	取药材，除去杂质，大小分开，加黄酒拌匀，闷润4～8 h，装入蒸罐内，密封，隔水加热或用蒸汽加热，蒸24～32 h，至黄酒被吸尽，色泽黑润时，取出，切厚片，干燥。每100 kg净黄精，用黄酒20 kg
2010	青海省藏药炮制规范	奶黄精	奶煮法	取原药材500 g，加牛奶1000 mL，置文火中煮至牛奶吸干，取出，干燥
2012	福建省中药饮片炮制规范	制黄精	复制（熟地黄）	取净黄精厚片，蒸至肉呈黑色，取出，干燥，再用熟地黄膏分次拌地，焖约8 h，蒸约片，干燥。每100 kg黄精，用熟地黄15 kg
2015	浙江省中药炮制规范	蒸黄精	蒸制	取原药，除去杂质，洗净，取出，晾至半干，切厚片，或先切厚片，再蒸至滋润黑褐色时，取出，干燥
2015	四川省中药饮片炮制规范	制黄精	复制（黑豆）	取黑豆，蒸取浓汁与黄精共煮（黑豆汁平过药面），沸后文火煮至水尽，取出，微润，黑色，再置容器内蒸5～8 h，干燥；或黑豆汁拌浸黄精，润透心，蒸至内外呈黑色，取出，切厚片，干燥。每100 kg黄精，用黑豆10 kg

续表

年份	出处	名称	炮制方法	详细步骤
2018	湖北省中药饮片炮制规范	蒸黄精	蒸制	取净黄精，照蒸法蒸透，稍晾，切厚片，干燥
2018	上海市中药饮片炮制规范	蒸黄精	蒸制	将药材除去杂质，洗净，润透，切厚片，置蒸具内，再将蒸时所得汁水拌入，置适宜蒸制容器内，用蒸汽加热至棕黑色，滋润干肉润尽，均匀吸入，蒸至内外滋润黑色，晒或晾干，筛去灰屑
2019	安徽省中药饮片炮制规范	蒸黄精	蒸制	取原药材，除去杂质，洗净，切厚片，滋润时，取出，多次蒸制至滋润，黑色时取出，干燥
2020	江苏省中药饮片炮制规范	蒸黄精	蒸制	取原药材，除去杂质，洗净，或略润，切厚片，干燥
2020	内蒙古蒙药饮片炮制规范	生黄精粉	切制	取原药材，清水洗净，即得
		黄精粉	粉碎	取净黄精，研细粉，过筛，即得
		奶黄精	奶煮法	取净黄精，照奶煮法，用生牛奶或鲜牛奶烘干或低温烘干，液近干时，取出，切厚片，干燥
		奶黄精粉	粉碎	取净黄精，研细粉，过筛，即得
2021	湖南省中药饮片炮制规范	生黄精	切制	取鲜药材，除去须根，洗净，除去杂质，切厚片，干燥
		酒黄精	酒蒸或酒炖	取鲜药材，除去须根，洗净，用生牛奶或鲜生牛奶浸泡3 h，文火煮至透心，奶用生150 kg，切厚片，干燥。以干品计算，每100 kg 黄精，用黄酒20 kg
2022	天津市中药饮片炮制规范	蒸黄精	蒸制或炖制	取原药材，洗净，除去杂质，照蒸法或炖法蒸透或炖透，稍晾，切厚片，干燥
		生黄精	切制	取原药材，洗净，稍闰透，切片，晒干
1973	中药炮制经验集成	生黄精	切制	取原药材洗净，切片，或切3～4分块，晒干
		蒸黄精	蒸制	(1) 取原药材洗净，切片，蒸后，稍晾，晒干 (2) 取原药材，蒸至黑色，或切3分长段，晒干
		酒黄精	酒蒸	(1) 取原药材洗净，在蒸笼中蒸透，晒干或晾干 (2) 取黄精加酒拌匀，加酒拌匀蒸至蒸黑色，晒干

续表

年份	出处	名称	炮制方法	详细步骤
1973	中药炮制经验集成	制黄精	复制（黑豆）	（1）取黄精加水闷透后，加入黑豆拌匀煮 6 h，晒半干，去黑豆，再蒸 8 h，放冷，切 2 分厚的片，晒干。黑豆 10 斤（湖北）（2）取黄精洗净，淘净泡透心，加水炒香黑之黑豆，加水与药平，用微火煮干，俟去黑豆，再蒸黑豆，取出日晒夜露，隔天又蒸，再晒再露，每次蒸前，加入前次的蒸出液，反复 5 次，晒干。黄精 100 斤，黑豆 30 斤（成都）
		制黄精	复制（熟地黄）	（1）熟地膏蒸：取黄精蒸至略带黑色，晒半干，露 1 夜，如此反复 3 次，至第 4 次与熟地膏拌匀，润 1 夜，次日蒸黑透，再晒，露 1 次，晒干即可。黄精 1 斤，熟地膏 4 两（贵州）（2）熟地汁煮：取黄精加熟地黄的原汁与药平，用微火煮干药汁被吸尽，肉内呈黑色，用时再切片（福州）
		蜜黄精	复制（黑豆、蜜、姜）	取黄精与蜂蜜拌匀，加水半斤，再加生姜、黑豆煮 2 h，黑豆煮后晒五成干（甑底蒸出液仍加入甑内），至蒸透为度。黄精 1 斤，蜂蜜 1 斤，生姜半斤（江西）
		生黄精	切制	取黄精加水泡净切片，清水漂 1 昼夜，洗净，晒干
		蒸黄精	蒸制	除去须根及杂质，蒸 2 h，取出，洗净，晒干
		奶黄精	奶煮法	（傣族）取黄精，置蒸笼内蒸至现油润状时，取出，置锅置鲜牛奶或羊奶中文火煮至牛奶全部渗透为度，取出，晒干
		烫黄精	烫制	（蒙古族）取黄精置沸水中略汤至蒸透心，晾晒边揉直至晒干
		煮黄精	煮制	（土家族）取黄精切片，置铜锅肉加水煮，待煎煮液全部被吸收，取出，晒干
2000	中国民族药炮制集成	制黄精	浸蒸制（糯米、枸杞）	（布依族）取糯米适量，浸泡 1 天，加黄精 1 kg，再加少许枸杞一起蒸，用武火隔水蒸至肉外黑色为度。每黄精 10 kg
		酒黄精	酒蒸	取黄精与黄酒微拌匀，置铜罐内或蒸笼内，再将蒸时所得的原汁浓缩，拌入吸尽，晒干。黄精 50 kg，黄酒 2 kg
		制黄精	复制（黑豆或生地黄、炼蜜、白酒）	取黄精，用水浸泡 1 日，每隔 4 h 换水 1 次，捞出，共煮 4～6 h，吸干水分，取出，晒至黑豆若无黑豆干，再加炼蜜及白酒各 2.5 kg，拌匀，置蒸笼蒸 24 h，至黑色无味味取出，晒干。黄精 5 kg

近几年，为了减少生产重复环节、减少浪费现状，有不少学者对黄精"一体化"进行了研究。金鹏程等[18]运用 Box-Behnken 响应面法明确滇黄精产地加工炮制"一体化"工艺为蒸制 22 min、切片厚度 3.6 mm、干燥温度 61℃。李妍等[19]利用正交试验设计和综合评分法明确酒黄精最佳"一体化"工艺为取净制新鲜黄精 5 kg、纵切 7 mm、干燥温度 50℃、失水 30%、黄酒 0.7 kg、闷润 50 min、蒸 6 h、干燥温度 70℃。赵君等[20]通过比较"一体化"工艺与传统炮制工艺对酒黄精的影响，发现"一体化"酒黄精更加黑润，而且减少加工工序，其中以先蒸后切"一体化"炮制最佳。上述研究结果表明，黄精"一体化"能极大缩短工艺流程，减少生产成本，且"一体化"产品质量均合格，能满足临床用药的需求。但是，黄精炮制方法的研究仍比较浅显，大多为实验小试，极少进行中试放大试验，与实际生产脱轨；另外，多以化学成分为评价指标，极少进行最优工艺产品与市售产品的药效比较研究，与临床功效脱轨。因此，急需将现代科学系统性研究思路与创新技术引入黄精炮制方法的研究，确保研究所得到的最佳黄精炮制工艺切实可行。

4. 黄精炮制加工实地调研

对全国黄精主产区进行调研后发现，各地区黄精的炮制加工方法也各有不同。炮制加工方法的不同会造成黄精饮片质量良莠不齐，影响下游药企、医院、药店的生产和使用。

主产我国北部地区黄精的炮制方法有"酒制法""蒸制法""奶煮法"以及"切制法"，主产我国南部地区黄精的炮制方法有"蒸制法""复制法""切制法""酒制法"及"炆制法"，详见表 2-5。

案例 2-2 九华山地区多花黄精的炮制加工方法

取黄精药材，浸泡 2 h，洗净，蒸制 2 h，闷润 1 h，晒至 8 成干或 60～70℃烘至 8 成干，反复 9 次，切片，干燥（图 2-4）。

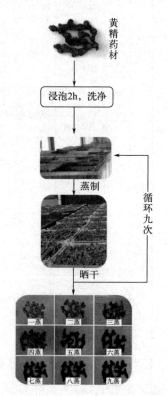

图 2-4　九华山黄精九蒸九晒流程图

三、黄精炮制机理研究

1. 黄精炮制减毒机理

《食疗本草》和《本草原始》中阐述黄精炮制加工机理，如"蒸之若生，则刺人咽喉，曝使干，不尔朽坏"；《本草图经》对蒸制程度进行描述"汁尽色黑，当光黑如漆，味甘如饴糖"。由此可见，古人认为黄精蒸至汁尽色黑，转苦为甘，寒性变平，可消除其刺激咽喉和胃肠道的不良反应。杜李继等[21]研究结果表明多花黄精九蒸九晒减毒作用可能与作为刺激性气味来源的醛类物质消失有关。王进等[22]通过对炮制前后黄精挥发油主要成分的比较，推测黄精炮制减毒作用可能与正己醛、莰烯等成分明显减少有关。林雨等[23]通过细胞溶血率实验和体外炎症模型评价九蒸九制黄精的减毒作用，发现九蒸九制黄精可显著降低溶血率，其甲醇提取物对 NO 的抑制作用显著强于生黄精，可以有效降低生黄精的炎症刺激性。石双慧等[13]通过家兔眼刺激性实验，表明生黄精具有刺激性，黄精酒制后对黏膜的刺激作用减弱。詹慧慧等[24]采用紫外分光光度法、高效液相色谱 - 蒸发光散射检测器法测定、高效凝胶渗透色谱 - 示差折光检测器法分析黄精炆制前后黄精多糖的动态变化，结果表明，黄精炆制后总多糖和蔗糖含量分别下降约 60% 和 35%，果糖和葡萄糖含量分别升高 22 倍和 4.4 倍，黄精单糖组成物质甘露糖 - 鼠李糖 - 葡萄糖 - 半乳糖 - 阿拉伯糖的量比由 10∶6∶25∶7∶1 转变为 7∶5∶1.7∶14∶1，推测炆制过程促进多糖发生了水解并改变其结构，从而消除了黄精的麻舌感，增强其生物利用度。上述研究结果初步阐释了黄精炮制减毒的科学内涵。

2. 黄精炮制增效机理

《得配本草》记载辅料对黄精归经的影响，如"得蔓菁（芜菁），养肝血。配杞子（枸杞子），补精气"，表明黄精加辅料炮制会改变其药性和归经，有效成分累积，可补脾润肺、温补肾阳，增强黄精的药效。

刁卓等[25]通过高效薄层色谱和色谱 - 质谱联用等实验发现，多糖和果糖随着蒸晒次数的增加逐渐降低，多糖发生水解反应，导致炮制品中多糖的含量降低，单糖的含量增加；而六蒸六晒和十二蒸十二晒为黄精炮制过程中的转折点。刘心洁等[26]通过电子舌、高效凝胶渗透色谱法、傅里叶红外光谱法等探究黄精九蒸九制过程中"滋味 - 成分"的变化规律及关联，结果表明随着蒸制次数的增加，黄精的酸味、涩味和甜味增加，而鲜味和咸味减小；多糖和糖醛酸含量下降，分子量排布呈规律性变化，其苦味、鲜味与多糖和糖醛酸呈显著正相关，而酸味、涩味与多糖和糖醛酸呈显著负相关等。综上，推测黄精不同炮制品药效及口感的改变可能与黄精多糖水解、结构改变有关。

胡叶青等[27]通过实验得出结论，九蒸九晒过程中，黄精中 5- 羟甲基糠醛的含量开始会随蒸晒次数增加而逐渐增加，在七蒸七晒达到最大值，而在最后两蒸两晒时逐渐降低。宋艺君等[28]对黄精炮制前后 5- 羟甲基糠醛含量变化进行实验分析，发现黄精生品中 5- 羟甲基糠醛质量分数为 0，经过清蒸和酒蒸其质量分数分别为 0.21%～0.50%、0.25%～0.72%。钟凌云等[29]研究结果发现 5- 羟甲基糠醛经炮制后其含量显著增加，且推测制黄精能增强免疫与 5- 羟甲基糠醛含量变化相关。郭婕等[30]认为酒黄精防治心血管疾病可能与 5- 羟甲基糠醛有关，但是 5- 羟甲基糠醛是否为有益成分，目前尚有争议。综上，推测黄精不同炮制品药效的改变可能与 5- 羟甲基糠醛等物质的产生有关。

除黄精多糖与 5-羟甲基糠醛外，皂苷类成分也是黄精炮制前后发生变化的主要化学成分之一。黄精属植物中含有 80 多种皂苷类化合物，但黄精主要以薯蓣皂苷元为主，且对黄精中皂苷的研究也多集中在薯蓣皂苷元。研究表明，炮制后的黄精中薯蓣皂苷元含量一般会增加。有研究者发现黄精中薯蓣皂苷含量随着炮制时间的增加而逐渐降低，到第六蒸时含量开始趋于稳定[31]。王倩等[32]及刘绍欢等[33]发现薯蓣皂苷经炮制后会转化成延龄草苷和薯蓣皂苷元，导致薯蓣皂苷元含量增加，而且，不同炮制方法所得薯蓣皂苷元含量不同。综上，推测黄精不同炮制品药效的改变可能与薯蓣皂苷元等物质的增加有关。

石双慧等[13]通过构建小鼠免疫抑制模型和糖尿病模型比较黄精炮制前后药效的变化，结果表明酒黄精提高小鼠免疫力和降血糖的作用均强于生黄精。李立英等[34]通过构建秀丽隐杆线虫自然衰老和氧化应激模型，比较黄精炮制前后抗衰老作用的变化，发现"二蒸二晒"的滇黄精可有效延长线虫寿命，提高 8 h 急性热应激条件存活率及急性氧化应激条件存活率。孙婷婷等[35]研究的结果表明黄精酒制后其水溶性多糖抗氧化活性增强，酒制品水溶性多糖可作为一种潜在天然抗氧化剂。余欢迎等[36]研究的结果表明黄精生品及不同炮制品对肾阴虚大鼠症状均有一定程度的改善，但酒黄精的滋阴益肾作用强于生黄精，其中四蒸四烘黄精对肾阴虚模型大鼠环核苷酸系统、下丘脑-垂体-肾上腺轴激素水平及肾上腺组织形态的改善效果最优。上述研究结果与前人记载的黄精炮制增效一致，且初步阐释了黄精炮制增效的科学内涵。

但是现有黄精炮制机理的研究仍局限在炮制前后成分和药效的差异方面，仍停留表层，尚未阐述清楚蒸制增效及与辅料协同增效的分子机制。因此，可利用"预测-识别-验证"整合证据链研究思路、药"效应-物质-靶标-机制"研究策略等，结合空间代谢组学、多维谱效、目标成分敲除/敲入、基因芯片、基因沉默等新技术，探索黄精炮制减毒增效机理的科学内涵，对中药炮制理论研究、临床科学合理使用炮制品、提高临床疗效具有重要意义。

第二节　黄精质量控制与评价的研究与展望

随着中医药行业的不断崛起，我国逐步加大对中药材、中药饮片、中成药等质量的监管力度。2016 年发布《中医药发展战略规划纲要（2016—2030）》，2017 年我国首部为传统中医药振兴而制定的国家法律《中华人民共和国中医药法》开始施行，2019 年《关于促进中医药传承创新发展的意见》发布，2021 年国务院办公厅印发了《关于加快中医药特色发展若干政策措施》，2022 年国务院办公厅发布了《"十四五"中医药发展规划》，2023 年国家药监局印发《关于进一步加强中药科学监管促进中药传承创新发展的若干措施》，强调加强中药材及其饮片质量安全监管、提升中药及其制剂的质量控制、促进中药产业高质量发展仍是中药研究的主要任务之一，建立以中医药理论为指导的中药全过程质量控制与评价体系仍是当前中药研究的艰巨任务[37]。

中药产品的品质形成过程非常复杂，涉及中药种植/养殖、采收加工、饮片炮制、制剂生产、临床应用等多个环节，每个环节都影响着中药终端产品的品质。我国通过GAP和《药品生产质量管理规范》（good manufacturing practice，GMP），以化学成分为主要评价指标，依靠对中间体或终端产品的离线检测监管中药产品生产过程中的品质变化，难以及时、有效地获取中药生产全过程的品质变化[38]，黄精的质量控制与评价现状亦是如此。目前，黄精的质量指标性成分尚不明确，现有研究表明，黄精中含有多糖类、皂苷类、黄酮类和醌类等活性成分，物质基础复杂多样，加大了筛选适宜的黄精专属质量评价物的难度[39]；另外，仅从成分含量高低的角度评价黄精的质量不能全面表征黄精的品质，成分过低或过高都会影响黄精功效的发挥。因此，亟须采用新思路、新理念、新技术、新模式、新方法，将黄精质量控制与评价模式从"化学成分评价控制"的单一质控模式向"外观性状-物质基础-生物效应-临床疗效"的多维度质控模式转化。

一、黄精质量控制与评价的现状

1. 基于"辨状论质"黄精外观性状的控制与评价现状

"辨状论质"是中药经验鉴别的精髓，是指根据中药外观性状所表现出来的特征，判断中药的真伪优劣，从而阐明其质量的本质。《中国药典》（2020年版）详细规定了三种基原黄精药材及饮片的大小形状、颜色质地、气味口感等外观性状，但其检测结果易受个人感官或检测环境的影响，其客观性与准确性难以保证。随着仿生技术的快速发展，"电子鼻""电子舌"和"电子眼"技术打破了传统经验鉴别的局限，能客观量化"形、色、气、味"，可实现中药材生产加工过程的质量在线连续检测，这为中药生产的过程控制、质量控制、过程管理与决策等提供支撑，也为进一步实现黄精生产过程中的工艺优化、质量控制和评价奠定基础。

关佳莉等[40]运用超快速气相电子鼻分析黄精蒸制过程中气味的动态变化，发现生黄精、清蒸九蒸九晒黄精和酒蒸九蒸九晒黄精的气味指纹图谱彼此间均有区别，其中丙醛、乙酸甲酯等气味成分在蒸制后降低；而糠醇等气味成分随着蒸晒次数的增加，呈先降低后增加的趋势；陈光宇等[41]运用固相微萃取-顶空进样-气质联用法结合电子鼻分析不同产地多花酒黄精的挥发性成分和气味特征差异，并证明电子鼻可作为气味质量控制与评价的简单、快速新方法之一；同样，方文韬等[42]利用电子鼻技术为不同产地、不同生长年限、不同加工方法的多花黄精提供了一种更为快速、简便、客观的气味鉴别方法。曹林等[43]运用电子舌技术对多花黄精生品、一蒸一晒到九蒸九晒过程中的味觉值进行测定，结合炮制过程中黄精多糖的含量变化，证明多花黄精主要以甜、苦、涩、鲜为主，发现这些味道及黄精多糖的含量均随着炮制次数的增加而降低；赵丽蓉等[44]的研究再次证实了电子舌可作为味道质量控制与评价的客观、快速新方法之一。

仿生技术智能化的提高，加快了中药传统鉴别"辨状论质"的数字化进程，克服了传统经验鉴别的局限，目前该技术被迅速而广泛地运用于食品、农业、日用化工品及公共安全等诸多领域。目前，关于黄精药材及其饮片的电子鼻和电子舌研究比较少，电子眼方面的研究还未见报道，仍需大量实验进一步证明现代仿生技术在黄精药材及其饮片质量控制与评价方面的可行性及可靠性。

2. 基于"显微特征"黄精结构的控制与评价现状

中药鉴别四大方法之一的显微鉴别是指利用显微镜观察中药的组织、细胞或内含物的特征[45]。《中国药典》（2020 年版）一部的黄精项下规定了三种基原黄精的显微结构特征，除了维管束略有不同，表皮细胞、黏液细胞、草酸钙针晶束等特征基本一致。徐雅静等[46]将显微特征指数与总皂苷和总多糖进行关联分析，发现滇黄精中草酸钙针晶、导管数量与总皂苷含量存在显著的相关性，而与总多糖含量则无相关性，初步建立了滇黄精"显微特征-化学基准"质量评价新模式，可为滇黄精的质量控制提供新方法。高韵等[47]以糖类成分含量及分布情况为鉴别指标，采用显微红外成像光谱对 7 个不同产地的多花黄精和 5 种黄精属植物进行微观扫描，更直观地分析成分的分布情况，发现贵州省铜仁市多花黄精中糖类成分含量较高，黄精中多糖类成分含量较高，可有效区分不同产地、不同种属黄精。目前，黄精的显微鉴别多以《中国药典》（2020 年版）的记载方法为主，将显微特征与外观性状、化学基准、生物基准关联的研究还比较少，今后需利用显微成像等可视化、高灵敏度、数字化技术，构建黄精"外观性状-显微特征-内在品质"的质量控制与评价新模式。

3. 基于"化学基准"黄精成分的控制与评价现状

中药化学成分研究不仅是中西医之间最易实现沟通并达成共识的关键科学问题，也是解析中药整体功效及作用机制的核心环节[48]。《中国药典》（2020 年版）详细规定了黄精药材及饮片水分、总灰分、重金属及有害元素、浸出物和含量测定（葡萄糖）的限度，但仅以葡萄糖为评价指标，缺乏全面性和科学性，理应探寻多指标或共有成分群作为质量控制与评价的新趋势。随着色谱技术、质谱技术和光谱技术的快速发展，为中药生产全过程的质量控制与评价提供新技术。

戴万生等[49]对薄层色谱法的展开剂比例、饱和时间、点样量等进行优化，并发现滇黄精炮制前后皂苷类成分发生明显变化，可用于准确区分滇黄精及其炮制品。胡奕勤[50]运用紫外分光光度法测定黄精生品及酒炙品中黄精多糖、总皂苷和浸出物含量变化，提出可将以上成分作为指标性成分用于黄精质量的控制与评价。郭信东等[51]通过紫外分光光度法依次测定炮制前后黄精的浸出物、黄精多糖、总皂苷、总黄酮、蒽醌和总酚的含量，发现浸出物、黄精多糖和总酚的含量呈下降趋势，而总皂苷、总黄酮和蒽醌的含量呈上升趋势。

左雅敏等[52]采用高效液相色谱建立了黄精中薯蓣皂苷元、5-羟甲基糠醛、香草酸、芦丁、槲皮素及山柰酚 6 种成分的一测多评法，为全面构建黄精药材及饮片质量控制与评价体系提供参考。殷海霞等[53]建立了同时检测黄精中 5-羟基麦芽酚、5-羟甲基糠醛和黄精碱 A 含量的方法，建立同时测定以上三种成分的高效液相色谱法，且经方法学验证可用于黄精药材的质量控制与评价。周扬华等[54]通过指纹图谱分析指认了 5-羟甲基糠、黄精碱 A 和 4′,5,7-三羟基-6,8-二甲基高异黄酮，这 3 种成分均是黄精中重要的活性成分，可为黄精的质量控制与评价的指标性成分。综上所述，黄精中浸出物、黄精多糖、总皂苷、总皂苷、总黄酮、总酚、蒽醌、薯蓣皂苷元、5-羟甲基糠醛、5-羟基麦芽酚、香草酸、芦丁、槲皮素、山柰酚、黄精碱 A 和 4′,5,7-三羟基-6,8-二甲基高异黄酮等成分均具有成为黄精质量控制与评价指标性成分的潜力。

梁泽华等[55]采用固相萃取结合超高效液相色谱-电喷雾四级杆飞行时间质谱联用技术对黄精及其炮制品进行差异成分识别，结果表明黄精中主要含有甾体皂苷类、黄酮类、木脂素类、香豆素类、生物碱类、脂肪酸类、氨基酸类、糖类、酯类、醛类、有机酸类、其他未知成分等共 61 个化学成分；随炮制时间的增加，以甾体皂苷类成分为代表的大分子成分不断降解成易于人体吸收的小分子成分及异构化成分，而这些炮制前后具有显著差异变化的成分群可为黄精质量控制与评价指标的选取提供依据。刘敏敏等[56]通过顶空气相色谱-质谱法从多花黄精及其炮制品中共鉴定出 23 个挥发性成分，经化学计量学筛选糠醛等 13 个差异挥发性成分；共鉴定出 7 个糖类成分，且其中的果糖、葡萄糖、甘露糖和蔗糖经炮制后含量呈上升趋势。综上所述，黄精中甾体皂苷类成分、糖类成分、差异性挥发成分均具有成为黄精质量控制与评价指标性成分的潜力。

章登停等[57]通过高光谱成像光谱仪分别采集不同产地多花黄精的可见-近红外、短波红外和可见-近红外+短波红外融合高光谱数据，经过一系列数据分析和模型构建发现高光谱成像技术可从不同空间尺度实现多花黄精产地的准确识别，如在竞争性自适应重加权法（CARS）选择的 26 个特征带中，经预处理后，使用线性分类支持向量机（Linear SVC）对不同空间尺度的多花黄精产地识别模型的准确率达到 87% 以上。吕悦等[58]采用近红外光谱技术采集黄精的光谱数据，结合化学计量学建立黄精多指标成分快速定量分析模型，黄精多糖、皂苷、5-羟甲基糠醛的近红外定量模型相关系数分别为 0.9970、0.9843 和 0.9839；校正均方根误差均 <0.30，验证集

样品的平均相对偏差均 <2%，表明建立的近红外定量模型预测性良好。综上所述，光谱技术可用于黄精生产过程中实时监控和质量控制与评价。

4. 基于"生物基准"黄精药效的控制与评价现状

然而，仅基于外观性状和化学特征的中药质量控制与评价模式仍存在较大的局限性，难以全面地反映中药质量与临床有效性及安全性的关系。因此，肖小河等[59]专家提出应该在基于化学基准研究的基础上补充生物评价研究，逐步构建"标准评控力金字塔"。生物评价是完善中药质量标准、走进临床、关联疗效及安全性评价的重要方法，已成为中药质量控制与评价的发展趋势之一[60]。中药的物质基础尚未完全明确，生物评价以其生物效应（有效性或毒性）来评价其内在品质，更符合中药的整体观，主要包括生物活性测定技术、效应成分指数、生物效应表达谱等。

谭小青等[61]构建了基于抗流感病毒活性的黄精质量生物评价方法，运用气相色谱-质谱联用法建立黄精指纹图谱，检验黄精提取物对抗流感病毒神经氨酸酶的体外活性抑制，计算黄精生物效价，筛选与黄精药材抗病毒活性相关系数高的化合物，从而建立质量生物评价方法。但目前对于黄精生物效价方面的研究极少，方法和技术也不成熟，且尚无黄精生物毒价方面的研究报道。今后需要对生物效价/毒价进行深入研究，建立黄精与临床功效密切关联的生物评价方法。

二、黄精质量控制与评价的展望

近年来，我国相继出台了一系列振兴中医药发展及加强中药监管的相关政策，从种植、采收、加工、制剂生产等关键环节进行约束，以期保障中药质量、临床疗效及人民健康。另外，黄精现行国家标准、地方标准、企业标准等缺少其专属性评价指标、整体性控制方法等问题。如《中国药典》（2020年版）黄精的质量标准包括性状、显微鉴别、薄层鉴别、水分、灰分、重金属及有害元素、浸出物和多糖含量测定[62]。地方标准中，《香港中药材标准》中增加了杂质、超高效液相色谱指纹图谱、农药残留、二氧化硫残留量、霉菌毒素的检查项、胡芦巴碱含量测定等；《台湾中药典》还补充了黄精的水抽提物和稀乙醇抽提物含量测定；其他地方标准中关于黄精质量的规定基本与《中国药典》一致。

在黄精现行质量标准的基础上，通过现代检测设备的更新换代、分析方法的创新及各学科的交叉融合，集成性状电子感官技术、显微成像技术、色谱-质谱联用技术、生物效应体内/外检测技术等现代前沿技术手段，解析黄精质量控制与评价的专属性要素，系统阐明种植、采收、加工等环节对黄精质量和功效的影响，构建了"外观性状-显微特征-化学基准-生物基准"的黄精质量控制与评价模式（图 2-5），为黄精产品的质量、临床应用及其产业链的可持续性发展，以及消费者的健康提供保障。

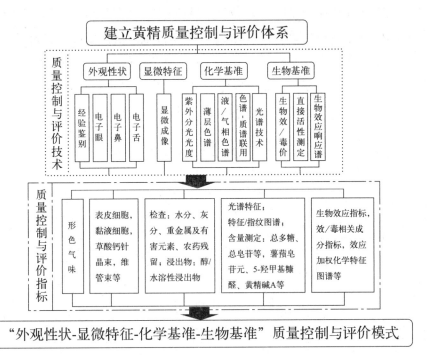

图2-5　黄精质量控制与评价新模式

第三节　黄精产品的开发、应用与发展

黄精自古就被视作中老年人理想的滋补品之一，素有"仙人余粮""久服轻身延年不饥"之赞誉。黄精味甘、性平，归脾、肺、肾经，具有补气养阴、健脾、润肺、益肾的功效[62]。《本草便读》云："此药味甘如饴，性平质润，为补养脾阴之正品。"《本草纲目》记载："补诸虚，止寒热，填精髓，下三尸虫"。2002年《卫生部关于进一步规范保健食品原料管理的通知》中，黄精被纳入食药物质目录，是一种公认的食药物质。现代化学成分研究表明，黄精含有多种化学成分，如多糖、皂苷、萜类、生物碱、木脂素、黄酮、植物甾醇、蒽醌类、微量元素、氨基酸等，其中多糖和皂苷类成分为其主要药效成分[63-66]。现代药理药效研究表明，黄精具有抗氧化、抗衰老、抗疲劳、抗肿瘤、抗辐射、提高免疫力、保护神经系统、降血脂、降血压、降血糖、抗病毒、抗炎、抗菌、抗骨质疏松、改善不孕不育、抗抑郁等生理功能[63-69]。因此，在大健康产业发展的背景下，黄精的产品开发也迎来了新时代，其产品应用前景十分广阔，可应用于药品、食品、保健品、日化用品等领域。

一、黄精药品的开发、应用与发展

国家药品监督管理局网站和药智网 - 健康产业大数据服务与赋能平台的数据显示，近 20 多年来黄精有 35 种上市药品。其中益元黄精糖浆、黄精丸、黄精养阴糖浆、黄精赞育胶囊和十一味黄精颗粒等 10 种黄精药品获得国药准字号，"晋安"黄精浓缩细粒等 24 种药品获得台湾卫署药制字号，香港农本方有限公司生产的黄精获得香港注册编号，这些药品多具有补气养血、健脾润肺、滋阴益肾等功效（表 2-6）。

表 2-6　黄精相关上市药品信息

批准号	名称	功效	厂家
Z20026705	黄精养阴糖浆	润肺益胃，养阴生津	江西大地制药有限责任公司
Z20026704	黄精养阴糖浆		远大医药黄石飞云制药有限公司
Z20055282	益元黄精糖浆	补肾养血	太极集团四川南充制药有限公司
Z20055196	益元黄精糖浆		四川成都同道堂制药有限责任公司
Z20026743	益元黄精糖浆		太极集团重庆涪陵制药厂有限公司
Z31020262	黄精丸	补气养血	上海雷允上药业有限公司
Z45020574	黄精丸		桂林三金药业股份有限公司
Z20184096	黄精丸		北京同仁堂天然药物（唐山）有限公司
Z20025669	十一味黄精颗粒	滋补肾精，益气补血	吉林三九金复康药业有限公司
Z20050267	黄精赞育胶囊	补肾填精，清热利湿	上海新亚药业邗江有限公司
057205	"晋安"黄精浓缩细粒	补气养阴，健脾，润肺，益肾	晋安制药股份有限公司
061291	"庄松荣"黄精浓缩细粒		庄松荣制药厂股份有限公司里港分厂
045948	"复旦"黄精浓缩细粒		复旦制药股份有限公司
054946	"天一"黄精浓缩散		天一药厂股份有限公司
036122	"胜昌"黄精浓缩散		胜昌制药厂股份有限公司中坜厂
045317	"庄松荣"黄精浓缩细粒		庄松荣制药厂股份有限公司
045054	"科达"黄精浓缩细粒		科达制药股份有限公司
056408	"东阳"黄精浓缩细粒		东阳制药股份有限公司
041161	"港香兰"黄精浓缩细粒		港香兰药厂股份有限公司
055394	"天明"黄精浓缩细粒		天明制药股份有限公司农科分公司
052106	"仙丰"黄精浓缩散		仙丰股份有限公司苏澳制药厂
059517	"信宏"黄精浓缩细粒		信宏科技制药股份有限公司

续表

批准号	名称	功效	厂家
056993	"万国"黄精散	滋阴润肺，补脾益气	信宏科技制药股份有限公司
053481	"新典"黄精散		港香兰应用生技股份有限公司
053210	"三才堂"黄精散		三才堂制药厂有限公司
054487	"正扬"黄精散		国科生技制药股份有限公司
051711	"明通"黄精散		明通化学制药股份有限公司第二厂
051296	"盛川"黄精散		福安科技制药股份有限公司
051148	"港香兰"黄精散		港香兰药厂股份有限公司
050742	"晋安"黄精散		晋安制药股份有限公司
01588	"顺天堂"黄精浓缩颗粒	虚弱，干咳，口渴	顺天堂药厂股份有限公司新店厂
054411	"立康生物科技"黄精粉末	—	立康生物科技股份有限公司工厂
054317	"毿田"黄精（酒）粉末	—	台湾顺安生物科技制药有限公司大发厂
051943	"农马"黄精粉末	—	劝奉堂制药股份有限公司桃园厂
HKC-08083	黄精	—	农本方有限公司

注：数据来源于国家药品监督管理局网站和药智网-健康产业大数据服务与赋能平台。

近年来，代谢疾病、心血管疾病、免疫系统疾病及老年疾病等的防治，成为很多国家共同关心的世界性问题。黄精及黄精多糖在改善代谢紊乱等方面的作用已经为现代医学所证实[70]。傅馨莹等[71]研究发现黄精治疗糖尿病大鼠后可降低血糖、血脂含量，抑制血管增厚，减少其血清及主动脉炎症因子的表达，抑制炎症小体，抑制焦亡相关蛋白活化，从而延缓糖尿病大血管焦亡损伤进程。Wang T等[72]研究发现黄精为线粒体超微结构提供保护，并调节线粒体的氧化应激、能量代谢和β氧化基因表达，减缓细胞脂肪变性，改善代谢功能障碍相关脂肪肝。Zhu X等[73]研究发现黄精多糖可显著改善动脉粥样硬化仓鼠的血清脂质谱、载脂蛋白和内皮功能障碍参数，从而发挥抗动脉粥样硬化作用。Wang F等[74]研究证明黄精中咖啡醇、异鼠李素和芦丁在体外验证试验中具有乙酰胆碱酯酶抑制活性、抗炎活性和神经保护作用；体内结果表明，咖啡醇、异鼠李素和芦丁通过减少Aβ阳性斑点的数量和炎性细胞因子水平、抑制乙酰胆碱酯酶活性和提高抗氧化水平，在阿尔茨海默病转基因小鼠中显示出多种有益作用。苏联麟等[9]研究结果表明黄精多糖能显著增强生物体的免疫活性，改善免疫抑制小鼠肠道菌群的失衡，增加肠道短链脂肪酸的含量。因此，研制代谢调控新药、心血管保护新药、抗衰老新药、免疫调节新药等应成为黄精药品开发研究的重要方向。

二、黄精药膳和食品的开发、应用与发展

1. 黄精药膳的开发、应用与发展

随着《健康中国2030规划纲要》明确提出"防慢病，治未病"国家战略，旨在构建上下联动、防治结合、中西医并重的慢性病防治体系，将"以治病为中心"转变为"以健康为中心"。如今相关政策不断深化落地，我国慢病防治市场需求愈发强烈，大健康产业正是风口。中医药膳的起源可以追溯到夏禹时期的中国传统饮食和中医药文化，是在中医药理论指导下，运用传统的中医药学结合烹饪学和营养学，严格按药膳配方，将中药与某些具有药用价值的食物相配，制作成具有一定色、香、味、形的美味食品。通过长期的经验积累，形成了特殊的药膳保健理论，药膳已然成为中医药的重要组成部分[75]。中医药膳"寓医于食"，药借食力，食助药威，二者相辅相成，相得益彰，可预防或辅助治疗高血压、糖尿病、动脉粥样硬化、抑郁症、阿尔茨海默病等疾病。

黄精是药膳的常用药材之一，根据黄精的特殊功效，通过配伍，可做成补气养血滋阴、延年益寿等不同功效的药膳，如黄精玉竹乌鸡药膳[75]、黄精党参炖乌鸡、黄精乌鸡膏[76]、黄精炖鸭、黄精煨猪蹄、黄精羊心汤、黄精炖瘦肉、黄精当归鸡蛋汤、黄精粥、黄精酒[77]、黄精花炒鸡蛋[78]等，都具有补气养血、延年益寿、健脾补肾等功效[79]。由表2-7可见黄精已经成为人们生活中膳食的重要原料，发挥了常见食品不可替代的作用。现在已有少数学者利用现代科学研究技术和思路对代表性黄精药膳进行药理药效等研究，如赵祥君等[77]的研究结果表明经方黄精酒可缓解银屑病样小鼠的体质量下降及脾大表现，使表皮层厚度明显变薄，减轻真皮层中炎症细胞浸润程度，从而改善银屑病样小鼠的症状。近年来，随着食品加工技术、营养学、生物技术的进步，药膳食疗产品的研发和生产水平得到了大幅提升，黄精膳食的产品也越来越多，但是关于黄精膳食产品的研究仍然很少，今后应该加大黄精膳食配方比例研究、黄精膳食加工工艺研究、黄精膳食质量标准研究、黄精膳食物质基础研究、黄精膳食功效研究等，可研发出糖尿病患者专用产品、心血管病患者专用产品等。

2. 黄精保健食品的开发、应用与发展

据测算，预计"十四五"时期，60岁及以上老年人口总量将突破3亿，占比将超过20%，进入中度老龄化阶段；2035年左右，60岁及以上老年人口将突破4亿，在总人口中的占比将超过30%，进入重度老龄化阶段，老年人健康与疾病防治的社会问题已为全人类共同关注。另外，随着经济发展及生活水平的提高，青少年早熟、肥胖，高血压、高脂血症、高血糖等原本多发于中老年人的"富贵病"也逐年呈现低龄化、年轻化[80]。因此，黄精保健品的研发已成为今后科学研究的崭新热点，在国际和国内市场有着很大的市场前景和发展空间[80]。

表2-7 黄精药膳相关记载

序号	药膳名称	功效	适应证	配方
1	黄精煨猪蹄	补脾润肺	脾胃所弱、肺虚所咳、病后体虚等	黄精30 g,党参10 g,黄芪10 g,陈皮5 g,大红枣5枚,猪肘1个,调味品适量
2	精杞猪肘	抗衰老、补脾益胃、滋阴补虚	脾胃虚弱、胃及十二指肠溃疡、浅表性胃炎、消化不良等	黄精1 g,猪肘1个,大红枣5枚,党参9 g,猪脾600 g,调味品适量
3	黄精炖瘦肉	健脾益气、滋养五脏	体质虚弱消瘦、营养不良、脾胃虚寒、肢软乏力等	黄精30 g,瘦猪肉100 g,调味品适量
4	黄精炖青鸭	养阴益肾	体虚乏力、心悸气短、肺燥干咳、虚劳低热、糖尿病等	黄精30 g,青鸭1只,调味品适量
5	黄精炖青鱼	养阴清热	高血压、糖尿病、可降低血压、血糖、血脂、尿糖	黄精20 g,青鱼100 g,调味品适量
6	黄精鱼丁	补中益气、润泽皮肤	心血管病等	粳米1000 g,黄精50 g,瘦猪肉250 g,洋葱150 g
7	黄精肉饭	滋阴补肾	肾虚精亏、脾胃阴虚、产后血虚、干咳、便秘等	黄精:猪肉=1:2,调味品适量
8	黄精鸡翅	健脾润肺、滋阴益精	补脑增寿	黄精60 g,鸡翅10支,大豆50 g,调味品适量
9	仙人鸡	补益脾胃	体弱多病者	黄精50 g,鸡750 g,核桃仁、海带各30 g
10	黄精煮乌鸡	健脾润肺	体倦无力、肺痨咳血、筋骨软弱、风湿疼痛等	黄精:乌骨鸡=1:10,调味品适量
11	黄精党参炖乌鸡	补血益气、美容养颜	血虚萎黄、眩晕心悸、气虚乏力、月经不调	乌鸡1只,黄精、党参20 g,调味品适量
12	黄精玉竹炖乌鸡药膳	补脾润肺、滋肾益老、美容养颜	体弱多病者	乌鸡半只,黄精:玉竹=3:1,大枣、枸杞子调味品适量
13	黄精当归鸡蛋汤	益气养血	贫血诸证	黄精20 g,当归12 g,鸡蛋2枚
14	黄精海参汤	补肝益精、滋阴润燥	肝肾阴虚所致的疲劳乏力、腰膝酸软、性功能减退、耳鸣健忘等	黄精30 g,海参50 g,鸭肉150 g,调味品适量
15	黄杞瘦肉汤	补肾填精、充源通窍	肾阴不足之不射精症	黄精、枸杞子各20 g,瘦猪肉300 g,调味品适量
16	黄精白鸽汤	滋阴填精、补肾益气	无精症所致的男性不育伴肾阴亏损者	黄精50 g,枸杞子24 g,白鸽1只,黄酒少许
17	益寿排骨汤	保健强身、延年益寿	糖尿病等	黄精20 g,猪排骨250 g
18	黄精羊心汤	解郁、安心、安神	忧郁、惊悸、心阴血两虚等	玉竹15 g,黄精15 g,羊心1个

续表

序号	药膳名称	功效	适应证	配方
19	黄精鹌鸭汤	补肾益精、养肝明目、提高智力和体力	肝肾不足、精血亏虚而致性功能低下、抗疲劳乏力、腰膝酸软、眩晕健忘、遗精或疲劳所致疲乏无力等	鹌鸭1只，黄精、枸杞子各30 g，调味品适量
20	黄精鸭肉海参汤	补益肝肾、滋阴养血	肝肾阴虚所致疲劳乏力、腰膝酸软、耳鸣健忘等	鸭肉200 g，黄精30 g，海参50 g，调味品适量
21	黄精玉竹猪胰汤	滋养胃阴、润肺止渴	糖尿病属肺胃阴虚等	黄精30 g，玉竹30 g，猪胰1具
22	黄精二米汤	补中益气、润肺生津	脾胃亏虚、中气不足、神疲气短、饮食减少、胸中隐痛等	黄精20 g，莲子30 g，薏苡仁50 g，调味品适量
23	黄精粥	补脾养血、润心肺	脾胃虚弱、体虚乏力、肺痨咳血无痰、或干咳无痰、肺痨咳血等	黄精15～30 g或鲜黄精30～60 g，大米100 g
24	黄精糯米粥	健脾润肺	脾胃虚弱、干咳少痰、肺痨咳血等	黄精15～30 g，糯米1kg
25	黄精粳米粥	补肺气、抗衰老	心血管疾病、降压、延年益寿等	黄精:粳米=1:4，冰糖适量
26	黄精山药粥	健脾益肾	胃肠虚弱、干咳少痰、小便频数等	黄精15 g，山药30 g，大米100 g，白糖适量
27	黄精瘦肉粥	益气养血、养颜	气血不足等	黄精50 g，猪瘦肉100 g，粳米各100 g，调味品适量
28	黄精酒	健脾利湿、养阴	适用于面浮肢肿、自汗盗汗、心烦急躁等	黄精20 g，白酒500 g
29	黄精首乌酒	滋补肝肾、增强正气	神经衰弱、头发白、皮肤干燥易痒等	黄精50 g，首乌30 g，枸杞子30 g，米酒1kg
30	黄精枸杞子煎	补中益气等	病后虚弱小贫血、神经衰弱、精神萎靡等	黄精12 g，枸杞子12 g
31	黄精山楂煎	调血脂	动脉粥样硬化等	黄精30 g，山楂肉25 g，何首乌15 g
32	黄精玉竹煎	调血糖	老年人糖尿病、体质消瘦等	黄精20 g，玉竹15 g，枸杞子15 g
33	黄精膏	补肾润肺、益精养血	精神倦怠、肺虚咳嗽、腰膝酸软等	黄精250 g，蜂蜜100 g
34	黄精乌鸡煲	健脾养胃、提高免疫	脾胃虚弱阴虚白带、肺痨咳血以及糖尿病等	黄精500 g，芡实30 g，干黄精35 g，干红枣5 g，枸杞子3 g，调味品适量
35	黄精炖冰糖	益气养阴、润肺止咳	阴虚低热、肺燥或秋燥干咳、糖尿病等	黄精20～30 g，熟笋片30 g，冰糖30 g
36	保健豆腐	保健强身、延年益寿	心血管疾病等	豆腐3块，黄精、香菇、调味品适量
37	黄精花炒鸡蛋	滋阴润燥、养心安神	失眠、焦虑等	鸡蛋2枚，黄精花适量

根据药智网-健康产业大数据服务与赋能平台显示的数据，近20多年来黄精共有467种保健食品，其中有4个进口保健食品；主要包括口服液、颗粒剂、片剂、酒剂、膏剂、胶囊剂、丸剂等剂型，其中胶囊剂（44.75%）、酒剂（19.91%）的占比较高，其次为口服液（11.99%）、片剂（10.92%）、颗粒剂（4.93%）、茶剂（3.43%）、丸剂（1.71%）等（图2-6），其中胶囊剂、酒剂及口服液是黄精保健食品中最常见剂型。黄精保健食品多具有抗疲劳、增强免疫、维持血糖健康、辅助降血脂、辅助改善记忆、改善缺铁性贫血、祛黄褐斑、改善睡眠、减肥等功能（图2-7），其中以抗疲劳（占获批产品总数的26.77%）、增强免疫（占获批产品总数的25.27%）和调节血糖（占获批产品总数的10.71%）等功效的黄精保健食品为主要开发方向，安徽省如是心旅游发展集团有限公司（简称"如是心"）旗下的运营公司（浙江如是心健康产业发展有限公司）推出的产品茶多酚苦瓜黄精胶囊具有辅助降血糖作用。已获批含黄精保健食品中最常见的配伍为黄精配伍枸杞子，枸杞子滋补肝肾、益精明目，与黄精相配伍，可增强黄精的补益作用[81]，如何园等[82]研究发现黄精枸杞胶囊能显著延长野生型秀丽隐杆线虫的寿命，增强其抗氧化应激和热应激、咽部泵送和运动能力等。

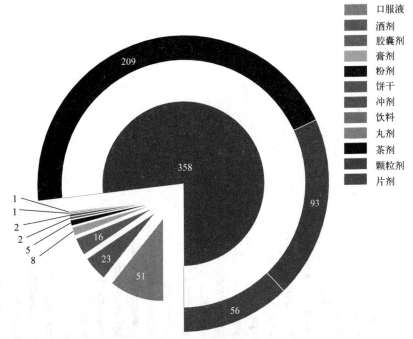

图2-6 1997～2024年5月8日黄精保健食品剂型分类统计（见彩插）

根据保健食品批准文号，统计从1997年开始、截至2024年5月8日上市的黄精保健食品数目，从图2-8可以看出，2004年为最高峰（占获批产品总数的13.06%），2005年为次高峰（占获批产品总数的9.04%），2008～2012年间变化较为平缓，2013～2015年黄精保健食品的申报数量上升，但2016～2018年整体呈下降

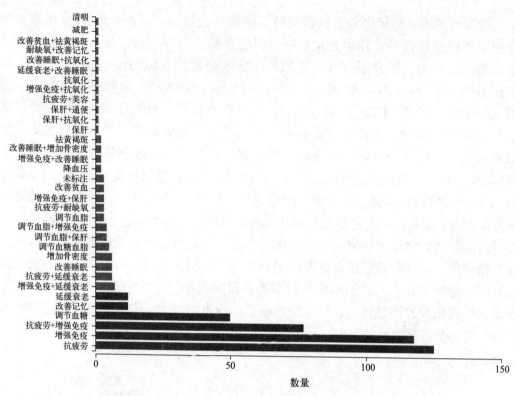

图2-7　1997～2024年5月8日黄精保健食品功效分类统计

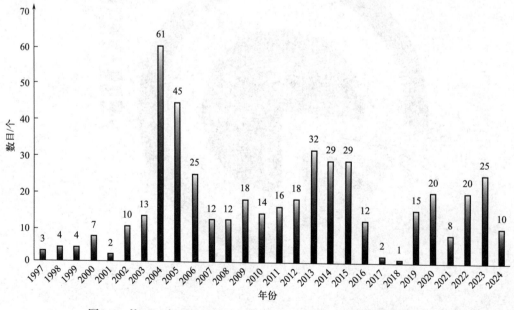

图2-8　从1997年开始，截至2024年5月8日黄精保健食品审批数目

趋势，2018年降至最低谷（占获批产品总数的0.21%）。随着振兴中医药的相关国家政策的颁布，黄精保健食品的研发也得到重视，2019～2023年基本呈上升趋势。

在已知申请人地址中，北京（14.13%）、广东（11.56%）为主要申报地区，其次为浙江（7.92%）、江西（6.00%）、湖北和四川（5.35%）、陕西（5.14%）、河南（4.71%）、江苏（4.28%）等32个地区（图2-9）。北京、广东为主要申报地区，可能与北京、广东相关科研机构及企业科研和产业转换能力强有关[81]。

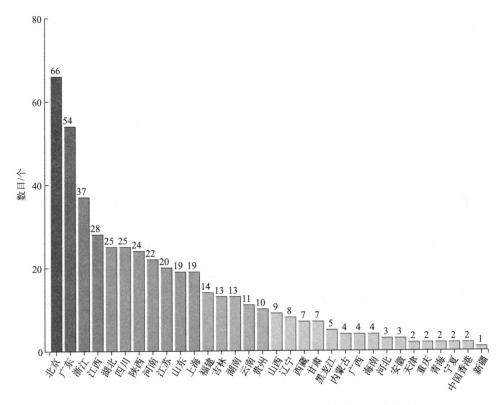

图2-9　从1997年开始，截至2024年5月8日黄精保健食品申报地区

但是，目前黄精保健食品生产工艺和制剂技术水平相对较低，黄精保健食品标准修订工作滞后，缺少对黄精保健食品新工艺、新技术、新食品辅料的安全评估等均限制了黄精产业的发展。今后可根据黄精的传统功效结合黄精科学研究的最新成果，优选现有优势产品深入挖掘研究，如优化该产品的生产工艺、制定相关质量标准（包括质量指标、功能性指标和食品安全性指标）、明确该产品的功效关联物质、阐明该产品功效的分子机制、建立黄精保健食品生产全过程质量溯源体系；或者拓展黄精保健食品的应用范围，在降血糖、抗动脉粥样硬化、抗抑郁、抗阿尔茨海默病、美容养颜等方面进行深入探索，开发出针对不同目标人群、功效明确的创新型黄精市场主导产品，加大黄精保健食品市场的开发程度，培育龙头企业，打造黄精产业品牌，使产业稳步、蓬勃发展。

3. 黄精普通食品的开发、应用与发展

截至 2024 年 5 月 10 日，在企知道官方网站检索到有关黄精食品的有效专利申请共 2186 件，其中有效授权发明专利 2091 件，主要包括黄精茶、黄精饮料、黄精酒、黄精凝胶糖/压片糖、黄精酸奶、黄精粉、黄精锅巴、黄精面条、黄精糕、黄精蜜饯等。如宋大伟等[83]对黄精切片加工装置进行了改造优化，提高了黄精的切片效果及效率（专利申请号：CN202010395385.1）；方文清[84]开发了一种适合糖尿病患者食用的黄精即食中药零食（专利申请号：CN201610608816.1）；聂小华等[85]开发了一种以黄精提取物、植物提取物、胶凝剂等为原料的黄精复合凝胶糖，其具有较低的 5-羟甲基糠醛含量，且通过凝胶结构的包覆，其他有益活性成分不易流失，具有适用人群广、保存期限长的特点（专利申请号：CN202210463536.1）；刘海英等[86]在保持黄精原有形状、保留九蒸九晒特点的基础之上，改善了低糖食用型黄精蜜脯的制备方法及产品的色泽、口感、形态、风味，在增强食品品质的同时，依旧保持黄精原有的营养价值（专利申请号：CN202210649110.5）。

黄精产业国家创新联盟主办的"第四届中国黄精高质量发展研讨会"，评选出了具有鲜明特色、品质优良、较高知名度的十大黄精高质量金奖产品，分别是即食黄精、思乡黄精、九制泰山黄精、黄精茶礼品装、九华府黄精丝茶、黄精陈皮茶、九蒸九晒黄精茶、参精石斛饮、黄精浆饮品、力洋黄精酒。当下许多企业家为全面推动黄精食品产业的开发，响应健康中国战略，致力于改善国民"亚健康问题"，开发了多种安全、健康、绿色、便捷的黄精食品。如浙江如是心健康产业发展有限公司开发上市了 55 种黄精食品，其中茶类产品 7 种、酒类产品 2 种、饮品类 10 种、主食类 8 种、点心类 11 种、糖果类 5 种、丸类 4 种、果脯类 2 种、调味品类 3 种、其他类 3 种（表 2-8）。

为了拓展黄精在食品加工中的应用，应对众多黄精食用加工辅料（如水、酒、复合酶、蜜、糖、益生菌、盐、黑豆、姜等）及其配比进行研究，水和酒类辅料使用频率较高，而蜜、盐、黑豆、姜等辅料仅得到黄精食用加工探索性尝试，并未进行深入研究拓展[87]。如甘青霞等[17]和严斐霞等[88]分别对蜜制黄精的炼蜜程度、料液比、润制时间、炖制时间以及炖制火力等炮制工艺进行了优化，分析了黑豆黄精中苯丙素类、生物碱类和甾体皂苷类化合物的组分含量。另外，炮制加工有助于提升黄精的营养价值[89]，今后还需要对黄精食用加工方法进行研究，优化常使用的蒸制和煮制法（水传热工艺），加大对其他水传热、油传热及热空气传热工艺在黄精食品制备中的开发力度；制定相关黄精食品质量标准（包括质量指标、功能性指标和食品安全性指标）。通过上述一系列措施，可丰富黄精食用加工方法，拓展黄精食用加工产品的种类范围，确保黄精食品的食用安全性，推动黄精食用产业链建设。

表2-8 黄精代表性普通食品信息

分类	名称	配料	公司
茶类	黄精茶	**黄精**	浙江如是心健康产业发展有限公司
	十五年黄精茶	**黄精**	浙江如是心健康产业发展有限公司
	黄精桂花乌龙茶	**黄精**、桂花、乌龙茶	浙江如是心健康产业发展有限公司
	黄精单丛茶	**黄精**、单丛茶	浙江如是心健康产业发展有限公司
	黄精古树滇红茶	**黄精**、云南大叶种红茶	浙江如是心健康产业发展有限公司
	黄精碎银针茶	**黄精**、云南大叶种晒青毛茶	浙江如是心健康产业发展有限公司
	黄精茉莉银针茶	**黄精**、茉莉花、烘青绿茶	浙江如是心健康产业发展有限公司
	黄精茶礼品装	**黄精**	重庆市合信农业科技有限公司
	九华府黄精丝茶	**黄精**	池州市九华府金莲智慧农业有限公司
	九蒸九晒黄精茶	**黄精**、陈皮	四川南充蜀妙农业开发有限公司
	银杏黄精茶	白果、**黄精**、松花粉、决明子、茯苓、桑葚、枸杞子等	福建百草堂农业科技发展有限公司
	人参黄精枸杞桑葚八宝茶	桑葚、**黄精**、甘草、覆盆子、枸杞子、人参、覆盆子仁等	南京同仁堂绿金家园保健品有限公司
	人参玛咖黄精七宝茶	人参、金银花、**黄精**、黄玛卡、菊苣根、人参、益智仁籽、杜仲雄花	北京同仁堂兴安保健科技有限公司
	人参石斛黄精益肝茶	大米、**黄精**、牛蒡根、菊苣根、石斛茎、**黄精**、茯苓等	北京同仁堂健康药业股份有限公司（花果乐）
	黄精酿	**黄精**、桂圆、枸杞子	广州藏知品牌管理有限公司
	黄精贰两	**黄精**、桂圆、枸杞子、大枣、龙眼肉、葛根、茯苓、**黄精**、玉竹等	浙江如是心健康产业发展有限公司
酒类	古岭神酒	米酒、**黄精**	广西柳州市古岭酒厂
	黄精酒	固态法白酒、水、**黄精**	劲牌有限公司

续表

分类	名称	配料	公司
酒类	黄精酒	白酒、黄精、枸杞子、桂圆肉	池州市九华府金莲智慧农业有限公司
	黄精酒	白酒、水、黄精、枸杞子、葛根、大枣	青阳县神悦食品工贸有限公司
	黄精酒	青稞酒、黄精	宁波力洋酒业有限公司
	参精石斛饮	黄精、石斛等	重庆海王生物工程有限公司
	黄精浆	葛根、红枣、黄精粉、莲子粉、枸杞、百合粉、重瓣玫瑰花等	义乌市森山健康科技产业有限公司
	黄精玫瑰葛根粉	黄精	浙江如是心健康产业发展有限公司
	黄精粉	黑枸杞	浙江如是心健康产业发展有限公司
	黑枸杞黄精原浆	桑葚、人参、大枣、黄精、枸杞子、麦芽糖	浙江如是心健康产业发展有限公司
	黄精人参桑葚膏	人参、黄精	浙江如是心健康产业发展有限公司
	人参黄精秋梨膏	梨、黄精	苏州市天灵中药饮片有限公司
	黄精酸枣仁膏	黄精、酸枣仁、淡竹叶、茯苓、桑葚、桂圆、冰糖、麦芽糖等	浙江如是心健康产业发展有限公司
饮品类	玉灵膏	黄精、桂圆、人参	浙江如是心健康产业发展有限公司
	黄精桑葚膏	黄精、黑豆、桑葚干、黑芝麻、提子干、甘草、肉桂、芡实、黑枸杞等	福州合心农业发展有限公司
	黄精坚果黄精粉羹	熟藕粉、花生、低聚果糖浆、黄精、红枣、巴旦木、葛根粉、桂圆、枸杞子	浙江如是心健康产业发展有限公司
	黄精银耳羹	银耳、黄精等	浙江如是心健康产业发展有限公司
	九黑食素	黄精、黑芝麻、黑大豆、黑麦、黑花生、黑桑葚等	浙江如是心健康产业发展有限公司
	山药黄精复合	山药、黄精	天福天美仕（厦门）生物科技有限公司
	黄精蛋白肽	鲢鱼、黄精片、山药片、黄精、酸枣仁等	天福天美仕（厦门）生物科技有限公司
	黄精茯苓固体饮料	麦芽糖、黄精、山药、覆盆子、栀子、黄精、茯苓	安徽哈博药业有限公司
	黄精八宝饮	黄精、桑葚、红枣、枸杞肉、枸杞子、陈皮、茯苓	云南山喜之食品有限公司

续表

分类	名称	配料	公司
主食类	黄精乌米粽	乌米饭、**黄精**、饮用水、白砂糖	浙江如是心健康产业发展有限公司
	黄精面	**黄精**、小麦粉	湖北金鹰生物科技有限公司
	八珍面	小麦粉、**黄精**、茯苓、薏苡仁、莲子肉、芡实、山药等	浙江如是心健康产业发展有限公司
	人参黄精坚果燕麦片	麦片、燕麦、红豆、人参、**黄精**、全脂奶粉等	广西亿发食品饮料有限公司
	黄精馒头	小麦粉、**黄精粉**、全麦粉、白砂糖等	浙江如是心健康产业发展有限公司
	黄精粥	红豆、燕麦、藜麦、**黄精**、糯米等	浙江如是心健康产业发展有限公司
	黄精年糕	东北大米、小町米、**黄精**、胚芽米等	浙江如是心健康产业发展有限公司
	青稞黄精米饭	青稞粉、**黄精**	兰州奇正中医保健食品有限公司
	黄精黑八珍代餐粉	黑米、黑玉米、**黄精粉**、黑芝麻、黑豆、黑枸杞、**黄精**等	广东老中是心健康产业发展有限公司
点心类	黄精威化饼白棒	复合蛋白粉、膨化麦球、**黄精粉**、黑芝麻、椰浆粉、魔芋粉等	浙江如是心健康产业发展有限公司
	黄精小圆饼	大豆分离蛋白粉、小麦白粉、**黄精**、大豆肽粉、麦芽糖浆等	浙江如是心健康产业发展有限公司
	黄精蛋风吹饼	**黄精**、黑芝麻、核桃仁、红枣、枸杞子、**黄精粉**等	浙江如是心健康产业发展有限公司
	黄精桃花酥	小麦粉、黑芝麻、椰子油、起酥油、**黄精粉**、黑豆粉等	浙江如是心健康产业发展有限公司
	黄精谷物棒	小麦粉、红薯、植物油、红豆沙、**红糖黄精**、蜂蜜等	浙江如是心健康产业发展有限公司
	黄精小麻花	全麦粉、**黄精粉**、全脂乳粉、鸡蛋黄粉、全脂奶粉等	浙江如是心健康产业发展有限公司
		小麦粉、植物油、**黄精粉**、脆香麦脆、燕麦脆、奇亚籽等	浙江如是心健康产业发展有限公司
		小麦粉、蔓越莓干、大米、糯米粉、白砂糖、**黄精**等	浙江如是心健康产业发展有限公司

续表

分类	名称	配料	公司
点心类	黄精曲奇薄脆	小麦粉、**黄精**、全脂乳粉、鸡蛋黄粉等	浙江如是心健康产业发展有限公司
	黄精糯米锅巴	糯米、**黄精粉**、玉米淀粉等	浙江如是心健康产业发展有限公司
	黄精枣泥糕	核桃仁、红枣、**黄精**等	金华市张大酥食品有限公司
	黄精元气酥	**黄精**、黑米、核桃	池州仙人余粮健康产业发展有限公司
	山药黄精酥	小麦粉、红豆沙、**红糖黄精**、全脂乳粉、蜂蜜、麦芽提取物	安徽泰岁府健康产业有限公司
	黄精五黑糕	**黄精粉**、黑豆、黑芝麻、黑枸杞、麦芽糖醇	浙江如是心健康产业发展有限公司
	黄精五黑棒	**黄精粉**、复合蛋白粉、人参粉、黑枸杞、黑枸杞粉、桑葚、杏仁油、蛹虫草粉、枸杞等	浙江如是心健康产业发展有限公司
	牡蛎人参黄精活力糖	牡蛎复合粉、人参粉、**黄精粉**、鹿筋粉、人参等	山东国和堂医药制药有限公司
糖果类	黄精枸杞肽压片糖果	**黄精肽**、枸杞肽、覆盆子、肉桂、山药等	浙江如是心健康产业发展有限公司
	黄精玫瑰油（凝胶胶囊）	玫瑰油、葡萄籽油、**黄精**、美藤果油、杏仁油	浙江如是心健康产业发展有限公司
	黄精丝胶复合心形软糖	莱阳梨膏、接骨木莓果汁粉、**黄精**、麦芽糖、海藻糖、果胶	山东泰尚黄精生物有限公司
	黄精樱桃复合片	樱桃粉、接骨木莓果汁粉、**黄精粉**、玉米须粉、姜黄等	浙江如是心健康产业发展有限公司
	多肽沙棘黄精压片糖果	沙棘粉、**黄精**、桑叶、金银花、薄荷、蒲公英粉、山楂粉等	鑫康国际医药生物科技有限公司
	黄精黑糖	甘蔗、**黄精**	浙江如是心健康产业发展有限公司
	黄精蓝莓叶黄素酯软糖	蜂蜜、蓝莓浓缩汁、低聚果糖、**黄精**、大豆油、果胶	浙江如是心健康产业发展有限公司
	黄精木瓜压片糖果	麦芽糊精、**黄精**、木瓜、葛根等	广东百草正元健康科技有限公司
丸类	黄精鹿鞭丸	人工赤芝植梅花鹿鹿鞭、**黄精**、枸杞子、鹿肾、鹿尾、人参、山药、蜂蜜	吉林省国参堂健康产业发展有限公司
	十五车黄精丸	**黄精**、黑枸杞子、黑芝麻、蜂蜜	浙江如是心健康产业发展有限公司
	黄精丸（枫糖浆版）	**黄精**、黑芝麻、枫糖浆	浙江如是心健康产业发展有限公司

续表

分类	名称	配料	公司
丸类	黄精丸（麦芽糖版）	**黄精**、黑芝麻、麦芽糖等	浙江如是心健康产业发展有限公司
	黄精核桃丸	**黄精**、核桃、黑芝麻等	浙江如是心健康产业发展有限公司
	黄精芝麻丸	黑芝麻、**黄精**	青阳县南峰食品有限公司
	古法二精丸	枸杞子、**黄精**、蜂蜜	安徽百润健康产业发展有限公司
	思乡黄精	黄精	江西思乡赣品绿色食品有限公司
	即食黄精	黄精	江西奉原生态科技有限公司
	九制泰山黄精	黄精	泰安市泰山景区无志堂健康产业有限公司
果脯类	枸杞黄精蜜饯	枸杞子、**黄精**等	北京同仁堂人参中药制品有限公司
	黄精蜜饯	黄精	池州市九华府金莲智慧农业有限公司
	黄精果	黄精	浙江如是心健康产业发展有限公司
	九制黄精	黄精	浙江如是心健康产业发展有限公司
调味品类	黄精酱油	黄豆、小麦粉、**黄精**等	浙江如是心健康产业发展有限公司
	黄精醋	高粱、麸皮、大曲、**黄精膏**、蜂蜜等	浙江如是心健康产业发展有限公司
	黄精酱	原酱黄豆酱、原酱郫县豆酱、辣椒、**黄精**、干香菇等	浙江如是心健康产业发展有限公司
其他类	黄精蜂蜜核桃仁	核桃、蜂蜜、**黄精**	浙江如是心健康产业发展有限公司
	黄精手撕植物蛋白干（豆制品）	水、大豆拉丝蛋白、**黄精粉**、海藻糖等	浙江如是心健康产业发展有限公司
	黄精腐竹	大豆、**黄精**等	浙江如是心健康产业发展有限公司

三、黄精日化用品的开发、应用与发展

随着我国经济社会的快速发展和综合国力的显著增强，人民生活水平显著提高，对天然产品、健康生活等物质的质量追求也越来越高。因此，纯绿色、纯天然的护肤原料深受广大消费者的热爱。近年来研究发现，黄精中含有多种天然美容活性成分，具有抗氧化、抗衰老、防辐射、美白、保湿、抗疲劳等作用，是化妆品及日常养生用品开发的上等原料。很多企业开发上市了黄精日化用品，包括护肤品、洗漱用品、养生用品等（表2-9）。

黄精多糖、黄酮类、多酚类、木质素、维生素均可以作为抗氧化剂使用[90]。施扬等[91]研究发现滇黄精提取物含有多糖、多酚、皂苷和类黄酮等成分，通过细胞实验验证了滇黄精提取物具有抗氧化和抑制酪氨酸酶的能力；并对其进行细胞活性安全性评估实验，发现酒制滇黄精提取物对角质形成细胞核纤维细胞的安全剂量最高限度为0.2%，该研究表明酒制滇黄精提取物具有延缓衰老和美白效果，并且对皮肤细胞无毒性，是开发中药化妆品的优势原料。赵梁佑等[92]开发了一种以黄精或其多糖提取物为原料，通过黑曲霉菌发酵形成黄精发酵寡糖的方法，与常规黄精多糖相比，黄精发酵寡糖产物具有更强的还原力、羟自由基清除活性及更小分子量等优点；此外，该黄精发酵寡糖的生产周期短、方法简单，可作为抗氧化剂用于化妆品的工业化生产（专利申请号：CN202211181742.X）。刘景玲等[93]研发了以天然黄精多肽为原料的黄精多肽精华液，具有保湿、抗氧化、抗衰老等美容养颜功效（专利申请号：CN202111444614.5）。

另外，黄精多糖还具有保湿性。王慧娟等[94]以滤纸纤维为模拟体系，筛选出了具有优良保湿性能的黄精多糖和壳聚糖；为提高黄精多糖的保湿性，对其进行了可控酶解，发现当黄精多糖的底物浓度为4.0%时，添加黄精多糖质量0.1%的复合纤维素酶，在50℃、pH 5.0的条件下，酶解2 h，酶解产物的保湿性最优，该研究表明黄精多糖具有长效保湿的作用，可作为保湿剂广泛应用于食品、医药、化妆品和烟草等领域。葛啸虎等[95]开发了一种以黄精干细胞提取物等为原料的护肤品，具有良好的保湿、美白效果。彭腾等[96]研发了一种以黄精提取液等为原料的洗面奶，具备长效保湿、清洁抗炎、肌肤修复功效，且温和安全，适用于各种肤质的人群，扩大了黄精在洗护用品领域的应用价值。童宣军等[97]研发了一种以黄精多糖等为原料的保湿凝脂精油手工皂，泡沫丰富，深层清洁，洗后温和清爽，具有收缩毛孔、淡化色斑、美白和抗菌镇静等功能。综上所述，黄精在化妆品及日常养生用品开发研制领域的前景十分广阔。

第二章 黄精的加工与产品开发

表2-9 黄精代表性日化用品信息

分类	名称	配料	公司
护肤品类	千纤草黄精抗皱紧致精华套装	黄精、复合神经酰胺等	广州雅纯化妆品制造有限公司
	人参黄精草本美容霜	人参根提取物、药用黄精根茎/根提取物、金黄洋甘菊、鱼腥草等植萃等	广州普吉丽生物科技有限公司
	黄精姜粹乳	黄精提取物、姜水、辣椒提取物、平铺白珠树叶油等	浙江如是心健康产业发展有限公司
	黄精焕颜套装	燕麦提取物、黄精提取物、烟酰胺、芍药根提取物、皱波角叉菜提取物等	浙江如是心健康产业发展有限公司
	玫瑰妖姬黄精抗皱冻龄套装	玫瑰花水、二裂酵母、黄精提取物、多肽胶原蛋白等	广州市睿盈化妆品有限公司
	黄精多肽修复面膜	海藻糖、透明质酸钠、多花黄精、卡波姆、精氨酸等	浙江如是心健康产业发展有限公司
	黄精玫瑰精油身体润肤乳	黄精提取物、突厥蔷薇花水、葡萄籽油、可可籽提取物、生育酚、迷迭香叶提取物等	浙江如是心健康产业发展有限公司
	黄精玫瑰精油护手霜	黄精提取物、突厥蔷薇花水、红花籽油、甜扁桃油、牛油果树果脂、透明质酸钠、水解大豆蛋白、迷迭香叶提取物、香橙果皮油、霍霍巴酯类、泛醇、角鲨烷、刺阿干树仁油、突厥蔷薇花油等	浙江如是心健康产业发展有限公司
	黄精玫瑰精油润唇膏	β-胡萝卜素、霍霍巴籽油、小烛树蜡、牛油果树果蜡、蜂蜡、澳洲坚果油、生育酚、突厥蔷薇花油、刺阿干树仁油、黄精提取物等	浙江如是心健康产业发展有限公司
	零零记事黄精洗发水	黄精、辣木籽、何首乌、黑灵芝等	广东优品生物科技有限公司
洗漱用品类	黄精萃平衡洗发水	黄精提取物、椰油酰谷氨酸钠、姜根提取物、侧柏叶提取物、人参根提取物、余甘子果提取物等	浙江如是心健康产业发展有限公司
	黄精植萃平衡护发膜	黄精提取物、狗牙蔷薇果油、甜扁桃油、霍霍巴籽油、刺阿干树仁油、姜根提取物、余甘子提取物、玄参根提取物、毛河子提取物、侧柏叶提取物、香橙果皮油、人参根提取物等	浙江如是心健康产业发展有限公司
	黄精植萃冰浴露	黄精提取物、烟酰胺、氢化卵磷脂、雪松叶油、甘松根提取物、当归提取物等	浙江如是心健康产业发展有限公司
	黄精黑珍珠精油皂	黄精酸钠、生育酚乙酸酯、沙棘籽油、珍珠粉、雪松木油等	浙江如是心健康产业发展有限公司

续表

分类	名称	配料	公司
洗漱用品类	黄精洗护三合一凝珠	黄精提取物、生物酵素等	浙江如是心健康产业发展有限公司
	黄精牙膏	黄精提取物、黄原胶等	浙江如是心健康产业发展有限公司
	黄精洗洁精	表面活性剂、非离子表面活性剂、乳化剂、洗涤助剂、黄精提取物、芦荟提取物等	浙江如是心健康产业发展有限公司
	黄精蒸汽暖颈贴	医用非织造敷布、针刺棉、组合粉袋（黄精粉、铁粉、蛭石艾草粉、花提取物、益母草提取物、生姜提取物等）	浙江如是心健康产业发展有限公司
	黄精蒸汽暖足贴	医用非织造敷布、针刺棉、弹力足带、发热体（木质活性炭粉、铁粉、蛭石、吸水树脂等） 、黄精粉、生姜提取物、红花提取物）	浙江如是心健康产业发展有限公司
	活力强盛贴	非织造敷布、防粘离型纸、医用压敏胶、植物粉（枸杞子粉、仙灵脾粉、肉苁蓉粉、锁阳粉、肉桂粉、绫断粉、杜仲粉、淫羊藿粉、牛膝粉、蛇床子粉、三七粉、红花粉、玉竹粉、熟地黄粉、白芍提取物、党参粉、鸡血藤粉）	郑州仙古医药科技有限公司
	益胃保健贴	淫羊藿、艾草精油、锁阳、肉苁蓉、矿盐、黄精粉	河南巴陵商贸有限公司
	黄精足浴熏蒸粉	艾草精油、益母草粉、矿盐、黄精粉	浙江如是心健康产业发展有限公司
	黄精蒸汽暖腰贴	医用非织造敷布、亲肤弹力带、黄精粉、木质活性炭粉、铁粉、吸水树脂等、生姜、肉桂、川芎等	浙江如是心健康产业发展有限公司
	黄精蒸汽眼罩	医用非织造敷布、艾草精油、针刺棉、发热体（木质活性炭粉、蛭石、吸水树脂等、益母草、九蒸九晒黄精组成）	浙江如是心健康产业发展有限公司
	自在筋胃保健贴	3M进口胶贴、九蒸九晒九华黄精粉、制附子、高良姜、吴茱萸、红花、延胡索、木瓜、川牛膝、防风、白芥子、血竭、冰片等	浙江如是心健康产业发展有限公司
养生用品类	黄精7日小悬灸	蕲艾绒、黄精粉	新蕲前年艾科技有限公司
	黄精艾灸贴	蕲艾、伸筋草、羌活、干姜、益母草、丁香、川牛膝、藏红花	浙江如是心健康产业发展有限公司
	黄精艾绒包	艾绒、黄精粉	浙江如是心健康产业发展有限公司
	黄精艾条	蕲艾、黄精粉等	浙江如是心健康产业发展有限公司
	黄精檀盘香	檀香粉、黄精粉等	浙江如是心健康产业发展有限公司
	黄精檀香	老山檀香粉、黄精粉等	浙江如是心健康产业发展有限公司

参考文献

[1] 曲寿河,程喜乐,潘英妮,等.黄精产地加工及炮制方法的历史沿革[J].沈阳药科大学学报,2020,37(4):379-384.

[2] 李彩红,杨昊泫,孙璟怡,等.干燥温度对多花黄精药材品质的影响[J].中南农业科技,2023,44(6):105-108,113.

[3] 张清华,陈鸣,程再兴,等.闽产多花黄精产地加工方法初步研究[J].海峡药学,2017,29(11):27-29.

[4] 张伟,张玖捌,何天雨,等.中药饮片产地加工与炮制生产一体化研究现状与展望[J].中国中药杂志,2022,47(10):2565-2571.

[5] 俸婷婷,杨顺龙,孙悦,等.黔产黄精产地加工炮制一体化技术研究[J].中国民族民间医药,2020,29(11):27-31.

[6] 秦宇雯,袁玮,陆兔林,等.九华黄精的炮制工艺沿革及现代研究[J].中草药,2018,49(18):4432-4438.

[7] 秦宇雯,张丽萍,赵祺,等.九蒸九晒黄精炮制工艺的研究进展[J].中草药,2020,51(21):5631-5637.

[8] 陈志敏,胡昌江,胡麟.九制黄精炮制工艺研究[J].中药与临床,2019,10(1):4-7.

[9] Su L L, Li X, Guo Z J, et al. Effects of different steag times on the composition, structure and immune activity of Polygonatum polysaccharide [J]. J Ethnopharmacol,2023,28(310):116351.

[10] Zhu S, Liu P, Wu W, et al. Multi-constituents variation in medicinal crops processing: Investigation of nine cycles of steam-sun drying as the processing method for the rhizome of Polygonatum cyrtonema [J]. J Pharm Biomed Anal,2022,5(209):114497.

[11] 肖晓燕,苏联麟,陈鹏,等.基于正交试验及AHP-综合评分法优选酒黄精炮制工艺及调节免疫作用研究[J].中国中药杂志,2022,47(23):6391-6398.

[12] 沈灵,曾琳琳,骆巧媚,等.黄精的炮制工艺优化及抗衰老作用研究[J].华西药学杂志,2023,38(4):394-398.

[13] 石双慧,王梦琳,魏晓彤,等.AHP-熵权法结合Box-Behnken设计-响应面法优选黄精酒制工艺及其炮制前后药效对比研究[J].中草药,2023,54(14):4467-4480.

[14] 刘露梅,王能,陈丹,等.基于黄精降血糖功效的酒黄精炮制工艺优选[J].时珍国医国药,2021,32(8):1915-1918.

[15] 韩国庆,冯旭,李凤英,等.多指标综合评分法优选蒙药奶黄精的炮制工艺[J].中国民族医药杂志,2023,29(12):56-58.

[16] 邓延文,钟凌云,刘洪,等.炆黄精炮制工艺优化及其成分与色泽相关性分析[J].中成药,2023,45(10):3334-3341.

[17] 甘青霞.蜜制黄精的炮制工艺和质量物质基础研究[D].成都:成都中医药大学,2022.

[18] 金鹏程,吴丽华,吴昕怡,等.Box-Behnken响应面法优化滇黄精产地加工炮制一体化工艺对黄精多糖的影响[J].中国现代中药,2021,23(4):674-678,690.

[19] 李妍,王建科,顾田,等.综合评分法优选黄精产地加工与炮制一体化工艺[J].微量元素与健康研究,2019,36(4):35-37.

[20] 赵君,孙乐明,章启东.黄精产地加工与炮制一体化初步研究[J].亚太传统医药,2020,16(9):61-63.

[21] 杜李继,陈瑞瑞,王凯,等.气质联用法研究多花黄精药材炮制过程中挥发性物质的变化[J].安徽农业大学学报,2021,48(6):1035-1040.

[22] 王进,岳永德,汤锋,等.气质联用法对黄精炮制前后挥发性成分的分析[J].中国中药杂志,2011,36(16):2187-2191.

[23] 林雨,佘亮,魏馨瑶,等.黄精炮制前后的化学成分变化及其减毒增效研究[J].中药材,20211,44(6):1355-1361.

[24] 詹慧慧,姚方程,易斌,等.基于糖类成分探究黄精炆制前后差异[J].中草药,2022,53(9):2687-2696.

[25] 刁卓,胡冲,杨青山,等.黄精炮制品多糖多元指纹图谱的建立及化学模式识别[J].中草药,2024,55(4):1124-1132.

[26] 刘心洁,周安,刘亚鹏,等."九蒸九制"对黄精滋味品质及多糖结构变化的影响[J].中医药导报,2023,29(4):46-52.

[27] 胡叶青,胡云飞,祝凌丽,等.九华黄精"九蒸九晒"炮制过程中5-羟甲基糠醛的含量变化[J].德州学院学报,2019,35(4):29-32.

[28] 宋艺君,郭涛,周晓程.不同产地黄精经不同方法炮制后多糖、5-羟甲基糠醛的含量变化[J].中国药房,2017,28(16):2256-2258.

[29] 钟凌云,张莹,霍慧君,等.黄精炮制前后成分及药效变化初步研究[J].中药材,2011,34(10):1508-1511.

[30] 郭健,王英姿,孙秀梅,等.HPLC测定不同产地酒黄精中5-羟甲基糠醛含量[J].中国执业药师,2016,13(2):29-33.

[31] 张海潮,郑浩英,曾瑛,等.多花黄精炮制过程中主要成分的变化分析[J].广东化工,2021,48(17):5-6,4.

[32] 王倩,刘星,许敏,等.黄精炮制过程中甾体皂苷的变化研究[J].云南中医中药杂志,2017,38(5):72-75.

[33] 刘绍欢,洪迪清,王世清.黔产栽培黄精的薯蓣皂苷元含量测定[J].中国民族民间医药,2010,19(5):44-45.

[34] 李立英,刘晓笔,陈志松,等.基于多糖含量的滇黄精炮制工艺及抗衰老活性研究[J].中国现代中药,2023,25(12):2492-2498.

[35] 孙婷婷,刘洋,魏明,等.黄精酒制前后水溶性多糖抗氧化活性研究[J].中华中医药学刊,2023,41(2):78-84,263-265.

[36] 余欢迎,高海燕,金传山,等.黄精生品及不同炮制品对糖皮质激素致肾阴虚模型大鼠的作用比较[J].安徽中医药大学学报,2021,40(6):58-62.

[37] 李天娇,包永睿,王帅,等.中药质量控制与评价创新方法研究进展及应用[J].中草药,2022,53(20):6319-6327.

[38] 关欢欢,白雷,袁冬平,等.中药制造全过程的品质传递控制与一致性评价研究进展[J].中草药,2024,55(5):1728-1737.

[39] 汪成,叶菊,何旭光,等.黄精化学成分、药理作用研究进展及质量标志物(Q-Marker)预测分析[J].

天然产物研究与开发, 2024, 36（5）：881-899, 855.

[40] 关佳莉, 李莉, 丛悦, 等. 基于超快速气相电子鼻的黄精蒸制过程气味成分变化规律研究 [J]. 现代中药研究与实践, 2023, 37（6）：5-10.

[41] 陈光宇, 王祥斌, 卜宇翀, 等. SPME-HS-GC-MS 与电子鼻分析不同产地多花酒黄精气味特征 [J]. 中国食物与营养, 2024, 30（2）：32-36.

[42] 方文韬, 赵丽蓉, 张虹, 等. 基于电子鼻技术多花黄精药材的鉴别研究 [J]. 现代农业科技, 2019（22）：41-43, 45.

[43] 曹林, 刘福, 韩丽. 基于电子舌技术分析多花黄精炮制过程中"味"的变化 [J]. 中医药导报, 2023, 29（2）：50-53, 58.

[44] 赵丽蓉, 张虹, 方文韬, 等. 应用电子舌技术对多花黄精药材"味"的测定与分析 [J]. 现代中药研究与实践, 2019, 33（6）：5-9.

[45] 王珺, 张南平. 中药显微鉴别研究与应用进展 [J]. 中国药事, 2018, 32（8）：1051-1057.

[46] 徐雅静, 左祥铎, 崔鹏, 等. 滇黄精显微特征指数与化学成分相关性研究 [J]. 时珍国医国药, 2023, 34（4）：825-827.

[47] 高韵, 司雨柔, 解玫莹, 等. 黄精的显微红外成像光谱鉴别研究 [J]. 中国现代中药, 2022, 24（1）：70-75.

[48] 张王宁, 李爱平, 李科, 等. 中药药效物质基础研究方法进展 [J]. 中国药学杂志, 2018, 53（10）：761-764.

[49] 戴万生, 彭凯, 邱斌, 等. 滇黄精及其炮制品中皂苷类成分的薄层色谱研究 [J]. 中国民族民间医药, 2023, 32（15）：29-32.

[50] 胡奕勤, 黄立刚, 陆美霞, 等. 基于紫外分光光度法测定黄精生品与酒炙品主要有效成分含量 [J]. 药品评价, 2023, 20（12）：1468-1471.

[51] 郭信东, 袁小凤, 杨昌贵, 等. 黄精酒制后活性成分的变化研究 [J]. 时珍国医国药, 2022, 33（6）：1366-1368.

[52] 左雅敏, 李琛, 彭兴春, 等. HPLC-一测多评法测定黄精及其饮片中 6 种成分的含量 [J]. 中国药房, 2019, 30（13）：1748-1754.

[53] 殷海霞, 邬秋萍, 平欲晖, 等. HPLC 法同时测定黄精中 5-羟基麦芽酚、5-羟甲基糠醛和黄精碱 A 的含量 [J]. 中国药师, 2018, 21（9）：1683-1686.

[54] 周扬华, 李晖, 李东宾, 等. 基于指纹图谱和多成分定量分析的多花黄精质量评价研究 [J]. 中国中药杂志, 2021, 46（21）：5614-5619.

[55] 梁泽华, 潘颖洁, 邱丽媛, 等. 基于 UPLC-Q-TOF-MS/MS 分析黄精九蒸九晒炮制过程中化学成分的变化 [J]. 中草药, 2022, 53（16）：4948-4957.

[56] 刘敏敏, 刘颖, 张涛, 等. 酒制对多花黄精气味形成影响的 GC-MS 分析 [J]. 中国实验方剂学杂志, 2023, 29（17）：166-173.

[57] 章登停, 杨健, 程铭恩, 等. 基于高光谱数据的多花黄精产地识别研究 [J]. 中国中药杂志, 2023, 48（16）：4347-4361.

[58] 吕悦, 吴杭莎, 韦飞扬, 等. 黄精多指标成分近红外光谱快速定量分析模型建立 [J]. 中成药, 2022, 44（9）：2878-2884.

[59] 肖小河, 张定堃, 王伽伯, 等. 中药品质综合量化评控体系——标准评控力金字塔 [J]. 中国中药杂志,

2015，40（1）：7-12.

[60] 张萌，封亮，贾晓斌.基于生物活性与效应基准的中药质量评价技术发展现状与展望[J].世界中医药，2020，15（15）：2234-2239.

[61] 谭小青，唐红珍，高红伟，等.黄精 GC-MS 指纹图谱及体外抗病毒活性的谱效关系研究[J].中药药理与临床，2021，37（1）：116-120.

[62] 国家药典委员会.中华人民共和国药典（一部）[M].北京：中国医药科技出版社，2020.

[63] 宋添力，张钰，肖强，等.黄精化学成分以及药用价值的研究进展[J/OL].中华中医药学刊，1-17[2024-08-01]. http：//kns.cnki.net/kcms/detail/21.1546.R.20240228.1049.009.html.

[64] 姜程曦,张铁军,陈常青,等.黄精的研究进展及其质量标志物的预测分析[J].中草药,2017,48(1):1-16.

[65] Pan M，Wu Y，Sun C，et al. Polygonati Rhizoma：A review on the extraction，purification，structural characterization，biosynthesis of the main secondary metabolites and anti-aging effects [J]. J Ethnopharmacol，2024，12（327）：118002.

[66] Zhao L，Xu C，Zhou W，et al. Polygonati Rhizoma with the homology of medicine and food：A review of ethnopharmacology, botany, phytochemistry, pharmacology and applications [J]. J Ethnopharmacol，2023，12（309）：116296.

[67] 陶爱恩，赵飞亚，钱金栿，等.黄精属植物治疗肾精亏虚相关疾病的本草学和药理作用与药效物质研究进展[J].中草药，2021，52（5）：1536-1548.

[68] Wei X，Wang D，Liu J，et al. Interpreting the mechanism of active ingredients in polygonati rhizoma in treating depression by combining systemic pharmacology and in vitro experiments [J]. Nutrients，2024，16（8）：1167.

[69] Zheng T，Shi X，Nie S，et al. Effects of Chinese herbal diet on hematopoiesis，immunity，and intestines of mice exposed to different doses of radiation. Heliyon，2023，9（5）：e15473.

[70] 张颜，涂雯，王书珍，等.黄精代谢调节功能及其应用的研究进展[J/OL].食品工业科技，1-16[2024-08-01]. https：//doi.org/10.13386/j.issn1002-0306.2023090284.

[71] 傅馨莹，孙天松，朱丛旭，等.基于 NLRP3/caspase-1/GSDMD 通路研究黄精改善糖尿病大血管焦亡损伤的作用机制[J].中国中药杂志，2023，48（24）：6702-6710.

[72] Wang T，Li Y Q，Yu L P，et al. Compatibility of Polygonati Rhizoma and Angelicae Sinensis Radix enhance the alleviation of metabolic dysfunction-associated fatty liver disease by promoting fatty acid β-oxidation [J]. Biomed Pharmacother，2023，162：114584.

[73] Zhu X，Li Q，Lu F，et al. Antiatherosclerotic Potential of Rhizoma Polygonati Polysaccharide in hyperlipidemia-induced atherosclerotic hamsters [J]. Drug Res（Stuttg），2015，65（9）：479-83.

[74] Wang F，Chen H，Hu Y，et al. Integrated comparative metabolomics and network pharmacology approach to uncover the key active ingredients of *Polygonati rhizoma* and their therapeutic potential for the treatment of Alzheimer's disease [J]. Front Pharmacol，2022，13：934947.

[75] 高天宇，赵丹阳，唐子惟，等.黄精玉竹乌鸡药膳的制备工艺研究[J].中药与临床，2022，13（3）：31-35.

[76] 张敏，冯景，刘喆，等.黄精乌鸡膏营养组分及其对不同免疫状态小鼠肠道黏膜形态和免疫性能的影响[J].食品与发酵工业，2024，50（13）：55-63，71.

[77] 赵祥君,崔俊丽,刘子熙,等.经方黄精酒对银屑病样小鼠的作用研究 [J].中国酿造,2024,43（3）：211-216.

[78] 周丹,朱强,宋大伟,等.黄精花的研究与开发探析 [J].农家参谋,2021,（20）：157-158.

[79] 金利泰,姜程曦.黄精——生物学特性、应用及产品开发 [M].北京：化学工业出版社,2009：145-162.

[80] 杨兴鑫,穆健康,顾雯,等.滇黄精资源的开发应用进展及前景分析 [J].生物资源,2019,41（2）：138-142.

[81] 杨紫玉,杨科,朱晓新,等.黄精保健食品的开发现状及产业发展分析 [J].湖南中医药大学学报,2020,40（7）：853-859.

[82] 何园,李自强,马淑梅,等.黄精枸杞胶囊延缓秀丽隐杆线虫衰老作用研究 [J].中成药,2024,46(1)：309-314.

[83] 宋大伟,郑素兰,邱祥松.一种食品黄精的初加工工艺：202010395385.1[P].2021-10-12.

[84] 方文清,黄秋云,郭生挺,等.一种适合糖尿病人食用的黄精食品及其制备方法：201610608816.1[P].2019-12-17.

[85] 聂小华,孟祥河,吕伟德,等.一种黄精复合凝胶糖及其制备方法：202210463536.1[P].2024-02-20.

[86] 刘海英,马英建,吕明珠,等.一种低糖食用型黄精蜜脯的制备方法：202210649110.5[P].2023-07-14.

[87] 邱首哲,郑丽,曾飞,等.黄精食用加工现状分析 [J].湖北农业科学,2023,62（S1）：179-186.

[88] 严斐霞.黄精不同炮制品防治阿尔茨海默病的药效及机制研究 [D].南昌：江西中医药大学,2022.

[89] 陈淼芬,黄子豪,周栋,等.炮制对黄精蛋白氨基酸组成及营养价值的影响 [J].食品与发酵工业,2024,50（12）：170-177.

[90] 秦宇雯.不同清蒸法对四年生九华黄精质量的影响 [D].温州：温州大学,2019.

[91] 施扬,王力川,马占林,等.滇黄精提取物成分与活性测定及细胞毒性评价 [J].日用化学工业,2020,50（11）：788-792,798.

[92] 赵梁佑,马占林,郑晓琼,等.黄精发酵寡糖及其制法和应用：CN202211181742.X[P].2022-12-16.

[93] 刘景玲,周自云,马振宁,等.一种黄精多肽、制备方法及其应用：CN202111444614.5[P].2023-11-14.

[94] 王慧娟.壳聚糖/黄精多糖酶解物的保湿性能及在卷烟中的应用 [D].无锡：江南大学,2021.

[95] 葛啸虎,陈海佳,王一飞,等.一种含有黄精干细胞提取物的保湿美白护肤品：CN201711312846.9[P].2018-05-15.

[96] 彭腾,韩笑,张樊彤,等.一种含黄精具有保湿修复功能的洗面奶及其制备方法：CN201810669087.X[P].2018-08-28.

[97] 童宣军.一种保湿凝脂精油手工皂：CN201610698600.9[P].2017-02-22.

第三章 黄精的药用与保健

本章将从黄精的传统功效及应用、现代药理药效作用这两个主要内容及最后的总结部分，围绕黄精功效作用的历史演变、传统应用的革新、临床应用与养生保健的发展、现代药理机制的创新等方面展开详细介绍。

第一节　黄精的传统功效及应用

黄精属多年生草本植物，作为传统药食同源的中药材，属于食药物质，药用历史悠久。汉末《名医别录》最早记载黄精的性味归经及功能主治为"味甘，平，无毒。主补中益气，除风湿，安五脏。久服轻身、延年、不饥"。随后，魏晋南北朝便开始对黄精功效作用的初步探索，该阶段证实了黄精健身益寿、补脾益肺、养阴生津、强壮筋骨等功效；同时，发现黄精忌梅实的用药禁忌。

唐宋金元时期，开始出现黄精"九蒸九曝"的炮制方法，推动了黄精的应用，在此阶段出现药食两用的记载，促使其发展水平逐渐提高。其中《证类本草》中增加了黄精强身健筋骨的功效，如"日华子云，补五劳七伤，助筋骨，止饥，耐寒暑，益脾胃，润心肺，补虚添精"，与黄精相关的经典名方也逐渐增加。

明清时期的医药学家更是提及黄精的多种功效，补充了黄精下三虫、改善小儿体弱等功效。该阶段黄精的药食应用已较为成熟，用药经验丰富，总结了诸多用药禁忌，为后世发展提供重要参考价值。

结合千百年的临床实践与总结，时至今日，《中国药典》（2020年版）规定，黄精为百合科植物滇黄精［习称"大黄精"；Polygonatum kingianum Coll. et Hemsl.］、黄精［习称"鸡头黄精"；Polygonatum sibiricum Red.］或多花黄精［习称"姜形黄精"，Polygonatum cyrtonema Hua.］的干燥根茎。黄精用药后在脾、肺、肾部位的效应更为显著，根据中医脏腑经络学说理论，将黄精归经为脾、肺、肾经；基于中药四气五味理论，将黄精药性标为性平、味甘。《中国药典》（2020年版）所述，黄精可用于脾胃气虚，体倦乏力，胃阴不足，口干食少，肺虚燥咳，劳嗽咳血，精血不足，腰膝酸软，须发早白，内热消渴。

随着历史的发展，黄精在中医药临床应用中不断演变与革新，且被反复证实，最终沉淀出丰富的药用经验。本节内容将以历史的变化为背景，追溯至魏晋南北朝时期，从性味归经、功能主治、黄精及其经典方剂等方面，系统详细地介绍黄精的传统功效及应用，梳理和完善黄精药用发展规律，以帮助拓展提升黄精的研发思路。

一、魏晋南北朝时期

黄精的传统功效最初收录于汉末《名医别录》，随后在魏晋时期《嵇康与山巨源绝交书》中提及"又闻道士遗言，饵术，黄精，令人久寿，意甚信之"，意指黄精使人长寿（图3-1）；同样，西晋藏书家张华在《博物志》中也认为黄精益于长寿，所述为"黄帝向天老曰：天地所生，岁有食之令人不死者乎？天老曰：太阳之草，名曰黄精，饵而食之，可以长生"；且东晋葛洪在《抱朴子·仙药》中也谈及黄精"服之十年乃可大得其益"。由此可见，黄精早期就被定义为补益药而流传至今。魏晋南北朝时期是黄精药用的初步探索阶段，除主要的补益作用外，在此阶段还发现其除风湿、安五脏等核心功效，临床应用主要与健身益寿、补脾益肺、养阴生津、强壮筋骨等相关。

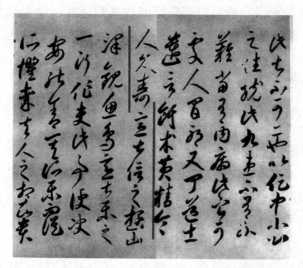

图3-1 魏晋《嵇康与山巨源绝交书》中提及"黄精"

1. 性味归经

南北朝《名医别录》是目前发现最早记载黄精性味的典籍，言其"味甘，平，无毒"，未论述其归经。《本草经集注》补充为"虽燥，并柔软有脂润"。

2. 功效主治

《名医别录》有言："黄精色黄味厚气薄，脾色黄属土居中，故补中；脾为生气之源，故益气；脾旺不受邪，脾气健运，天地之风湿不宜伤人，可除风湿；脾为后天之本，脾运化水谷精微的功能正常，脏腑经络能得到充分的濡养，故安五脏；久服五脏安则气血精旺盛，达到轻身延年、不饥之奇效。"因此，黄精的功效主治，起初表述为"主补中益气，除风湿安五脏。久服轻身、延年、不饥"，后世论著多延续此观点。

3. 禁忌

《本草经集注》最早有注："服黄精者，忌梅实。"

4. 经典方剂——延寿酒

来源： 出自《中藏经》卷下。

组成： 黄精四斤，天门冬三斤，松叶六斤，苍术四斤，枸杞子五斤。

制法： 以水三石，煮一日，取汁，如酿法成，空心任意饮之。

功效主治： 体虚食少、乏力、脚软、眩晕、视物昏花、须发早白、风湿痹证、四肢麻木等症。无病之人，体质偏于气阴不足者，少服使用，有强身益寿之功。凡畏寒肢冷、下利水肿者忌服。

方解： 本方用药，药味少而精，补渗利之味，可防补腻碍胃之弊。黄精性味甘、平，归脾、肺、肾经，历来被视为滋补强壮的要药，具有养阴润肺、益气补脾的功效，为方中君药。枸杞子滋补肝肾、益精明目，松叶活血安神、祛风燥湿，为方中臣药。天门冬养阴润燥、清肺生津，取地藏精华以图滋阴之效，为方中佐药。苍术健脾燥湿，为方中使药。诸药合奏，共达益脾肺、养肝肾、强筋骨、补虚损之效。全方补益重在脾胃和肝肾，升降有序，出入有衡，天地合和，气血中和，阴阳和谐。

二、唐宋金元时期

唐代医药学家孟诜所著《食疗本草》是世界上现存最早的食疗专著，也是具备"药食同源"思想的本草著作，其记载："饵黄精，能老不饥。"孟诜也首次提出"九蒸九曝"的炮制方法，并指出"蒸之若生，则刺人咽喉。曝使干，不尔朽坏。其生者，若初服，只可一寸半，渐渐增之。十日不食，能长服之，止三尺五寸"。唐代《药性论》云"黄精，君"，在中药配伍理论"君臣佐使"中作为君药。宋代《本草图经》言黄精根茎在九蒸九曝后可以当作果脯售卖，而初生苗可做菜，如"山中人九蒸九曝，作果卖，甚甘美，而黄黑色。其苗初生时，人多采为菜茹，谓之笔菜，味极美"。《饮膳正要》是我国元代少数民族营养学家忽思慧为皇帝延年益寿所编的专著，书中第二卷主要介绍食疗诸病等内容，其中就有关于黄精的食疗记载，如"黄精膏（五两）、地黄膏（三两）、天门冬膏（一两）、牛骨头内取油（二两）……每日空心温酒调一匙头"。

由此可见，唐宋金元时期黄精已逐步向药食两用的方向发展，这是医药学家不断探索的结果，更是中医药文化智慧的结晶。该时期已反复证实，并明确了黄精的补益功效，同时，出现了炮制工艺的应用，优化了食用口感，更易于长期服用，如此，大幅提升了黄精的发展水平，促使其应用范围逐渐扩大，为黄精此后的发现奠定基础。

1. 性味归经

北宋《开宝本草》记载为："味甘，平，无毒。主补中益气，除风湿，安五脏。"

2. 功效主治

唐代论著基本沿用《名医别录》中对黄精功效主治的论述，在孙思邈《备急千金要方》有述"黄精膏方……常未食前，日二服，旧皮脱，颜色变光，花色有异，鬓发更改。欲长服者，不须和酒，纳生大豆黄，绝谷食之，不饥渴，长生不老"，强调了黄精补益之效。《千金翼方》补充道："服黄精方……服讫不得漱口，百日以上节食，二百日病除，二年四体调和……"。

随后，五代十国时期的《日华子本草》中新增了黄精补五劳七伤、益脾胃、润心肺等功效，首次提及黄精"单服九蒸九暴（通假"曝"），食之助颜，入药生用"之说，阐明了黄精药用与食用选用的炮制方法不同，食用达到延年不老之效。

发展至宋代，对黄精功效认知逐渐完善，以强身健体、五脏调和等功效为主。北宋《圣济总录》中记载为"常服黄精能助气固精、补填丹田、活血驻颜、长生不老"，可见当时的古人不仅注重养身，更深知黄精是养颜补益佳品，其中还增加了黄精强身健筋骨的功效，记载为："日华子云：'补五劳七伤，助筋骨，止饥，耐寒暑，益脾胃，润心肺。'"宋金元时期的医药论著主张黄精"久服延年益寿"，《神仙芝草经》记载："黄精宽中益气，使五脏调良，骨髓坚强，其力增倍，多年不老，颜色鲜明，发白更黑，齿落更生。"可见黄精还有调理阴虚、防白发的功效。图3-2为宋代唐慎微撰写《证类本草》中黄精植物形态图。

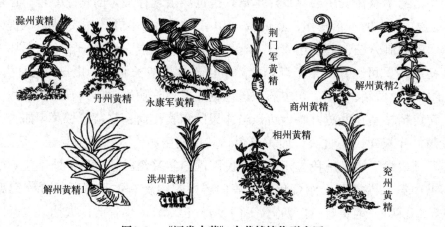

图3-2　《证类本草》中黄精植物形态图

3. 禁忌

唐代《外台秘要方》中记载，服黄精酒，须忌鲤鱼、桃李、雀肉。

宋代《博济方》中记载，"黄精、枸杞，药中为妙品，犹有生头痛病而难服"。

4. 经典方剂

（1）黄精膏

来源：唐《备急千金要方》卷二十七。

组成：黄精一石，干姜末三两，桂心末一两。

制法：黄精去须毛，洗令净洁，打碎蒸，令好熟，压得汁，复煎去游水，得一斗，纳干姜末三两，桂心末一两，微火煎，看色郁郁然欲黄，便去火待冷，盛不津器中。

用法用量：常未食前用酒五合和，服二合，日二服。欲长服者，不须和酒，纳生大豆黄，绝谷食之。

功效主治：旧皮脱，颜色变光，花色有异，鬓发更改，延年不老。

方解：黄精为辟谷上药，峻补黄庭，调和五脏，坚强骨髓，一皆补阴之功，故以姜桂汤药配之。适用体虚易感，脾胃虚寒，或劳累易发咳嗽等人群。常见精神疲倦，气短乏力，须发早白，畏寒肢冷，口干食少，劳嗽久咳等不适。本方为补脾益肺、滋阴潜阳的膏方。

(2) **服黄精方**

来源：唐《千金翼方》卷十二。

组成：黄精。

制法：凡采黄精，须去苗下节，以竹刀剔去皮。

用法用量：去皮一节，隔二日增一节，十日服四节，二十日服八节，空腹服之，服讫，不得漱口，百日以上节食，二百日病除，二年四体调和。

功效主治：疗万病，调和身体。

禁忌：忌食酒、肉、五辛、酥油，得食粳米糜粥淡食，除此之外，一物不得入口。

(3) **五精酒**

来源：唐《千金翼方》卷十三。

组成：黄精四斤，天冬三斤，松叶六斤，白术四斤，枸杞子五斤。

制法：上五味皆生者，纳金中，以水三石煮之一日，去滓，以汁渍曲如家酝酒法。

用法用量：酒熟取清，任性饮之，一剂长年。

功效主治：补肝肾，益精血，健脾胃，祛风湿。主治须发早白，牙齿松动。

方解：黄精补益肝肾而养脾胃，自古便是道家仙药；天门冬善能去虚火，强骨髓；松叶功善祛风燥湿，活血安神；白术善能健脾利湿；枸杞善能补益肝肾。此方善补肝益肾、健脾养血，有生发健齿、延年益寿的功效，适于肝血亏虚、肾精虚弱及脾胃虚弱；酒精过敏者禁止服用、实热亢胜者不宜服用。五精酒组方配伍精当、不寒不热，加之是以酿造法制成，温润和平，确能健运脾胃、补益精血、祛风除湿，不失为延年益寿的良方。

(4) **蔓荆子散**

来源：宋《太平圣惠方》卷三十三。

组成：蔓荆子一斤（以水掏净），**黄精**二斤（和蔓荆子水蒸九次，曝干）。

制法：上药，捣细罗为散。

用法用量：每服，空心以粥饮调二钱，日午晚食后，以温水再调服。

功效主治：延年益寿。补肝气，明目，主治眼昏暗不明。

方解：方中由黄精伍入蔓荆子组成。正如《珍珠囊》所述，"蔓荆子疗太阳头痛，头沉昏闷，除昏暗，散风邪。凉诸经血，止目精内痛"。以治脾胃虚弱，肝肾不足所致的视物不明诸症。

（5）**黄精丸**

来源：宋《太平圣惠方》卷九十四。

组成：**黄精**十斤（净洗，蒸令烂熟）、白蜜三斤，天门冬三斤（去心，蒸令烂熟）。

制法：上三味，拌和令匀，置于石臼内，捣一万杵，再分为四剂，每一剂，再捣一万杵，过烂取出，丸如梧桐子大。

用法用量：每服以温酒下三十丸，日三服，久服神仙矣。

功效主治：延年补益，疗万病。

方解：黄精入肺、脾、肾经，既顾先天之本肾，又顾后天之本脾胃，味甘，性平，具有补气养阴、养气血、益精髓的作用。天冬味甘、苦，性寒，入肺经、肾经，可滋阴润燥、清肺降火。天冬和黄精均味甘，归肾经，也用于养阴，改善腰膝酸痛，骨蒸潮热，内热消渴等症，此外天冬还入肺经，滋润上焦之阴，与黄精协同互补，对上中下三焦起到滋阴之效。

（6）**地黄煎丸**

来源：宋《太平圣惠方》卷三十。

组成：生地黄五斤（洗净，肥好者），黑芝麻三两，牛膝三两（去苗），桂心三两，**生黄精**五斤（洗净，同地黄于木臼中烂捣，绞取汁，旋更入酒三升，于银锅中慢火熬成膏），附子三两（炮裂，去皮脐），干漆三两（捣碎，炒令烟出），肉苁蓉三两（酒浸一宿，刮去皱皮，炙干），补骨脂三两（微炒），鹿角胶三两（捣碎，炒令黄燥），菟丝子三两（酒浸三日，晒干，别捣为末）。

制法：上为末，入地黄、黄精膏中，丸如梧桐子大。

用法用量：每服三十丸，空心温酒送下，晚食前再服。

功效主治：益脏腑，久服轻身，驻颜色，强志力，补虚损。主治虚劳，精少。

方解：方中君药为生地黄，具有清热凉血、养阴生津等功效，用于热病伤阴，津伤便秘，阴虚发热，骨蒸劳热。黄精补气养阴，健脾，润肺，益肾；用于脾胃气虚，体倦乏力，胃阴不足，肺虚燥咳，精血不足，腰膝酸软，须发早白。二者配伍使用，可以增强滋阴补肾，润肺生津之效。肉苁蓉、菟丝子、附子温肾助阳。牛膝补益肝肾，强筋健骨。根据《本经》中记载，肉苁蓉味甘咸性温，入肾经、大肠经，可补肾阳、益精血。肉苁蓉与黄精配伍可补益下焦，滋阴养血。菟丝子补肾益精，助阳而不腻，温阳而不燥。干漆行血消瘀。补骨脂补肾助阳。鹿角胶温肾助阳，滋精益血。方中兼用温阳行血之品，则滋而不腻，补而不滞，适用于中老年阴阳两虚、须发早白、齿松耳聋、腰膝酸痛者服用。

（7）预知子丸／镇心丸

来源： 宋《太平惠民和剂局方》卷五。

组成： 枸杞子（净），白茯苓（去皮），**黄精**（蒸熟），朱砂（研水飞），预知子（去皮），石菖蒲，茯神（去木），人参（去芦），柏子仁，地骨皮（去土），远志（去心），山药，各等分。

制法： 上为细末，炼蜜为丸，如龙眼核大，更以朱砂为衣。

用法用量： 每服一丸，细嚼，人参汤送下，不拘时候。

功效主治： 主治心气不足，志意不定，神情恍惚，语言错妄，怵悸烦郁，愁忧惨戚，喜怒多恐，健忘少睡，夜多异梦，寤即惊魇，或发狂眩，暴不知人，并宜服之。

方解：《太平惠民和剂局方》论心悸病性为本虚标实，治诸虚之预知子丸方药组成中，预知子疏肝理气，人参、山药健脾益肾，黄精滋阴补血，茯神、远志养心安神，朱砂镇心安神，诸药配伍补心气之不足，安心神之不定，疏情志之烦郁。治疗心悸注重扶正祛邪、养心安神。

（8）黄精煎

来源： 宋《圣济总录》卷十八。

组成： **黄精**（生者）十二斤，白蜜五斤，生地黄（肥者）五斤。

制法： 先将黄精、生地黄洗净，细锉，以木石杵臼捣熟复研烂，入水三斗，绞取汁，置银铜器中，和蜜搅匀，煎之成稠煎为度。

用法用量： 每用温酒，调化二钱七，至三钱七，日三夜一。

功效主治： 大风癞病，面赤疹起，手足挛急，身发疮痍，及指节已落者；久服风癞痊平，面如童子，延年不老。

（9）地黄汤

来源： 宋《圣济总录》卷八十八。

组成： 熟干地黄二两，黄耆（黄芪古时写作"黄耆"）三两，肉桂三两，甘草三两，当归三两，芍药一两，**黄精**一两，黄芩一两，麦门冬五两。

制法： 上九味，粗捣筛，生姜半分拍碎，枣两枚去核，煎至六分。

用法用量： 每服三钱七，水一盏，去滓空腹温服，日午夜卧再服。

功效主治： 治虚劳少气，行动喘促，小便过多。

方解： 熟地黄味甘微温质润，既补血滋阴，又能补精益髓。黄精入肺、脾、肾三经，既补脾阴又益脾气，可益精填髓。黄芪味甘，性微温，入脾经、肺经，具有补气健脾、升阳举陷、益卫固表等功效。黄精补气养阴，黄芪补脾之气，以补后天之本。当归补血且能行血调经，肉桂温经通脉，与熟地黄配伍，可增强补血养阴的作用。本方益肾填精以黄精和熟地黄为主，补中益气以黄芪为主，当归、芍药养阴生血，气血互生，可助黄精、黄芪之益气。肉桂温阳益气、通畅血脉，合黄芩、麦冬，滋血涵阴，清降虚热。

（10）生地黄煎

来源： 宋《圣济总录》卷一百八十三。

组成： 生地黄五斤，黄精十二斤，白蜜五升。

制法： 生地黄五斤洗切以木杵臼捣绞汁，黄精十二斤洗切以木杵臼捣绞汁，白蜜五升，上三味汁相和，于银石器中，慢火煎如膏为度，以瓷合盛。

用法用量： 每服生姜汤，调下半匙至一匙，日二夜一。

功效主治： 治乳石药气发热，风热相并，致痈肿疮瘘，经年不愈。

（11）五精煎丸

来源： 宋《圣济总录》卷一百八十七。

组成： 白茯苓（去黑皮，别取末）四两，甘菊花（炊一复时，不住洒酒，晒干，别取末）四两，菖蒲（石上生者，酒浸三日，炊一日焙干，别取末）四两，肉桂（去皮，取心中好者，别取末）四两，天门冬（去心，焙）、白术（切作片子，白者可用）、人参、牛膝各一斤（捣碎，各以水并酒共一斗，浸药三日，绞取浓汁，滤去滓，于银器内慢火各熬成膏），生黄精、生地黄各五斤（二味各捣取汁，于银器内慢火熬成膏）。

制法： 上十一味，先将天冬、白术、人参、牛膝、黄精和生地黄六味逐味取汁，熬至半斤可住火，然后将膏六件，共合成三斤，以前四味散药同和匀，曝干再入膏和搅，直后入尽三斤膏药，再入臼中杵五六千下，丸如梧桐子大。

用法用量： 每服三四十丸，食前后清酒或米饮下，久服自觉神效。

功效主治： 治上膈多热，下脏虚冷，皮肤不泽，气力乏少，大便秘涩，或时泻痢，头旋痰滞，口干舌强；可益寿延年。

方解： 方中生黄精、生地黄补肺益肾，养阴生津。白茯苓、甘菊花合用主疏散风热，清利头目。菖蒲、肉桂以温阳生精、引火归元为主。天冬、白术、人参、牛膝合用调气血，养脏腑，调脾胃，助劳倦，补诸虚。茯苓与黄精均味甘，入脾肾经，黄精重滋阴，茯苓则重渗湿健脾宁心，在方中协同互补，补脾健脾，促进谷气精微的吸收，强身健体，滋阴解消渴、渗湿去痰饮。牛膝和黄精同补肝肾，协同用以改善腰膝酸痛等症。

（12）黄精酒

来源： 宋《圣济总录》卷一百九十八。

组成：黄精五斤（去皮），天门冬三斤（去心），松叶五斤，枸杞根五斤。

制法： 上四味，捣为粗末。以水三石，入煎药在内，煮取二石，用糯米一石，细曲半秤，蒸米同曲，入在煎药水中，封闭二七日熟。

用法用量： 任情饮之。

功效主治： 延年益寿，返老还童，除万病。主治阴虚湿滞、脾虚气弱所致的面浮肢肿，以及肾虚精亏所致的头发早白、肌肤干燥易痒、心烦急躁少眠等。

方解： 黄精性平、味甘，归肺、脾、肾经，能养阴润肺，补脾益气，滋肾填精，为方中君药。松叶祛风燥湿，杀虫止痒；地骨皮（枸杞根）凉血除蒸，清肺降火；二者皆为方中臣药。天冬具有养阴润燥、清肺生津的功效，助黄精润肺津。此四味中药合奏有乌须发、润血燥、延年益寿之功效。

（13）二精丸

来源： 宋《圣济总录》卷一九八。

组成：黄精（去皮）两斤、枸杞子两斤。

制法： 上二味，于八九月间采服。先用清水洗黄精一味，令净，控干细锉，与枸杞子相和，杵碎拌令匀，阴干再捣，罗为细末，炼蜜为丸，如梧桐子大。

用法用量： 每服三五十丸，空心食前温酒下。

功效主治： 助气固精，补镇丹田，活血驻颜，长生不老。

方解： 枸杞子味甘，性平，入肝经、肾经、肺经，与黄精相须为用，共奏补肾健脾、益气养阴之功。黄精入脾补后天，枸杞子入肾补先天，两药相须为用，先后同补，阴阳兼顾；二药合用为气血双补、益精填髓的优质药对。本方补肝肾填精髓，可改善虚劳、聪明耳目，且可用于内热消渴等症。

（14）灵仙散

来源： 宋《圣济总录》卷一百九十八。

组成： 白茯苓（去黑皮），黑芝麻（去皮，炊一日），天门冬（去心，焙）白术，桃仁（去皮、尖、炒），**黄精**各一两。

制法： 上六味，捣罗为细散。

用法用量： 每日食前水饮下，日两服，或以蜜丸如赤小豆大，每服三十丸，温水下。

功效主治： 轻身延年，返老还童。

方解： 本方运用补肝肾的黄精和黑芝麻，与白术和茯苓合用补益心脾，天冬和桃仁协同交通肺肾，令气血津液顺畅，可用于五脏精气亏虚，形体瘦弱，须发早白，血枯肠燥者。

（15）白术丸

来源： 宋《圣济总录》卷一百九十八。

组成： 白术（捣为细末）三斤，**生黄精**（洗净控干捣碎绞取汁）二斗、蜜一斤。

制法： 上三味，先将黄精汁一味，于釜中用文火煎熬，取汁三升，再入蜜一斤，并将前白术末，却纳汁中，煎成膏，丸如弹子大，令干盛不津器中。

用法用量： 每服三丸，含化咽之，日三服，宁少服令有常，不须多而中辍，渴则饮水。

功效主治： 辟谷，久服绝谷轻身，长生不老。

方解： 白术健运脾胃，黄精补中益气。二者配伍，可以有效地增强脾胃的气力，帮助脾胃恢复功能。治疗脾胃气虚、精血不足，以及食欲不振、口干食少、肺虚燥咳、腰膝酸软、须发早白等症状。

（16）西王母四童散

来源： 宋《医心方》卷二十六引《大清经》。

组成： 胡麻（熬）、天门冬、茯苓、山术、干**黄精**、桃核中仁（去赤皮）各等分。

用法用量： 六物精治，合捣三万杵，且以酒服三方寸匕，日再；亦可水服。亦可用蜜丸旦服三十丸，日一。

功效主治： 驻颜，益寿延年。

（17）五子丸

来源：《魏氏家藏方》卷六。

组成： 覆盆子二两，杜仲（去皮，姜制，炒去丝）二两，菟丝子（淘净，酒浸，研成饼）二两，巴戟二两（去心），枸杞子二两，远志（去心）二两，五味子（去枝）二两，茯神（去木）二两，肉苁蓉（酒浸，去土）二两，当归（酒浸，去芦）二两，山茱萸（去核）二两，牛膝（酒浸，去芦）二两，干山药二两，萆薢二两，熟干地黄（洗）二两，**黄精**二两，破故纸（炒）二两，青盐（别研）二两，柏子仁（别研）二两，石菖蒲（去须）一两。

制法： 上为细末，炼蜜为丸，如梧桐子大。

用法用量： 每服二五十丸，空心温酒、盐汤送下。

功效主治： 固心肾，补元气。

方解： 功在温固下元，通阳补肾。主治小便频数，时有白浊。小便夜多，头昏，脚弱，老人虚人多有此证，大能耗人精液，令人猝死。

（18）松花膏

来源： 金《黄帝素问宣明论方》卷九。

组成： 防风、干生姜、野菊花、芫花、枸杞子、甘草、苍术、黄精各等分。

制法： 上为末，取黄精根，熬成膏子，和药末为丸，如弹子大。

用法用量： 每服细嚼一丸，冷水化下，临卧不吃夜饭，服药一粒。预九月间服。

功效主治： 治劳嗽经久，宣利一切痰涎肺积，喘嗽不利。

（19）牛髓膏子

来源：元《饮膳正要》卷一。

组成：黄精膏五两，地黄膏三两，天冬膏一两，牛骨头内油二两。

制法：将黄精膏、地黄膏、天门冬膏与牛骨油一同不住手用银匙搅，令冷定，和匀成膏。

用法用量：每服一匙，空心酒调下。

功效主治：补精髓，壮筋骨，和气，延年益寿。主治身体虚弱，腰腿酸软，气血不足。

方解：方中君药为牛髓油，味甘性温，入心、脾、肾三经。黄精补中益气，有补气养阴、健脾润肺益肾的功效。天冬、地黄均可入肾经、有滋阴的功效。适宜于精血亏损、肾气不足而引起的周身酸痛，午后潮热，口干舌燥、失眠健忘等症。

（20）黄精丸

来源：元《丹溪心法》卷四。

组成：苍耳草、紫背浮萍、大力子各等分，乌梢蛇肉中半（酒浸，去皮骨），黄精倍前三味（生捣汁，和四味研细焙干）。

制法：上为末，神曲糊丸如梧桐子大。

用法用量：每服五七十丸，温酒下（一方加黄柏炭、生地黄、甘草节）。

功效主治：补气养阴、祛风解毒，可疗大风诸症。

方解：方中重用黄精补气养阴、益肾填精以固其本为君，苍耳草、浮萍、大力子疏风散热、解毒透疹为臣，乌梢蛇祛风通络、止痉及神曲消食和中同为佐。

三、明清时期

明代《本草蒙筌》作者陈嘉谟对于黄精的描述为"九蒸九曝，可以代粮……又名米餔"。明代本草集大成之作《本草纲目》中记载："黄精为服食要药，故《别录》列于草部之首，仙家以为芝草之类……"（图3-3）同时，《本草汇笺》指出"黄精，非治病所需，而为服食之上品"。

清代《本草求真》则将黄精和榧实、枇杷、青梅、花生一同列为性味至平的食物；《本草正义》中提及黄精炮制后食用的记录："黄精今产于徽州，徽人常以为馈赠之品，蒸之极熟，随时可食。"并指出"古今医方，极少用此，盖平居服食之品，非去病之药物也"。除了关于黄精的药用外，清代《调疾饮食辩》中多处记载黄精的相关药膳，如黄精粥、黄精酒、糖丸等。

上述多种著作证实，明清时期，黄精的药食应用已较为成熟，黄精已经惯用于日常食用，且初步形成了具有一定保健作用的药膳，如黄精粥等，极大推进了黄精药食两用的发展。

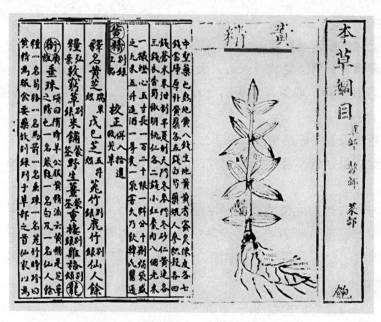

图3-3 《本草纲目》中黄精的相关记载

1. 性味归经

明代《神农本草经疏》对黄精的性味释为"纯得土之冲气,而禀乎季春之令,故味甘气和性无毒";《本草正》对黄精的性味记为"味甘微辛,性温";明代《本草汇言》描述黄精性味为甘温而和。

清代《本草备要》:"平,补而润……"同时期《本草分经》也记载:"甘,平。补气血而润。"

明清时期,中药归经理论体系基本成熟,开始出现黄精的归经论述。明代《雷公炮制药性解》最早记载黄精"入脾肺二经";李中梓《重订本草征要》也记录了黄精"入脾经"。

黄精性味归经的论述在清代的本草古籍中记载最多,按照经络或脏腑定位归经。清代本草大多记载黄精"入足太阴经""入足太阴脾、足阳明经"。清代《本草问答》释为"黄精甘平有汁液,得水火气交之平,故正补脾经"。同样,《得配本草》也认为黄精"入足太阴经"。此外,《本草求真》记载黄精归三经"专入脾,兼入肺肾",在《本草再新》中又增添了入心经的说法。而在清代《本草分经》中强调黄精入肺、脾、胃、心经;《本草撮要》中记载黄精"味甘,入足太阴、阳明经,功专补诸虚,安五脏",意指入脾经,且入阳明经的中药一般是以入脾胃经,主要为消化类的药物。

从上述典籍记载可归纳出明清时期黄精的性味归经,即甘,平;归脾、肺、肾经。现代中药工具书按照脏腑定位黄精归经,其性味归经在《中国药典》(2020年版)、《中华本草》及《中药大辞典》等现代中药著作中,均为甘,平;归脾、肺、肾经。

2. 功效主治

明清时期众多医家进一步挖掘了黄精的用途，其功效也得到了更加充分的证实。明朝时期《滇南本草》描述黄精"能辟谷、补虚、添精，服之效矣"。《药鉴》"黄精除风湿，壮元阳，健脾胃，润心肺，旋服年久，方获奇功"。而《本草纲目》则对黄精的功效有独特的解释和全新认识："黄精补诸虚，填精髓，平补气血而润"，李时珍认为"黄精受戊己之淳气，故为补黄宫之胜品，土者万物之母，母得其养，则水火既济，木金交合，而诸邪自去，百病不生矣"。黄精一直以补虚药沿用至今。

明代《神农本草经疏》提及3种不同的药用方及其功效，一是"黄精同漆叶、桑椹、何首乌、茅山术作丸饵，可以变白，久之杀三虫，能使足温而不寒"；二是"同术久服，可轻身涉险不饥"；三是"同地黄、天门冬酿酒，可去风，益血气"；拓展了黄精的用法，为后世应用提供了参考。此外，《神农本草经疏》中对黄精的功效进行了详细的论证："其色正黄，味厚气薄。土位乎中，脾治中焦，故补中。脾土为后天生气之源，故益气。中气强，脾胃实，则风湿之邪不能干，故除风湿。五脏之气皆禀胃气以生。胃气者，即后天之气也。斯气盛则五脏皆实，实则安，故安五脏。脏安则气血精三者益盛，气满则不饥。久服轻身延年，著其为效之极功也，虽非治疗之所急，而为养性之上药，故仙经累赘其能服饵驻颜，久而弥盛矣"。《神农本草经疏》对黄精的描述居多，对于黄精的药用功效阐述得十分全面，对后世黄精的开发利用具有重要借鉴价值。

明代《景岳全书》记载黄精"一名救穷草"，并全面总结了其补中益气、安五脏、疗五劳七伤、助筋骨、益脾胃、润心肺、填精髓、耐寒暑、下三虫、久服延年不饥、发白更黑、齿落更生等功效作用。而后，《本草蒙筌》中补充了黄精也可用于改善小儿体弱："小儿羸瘦，多啖弥佳。"明代《本草乘雅半偈》中也强调了黄精五行属土，常用作养人体之根基，补土气以固根本："……故补中而益中气。为风所侵而土体失，濡湿泥泞而土用废者，黄精补土之体，充土之用，即居中府藏，亦藉以咸安矣。形骸躯壳，悉土所摄，轻身延年不饥，总属土事耳。"《本草征要》补充黄精能补脾润肺，"肺燥干咳，气馁消渴。体虚乏力，用以服食。味甘气和，为益脾阴之剂，土旺则湿除，故又能祛湿"。

清代本草古籍记载的黄精功效与明代基本相同，多是补诸虚、填精髓、下三尸虫等。清代《本草求真》有注，黄精是补脾阴之至平者也；《本经逢原》同样认为黄精"宽中益气，使五脏调和，肌肉充盛，骨髓坚强，皆是补阴之功"。此外，清代《本草分经》记录了黄精除风湿的功效，尤其对风湿性关节炎疗效显著。《本草备要》在前述功效基础上补充了下三虫的功效，也验证了明代《景岳全书》中的记载。

然而，清代《本经续疏》对"补中益气、除风湿两分功效"产生了疑义，认为"黄精之补中益气，本为除风湿耳"，因此，将明清时期的古籍中黄精功效的论述总结为补中益气,益脾胃,润心肺,益血气,养阴,除风湿,安五脏,壮筋骨,补虚。

结合千百年对黄精种种功效的记载,现代的中药文献著作也详尽概括了历代本草中黄精的功效主治,主要为"养阴润肺,补脾益气,滋肾填精"(《中药大辞典》)等功效。

3. 禁忌

人们对黄精的应用越来越广泛,对黄精的认识也越来越清晰,经验积累颇丰,在明清时期,关于黄精的使用禁忌也较历代最多。

《本草原始》记载:"梅多食则损齿伤筋,蚀脾胃,令人发膈上痰热。服黄精人忌食之。"由此推测,黄精和梅实属于服药饮食禁忌,梅实味酸,会降低黄精功效,可能与其中某些物质间发生了化学反应,引起二者相恶。

《本经逢原》记载:"阳衰阴盛人服之,每致泄泻痞满,不可不知。"《得配本草》曰:"气滞者禁用。"《本草便读》记载:"若脾虚有湿者。不宜服之。恐其腻膈也。"《本草正义》记载:"有湿痰者弗服,而胃纳不旺者亦必避之。"

综上,服食黄精需忌梅实,阳衰阴盛者、气滞者、脾虚有湿者、有湿痰者及胃纳不旺者不宜服用黄精,以上服食禁忌还需进一步研究。

关于黄精的证候禁忌,首次出现于清代《本经逢原》,各本草典籍的论述主要有阳衰(阴盛)者、脾虚有湿者、痰湿者、气滞者4类,现代本草著作《中华本草》及《中药大辞典》对此概括为"中寒泄泻,痰湿痞满气滞者禁服"。至此发现,古今本草著作中并未记载妊娠及哺乳期妇女、婴幼儿、老人等特殊人群对黄精的用药禁忌,此方面的空白有待进一步填补。

4. 经典名方

(1) 黄精酒

来源:《本草纲目》谷部第二十五卷谷之四。

组成:黄精、苍术各四斤,枸杞根、侧柏叶各五斤,天冬三斤,煮汁一石,同曲十斤,糯米一石,如常酿酒饮。

功效主治:补养脏气,益脾祛湿,润血燥,乌须发,延年益寿。主治体倦乏力,饮食减少,头晕目眩,面肢浮肿,须发枯燥变白,肌肤干燥、易痒,心烦少眠。

方解:方中黄精补气养阴,润肺健脾益肾,为君药。臣药侧柏叶性寒,凉血止血、生发乌发,入肝脾二经,与黄精配伍,能改善肝肾亏虚所导致的白发。臣药地骨皮凉血除蒸、清肺降火,与黄精合用滋阴之余更能清解内热。天冬养阴润燥、清肺生津,苍术燥湿健脾。此五味中药合奏有乌须发、润血燥、延年益寿之功效。

(2) 神效地黄散

来源:明《普济方》卷三十二。

组成:地黄五两,丁香一两,肉苁蓉二两(酒浸),蛇床子二两,大枣三两,

黄精二两半，菟丝子、木香半两，远志二两，茯苓二两，蛤蚧三两（一对），人参一两，川楝子一两（炒），青盐一两（炒），茴香二两三钱。

制法：上为末，炼蜜为丸，如梧桐子大。

用法用量：每服空心温酒送下。服七日见效。

功效主治：主治男子肾脏虚损，阳事不举。

(3) **延龄聚宝丹 / 保命丹 / 延龄聚宝酒**

来源：明《扶寿精方》。

组成：何首乌一两（去皮），赤白芍一两，生地黄（肥嫩者）八两，熟地黄四两（鲜嫩者，俱忌铁），茯苓四两（去皮），莲须四两，桑椹四两（紫黑者），菊花四两（家园黄白二色），槐角四两（十一月十一日采，炒黄），五加皮（真正者）四两，天冬（去心）、麦冬（去心）、苍术（去皮，泔浸一宿，忌铁）二两五钱，石菖蒲（一寸九节者）、苍耳子（炒，捣去刺）、**黄精**（鲜肥者）、肉苁蓉（酒洗，去甲心膜）、枸杞子（去蒂，捣碎）、人参、白术（极白无油者）、当归（鲜嫩者）、天麻（如牛角尖者）、防风（去芦）、牛膝（酒洗）、杜仲（姜汁浸一宿，炒断丝）、甘草（去皮，炙）、蒺藜（炒，舂去刺）。

制法：上锉，生绢袋盛，无灰醇酒九斗，瓷坛中春浸十日，夏浸七日，秋冬浸十四日，取出药袋。控干，晒，碾为末，炼蜜为丸，如梧桐子大。

用法用量：每服五十丸，无灰酒送下，每五更服三小杯药酒，仍卧片时；年久亦然；但觉腹空，并夜坐服三杯，最益。服酒后，切忌生冷葱蒜，韭白，菜菔，鱼，脱落尘事，诚心修服无间。畅快百骸，潜消百病，强身壮体，聪耳明目，固齿坚牙。

功效主治：滋精养血，益气祛风，乌须黑发。用于气阴两虚，虚风内盛，或肝肾阴虚，虚风内动，以及头晕目眩、须发早白、腰膝酸痛、神疲乏力等症状。

(4) **彭真人还寿丹**

来源：明《万病回春》卷五。

组成：大辰砂一两，补骨脂二两，核桃仁四两（捶去油），杜仲二两，牛膝一两，天冬一两，麦冬一两，石菖蒲、巴戟天各一两，生地黄二两，熟地黄一两，川芎一两，茯神一两，大青盐一两，黄柏二两，小茴香一两，知母二两，川椒四两，乳香一两，人参一两，**黄精**十四两，生姜汁二两，何首乌四两。

制法：上为末，炼蜜为丸，如梧桐子大。

用法用量：每服七十丸，空心盐汤或酒送下。

功效主治：补心生血，滋肾壮阳，黑须发，润肌肤，返老还童，延年益寿，种子。

(5) **万病黄精丸**

来源：明《济阳纲卧》卷六十八。

组成：**黄精**十斤（净洗，蒸令烂熟），天冬（去心，蒸烂熟）三斤，白蜜三斤。

制法： 上药于石臼内捣一万杵，再分为四剂，每一剂再捣一万杵为丸，如梧桐子大。

用法用量： 每服三十丸，温酒送下，一日三次，不拘时候服。

功效主治： 延年益气。

（6）枸杞丸

来源： 明《普济方》卷二百十七。

组成： 枸杞子（冬采者佳）、**黄精**各等分。

制法： 上为细末，相和捣成块，捏作饼子，干复捣末，炼蜜为丸，如梧桐子大。

用法用量： 每服五十丸，空心温酒送下。

功效主治： 补精气。主肾虚滑精。

方解： 本方所治证属阴虚精亏之遗精。阴精亏虚，火扰精关，故可滑精。治当滋肾益精。方中枸杞子可滋补肝肾、益精明目，故用为君药。黄精可助君药补肾益精，用为臣药。蜂蜜既可补中益气，又能调和诸药，以增诸药补益之功，故为佐使药。诸药合用，滋肾益精，则精关得固，滑精自止。本方以补益为主，固涩力弱，故临证可加入涩精之药如金樱子、芡实、沙苑子等，则疗效更佳。

（7）金锁补真丹

来源： 明《普济方》卷二百十八。

组成： 川续断、川独活、谷精草、**黄精**草各五分，莲须一两，鸡头粉一两，鹿角霜一两，金樱子五两。

制法： 上为细末。次将金樱子捶碎。用水三升，煮至一升，去渣，银石器内用慢火熬至三合成膏，和匀，将药末为丸，如弹子大。

用法用量： 每服止一丸，空心温酒送下。服数日，自然益气补丹田，精神加倍。若欲药行，早晨另丸药五十丸，如梧桐子大，温酒送下，应验。

功效主治： 升降阴阳，壮理元气，益气，补丹田，振奋精神，大能秘精。主治梦遗白浊。

（8）神仙巨胜子丸/益寿丹

来源： 明《普济方》卷二百二十四。

组成： **黄精**、木通、当归、黄芪、莲子、广木香、枸杞子、肉苁蓉、熟地黄、何首乌、人参、补骨脂、柏子仁、巴戟天、山茱萸、黑芝麻、山药、菟丝子、杜仲、酸枣仁、五味子各二两，天雄一对，石菖蒲、楮实、甘菊花、牛膝、小茴香（炒）各一两，川乌（炮）、白茯苓、覆盆子、远志、天冬各一两。

制备方法： 上为细末，春、夏炼蜜为丸，秋、冬枣肉为丸，如梧桐子大。

用法用量： 每服三十丸，空心温酒送下，每日二次。服至一月，真气完成；至五十日，头白再黑；百日，颜如童子。

功效主治： 除百病，补真气，乌发，驻颜，耐寒，种子，延年益寿。主治耳聋眼暗，诸病。

方解：滋血气，壮元阳，髭发反黑，安魂定魄，改易容颜，通神仙，延寿命，生骨髓，扶虚弱，展筋骨，润肌肤，补益丹田，接养真气，活血荣颜，百病永除，根本坚固，水火既济，常服身体轻健，气力倍加，行走如飞。

(9) **大沉香丸**

来源：明《普济方》卷二百二十五。

组成：沉香、木香、丁香、檀香、胡桃仁、枸杞子、大茴香、小茴香、补骨脂、胡芦巴、全蝎、穿山甲、川楝子、木通、肉苁蓉、远志、韭菜子、巴戟天、山药、山茱萸、知母、茯苓、黄精、天冬、麦冬、人参、熟地黄、乳香、细墨、生地黄、黑芝麻、菟丝子、五味子各半两，莲须、陈皮各二钱，淫羊藿、青皮、牛膝各三钱。

制法：上为细末，好酒调面糊为丸，如梧桐子大。

用法用量：每服三十丸至五十丸，空心酒送下，干物压之。

功效主治：辟山岚瘴气，通饮食，厚肠胃，令人肥白，填精补髓。去浑身走注，活经脉，健身体，顺气宁心。主治诸虚。

禁忌：忌诸血、豆粉等冷物。

方解：破结气，消积滞。一切冷气攻心腹刺痛，胸膈噎塞，呕吐痰水，噫气吞酸，口苦舌涩，不思饮食；膀胱、肾间冷气攻冲，腰背拘急，脐腹绞痛，手足逆冷，小便滑数；又治卒暴心痛，霍乱吐利，疝瘕气痛，妇人血气刺痛。

(10) **正元丹**

来源：明《普济方》卷二百二十六。

组成：黄精（拣净，锉）一斤，苍术（去皮）一斤，大枣一斤。

制法：上药煮烂为度，漉出晒干，拣去大枣，将二味入大青盐一两、小茴香二两，同炒香熟为末，却将枣肉为丸，如梧桐子大。

用法用量：每服三十丸，空心温酒、盐汤任下。

功效主治：开三焦，破积聚，消五谷，益子精，祛冷除风，令阳气入脑，补益极多。

(11) **还少乳乌丸**

来源：明《摄生众妙方》卷二。

组成：何首乌二两，枸杞子、牛膝、茯苓、**黄精**、桑椹、天冬（去心）、麦冬（去心）、熟地黄（酒浸）各一两，生地黄（酒浸，晒干）四两。

制法：上各味俱不犯铁器，共为细末，炼蜜为丸，如梧桐子大。

用法用量：每服一百丸，温水或盐汤送下，一日三次。

功效主治：补益肝肾，益精养血，增液润燥。主治中老年人肝肾精血亏虚，津液不足，以致动脉硬化，须发早白，精神衰减，形体消瘦，肌肤枯燥，五心烦热，口干不欲多饮，腰膝酸软麻木，大便干结，舌红嫩，苔少或光，脉细数。

禁忌：阳虚内寒和脾胃虚弱者忌服。

方解：方中何首乌、枸杞子、黄精、桑椹、熟地黄补肝益肾，益精养血，滋阴润燥；熟地黄、天冬、麦冬清热生津，止渴润燥；牛膝补肝肾，强筋骨，通血脉；茯苓养心安神，健脾利湿。诸药配伍，共奏补肝益肾、益精养血、生津润燥之功效。

（12）乌须固本丸

来源：明《摄生众妙方》卷二。

组成：何首乌半斤，**黄精**四两，生地黄（酒浸）、熟地黄、天冬、麦冬、赤茯苓、白术、人参、五加皮、黑芝麻、松子仁、柏子仁、核桃仁、枸杞子各二两。

制法：上为细末，炼蜜为丸，如梧桐子大。

用法用量：每服七八十丸，加至一百丸，空腹时用温酒或盐汤送下。

功效主治：肝肾阴血不足，须发早白。

禁忌：服药期间，忌葱、蒜、萝卜、豆腐、烧酒等物，戒房事。

方解：方中何首乌为制何首乌，其味苦、甘、涩，微温，能补肝肾、黑髭鬓、益精血、悦颜色。生地黄养阴生津、凉血生血。熟地黄填精生髓、滋阴补血、乌须黑发，配以天冬、黄精、麦冬，可增强养阴润燥、乌须黑发之功。再佐以茯苓、枸杞子等补肾健脾，柏子仁、核桃仁、松子仁润燥润肤。诸药配伍，共收生精填髓、生发乌发、养血补虚之功。本方以目眩发落，头晕耳鸣或须发早白，腰酸膝软，浑身乏力，甚则阳事不举，脉细无力为辨证要点。肾精亏损，髓海空虚，血气不足是本方的辨证要点。现代常用于治疗须发早白、脱发，甚则早泄、阳痿等病症。

（13）长春不老仙丹

来源：明《寿世保元》卷四。

组成：仙茅、**黄精**、白何首乌、赤何首乌各四两，山茱萸、萆薢、补骨脂、生地黄、熟地黄、黑芝麻、山药、枸杞子、天冬、麦冬、茯苓、五味子、小茴香、覆盆子、人参、鹿茸（嫩）、牛膝、柏子仁、大青盐、杜仲、当归（身）、菟丝子、肉苁蓉、远志各二两，巴戟天、花椒各一两，锁阳三两。

制法：上药精制，秤和一处，石臼内捣成饼，晒干，为细末，炼蜜为丸，如梧桐子大。

用法用量：每服三钱，空心酒送下。阴虚火动，素有热者，加黄柏（酒炒）、知母（酒炒）各二两，紫河车一具；如虚甚，用八仙斑龙胶化为丸。

功效主治：滋肾水，养心血，添精髓，壮筋骨，扶元阳，润肌肤，聪耳明目，宁心益智，乌须黑发，固齿牢牙，返老还童，延年益寿，壮阳种子，祛病轻身，长生不老。主治诸虚百损，五劳七伤。

禁忌：制药忌铁器，服药忌三白。

方解：方中赤白何首乌、枸杞子、茯苓、牛膝、当归身、菟丝子、补骨脂八味药物即古方"七宝美髯丹",《本草纲目》认为七宝美髯丹能乌须发、壮筋骨、固精气、续嗣延年。其基本功能则是滋肾强精。方中人参、生地黄、熟地黄、麦冬、天冬五味药物即"人参固本丸",功能为滋养精血、乌须黑发、延年益寿。以上二方功能均为滋精养血,也都是著名的延年益寿方药。长春不老仙丹在七宝美髯丹、人参固本丸二方基础上加味而成,方中增加山茱萸、黄精、五味子、覆盆子、山药、黑芝麻等药以加强其滋肾强精之力。方中更用鹿茸、补骨脂、肉苁蓉、巴戟天、小茴香、锁阳、杜仲、花椒、菟丝子等温肾壮阳之品,从而使本方成为阴阳双补之剂,不仅能滋肾强精,也能温肾助阳。方中用大青盐以引诸药归肾,而加强诸药的补肾功能。方中更用萆薢以祛风胜湿,强壮筋骨;用柏子仁、远志养心安神。

(14) 青娥丸

来源:明《寿世保元》卷五。

组成:仙茅、茯神(去皮)、补骨脂(酒浸一日)、生地黄、枸杞子、**黄精**(酒蒸)、杜仲、天冬(去心)、菟丝子、当归(酒洗)、熟地黄(酒洗)、巴戟天、大青盐、牛膝、萆薢各四两,肉苁蓉、锁阳各三两,小茴香(盐酒炒)、人参各二两,鹿茸(炙)一两,核桃肉一百五十个。

制法:上为细末。好酒打糊为丸。如梧子大。

用法用量:每服百丸,空心,好酒盐汤送下,忌三白。

功效主治:用于诸虚百病,素患腰痛者。

方解:补肾良方;补肾强腰。

(15) 木香补肾丸

来源:明《外科正宗》卷三。

组成:生地黄四两(酒煮捣膏),菟丝子、肉苁蓉、**黄精**、黑枣肉、牛膝、蛇床子(微炒)、茯苓、远志各一两二钱,当归身二两四钱,丁香三钱,大茴香、木香六钱,枸杞子一两五钱,巴戟天、杜仲各一两,大青盐、人参各五钱。

制法:上为细末,炼蜜为丸,如梧桐子大。

用法用量:每服六七十丸,空心温酒送下。偏坠者,灸后宜服此,俱可内消。

功效主治:偏坠,一名木肾,不疼不痒,渐渐而大,最为顽疾,有妨行动,多致不便;诸疝,不常举发者;及精寒血冷,久无嗣息。此药功效不独治疝,中年后服之益寿延年,黑发壮筋,填髓明目,聪耳补肾,助元阳,调饮食。其功不可尽述。妇人服之,颜如童女,肌肤莹洁如玉。

(16) 先天大造丸

来源:明《外科正宗》卷三。

组成:紫河车(酒煮烂,捣膏)一具,人参、白术、当归身、茯苓、菟丝子、枸杞子、**黄精**、肉苁蓉(酒洗,捣膏)、何首乌(去皮,用黑豆同蒸,捣膏)、牛膝、淫羊藿(浸去赤汁,蒸熟、去皮,捣膏)、黑枣肉各二两,炒补骨脂、骨碎补(去毛，微炒）、巴戟天、远志（去心，炒）各一两，木香、大青盐各五钱，丁香三钱，熟地黄（酒煮，捣膏）四两。

制法： 上药为细末，炼蜜为丸，梧桐子大。

用法用量： 每服七十丸，空腹温酒送下。

功效主治： 阴虚，外寒侵入，初起筋骨疼痛，日久遂成肿痛，溃后脓水清稀，久而不愈，渐成漏证；并治一切气血虚羸，劳伤内损，男妇久不生育。

方解： 是一种药品，气血不足，风寒湿毒袭于经络，初起皮色不变，漫肿无头。

（17）沉香丸

来源： 明《医方类聚》卷一五三。

组成： 沉香三钱，木香三钱，白檀三钱，胡桃三钱（去皮，生用），丁香三钱，枸杞子三钱，八角茴香三钱，全蝎五钱（去毒，炒），小茴香五钱（盐炒），川楝子五钱（去核，炒），葫芦巴五钱，补骨脂五钱（去壳，酒浸，以上葫芦巴、补骨脂二味，用羊肠一尺五寸长，盛药在内，以好酒煮令熟，瓦器窨干），穿山甲三钱（酥炙黄色），菟丝子五钱（酒浸），黑芝麻五钱，远志五钱（去心），韭菜子五钱（酒浸），莲须三钱，巴戟天五钱（去心，酒浸），山药五钱，山茱萸五钱（去核），知母五钱，淫羊藿二钱（酥炙），青皮三钱，陈皮三钱，白茯苓五钱，牛膝三钱（酒浸），**黄精**五钱，天冬五钱（汤润，去皮），麦冬五钱（汤润，去核心），人参三钱，熟地黄二钱，乳香二钱，生地黄二钱，细墨五钱（烧灰，净），五味子五钱，肉苁蓉五钱（酒浸）。

制法： 上为细末，酒糊为丸，如梧桐子大。

用法用量： 每服三十丸，空心，临卧各一次，温酒、盐汤顺下。

功效主治： 令人通灵，多强记，养五脏，壮筋骨，行轻健，止麻痛，辟寒暑，延年保命，黑发驻颜，不老，明目牢齿。主男子喘急虚弱，腰脚疼痛，不思饮食，精神困倦，面色无光，阳事衰弱，一切风气。

（18）还真二七丹

来源： 明《医统》卷八十四。

组成： 何首乌（忌铁器）、桑椹、生地黄、旱莲草（以上四味俱用鲜者，以石臼内捣）各取汁半斤，鹿角胶、生姜汁、白蜜各半斤，**黄精**（九蒸九晒）、人参、白茯苓、小茴香、枸杞子、鹿角霜各四两，秦椒一两（共为末）。

制法： 上除蜜另炼外，以诸汁熬，将成膏方入蜜搅匀，然后下人参等六味末药，又和匀，以新瓷瓶收贮。

用法用量： 随时以温热酒调下二三匙，夏月以白汤调。

功效主治： 壮颜容，健筋骨，添精补髓，乌须黑发。

（19）遇仙补寿丹

来源： 明《医学入门》卷七。

组成：蝙蝠十个（捣烂，晒干），桑葚四升（取汁，淬晒干），杜仲六两，童子发六两，天冬三两，**黄精**（蜜蒸晒九次）四两，何首乌四两，熟地黄四两，花椒四两，枸杞子二两，当归二两（为末），旱莲草（为末）四两，秋石（为末）四两，延胡索（为末）四两。

　　制法：用桑葚汁拌三味，晒蒸三次，酒煮三味，打糊为丸，如梧桐子大。

　　用法用量：每服不拘多少，随便饮下。

　　功效主治：补经络，起阴发阳，开三焦，闭横气，消五谷，益血脉，安五脏，除心热，和筋骨，去盗汗，驻颜乌须，轻身健体，夜视有光。滋肾填精，益血驻颜。主治年老体弱，诸般不足。

　　（20）滋阴种子丸

　　来源：明《医学正印·男科》。

　　组成：知母二两（去毛皮为末，一两乳汁浸透，一两黄酒盐浸透，晒干），天冬（去心）、麦冬（去心）、黄柏（去粗皮为末，一两乳汁浸透，一两黄酒盐浸透，晒干，炒赤色）、熟地黄（黄酒捣如泥，即和众药）、桑葚、菟丝子（酒煮，晒干）、生地黄（黄酒洗过，与熟地黄总捣一处）、何首乌（黑白二色均用，同黑豆煮二次，去皮晒干）二两，牛膝（去芦）、**黄精**（对节生者真，酒蒸熟，与熟地黄捣一处）各二两，山药一两，五味子五钱，白茯苓（去皮，去红丝）一两，枸杞子一两五钱，柏子仁（水浸一日，连壳水磨成浆，绢袋滤汁去）。

　　制法：上为细末，炼蜜为丸，如梧桐子大。

　　用法用量：每服七八十丸，早晨淡盐汤送下，服至百日。

　　功效主治：滋阴降火，强壮筋骨。主精血不足，虚火亢盛，筋骨痿弱，腿足消瘦，步履乏力，精元不固，尺脉虚浮洪数久不生育。

　　（21）王君河车方

　　来源：明《遵生八笺》卷三。

　　组成：紫河车一具，生地八两，牛膝四两，五味子三两，覆盆子四两，巴戟二两（欲多世事，加一两；女人不用），诃子三两，旋花二两，酸浆二两，泽泻三两，菊花三两，石菖蒲三两，干漆三两（炒黄），柏子仁三两，白茯苓三两，**黄精**二两，肉苁蓉二两（女人不用），石斛二两，远志二两，杏仁四两（炒黄，去皮尖），黑芝麻四两（一方有云母石三两）。

　　制法：上为末，炼蜜为丸，如梧桐子大。

　　用法用量：酒或盐汤送下。服三料，颜如处子。

　　功效主治：驻颜、益寿。

　　（22）天地父母七精散

　　来源：明《遵生八笺》卷六。

组成： 竹实（九蒸九晒）、蔓菁子（九蒸九晒）、松脂（炼令熟）各三两，地肤子、**黄精**、桃胶各四两，黑芝麻五两（九晒）。

制法： 上为末，炼蜜为丸。

用法用量： 每服二三十丸。

功效主治： 冬月摄养。

方解： 竹实主水气日精；地肤子太阴之精，主肝明日；黄精戊己之精，主脾脏；桃胶五木之精，主鬼忤；芜菁子主明目；松脂主风狂脾湿；黑芝麻为五谷之精。

（23）神仙紫霞杯

来源： 明《遵生八笺》卷十七。

组成： 硫黄八两，雄黄五钱，乳香三钱，没药三钱，朱砂五钱，血竭二钱，沉香二钱，麝香三钱，檀香三钱，降香一两，牙香二两，茅香一两，人参、附子、川乌、川芎、当归、肉桂、补骨脂、肉苁蓉、**黄精**、白芷、枸杞子、芍药。

制法： 上（口父）咀，先用油一斤浸诸药二三日，次将药熬煎至焦黑色，滤去滓；再复油锅化溶硫黄，倾出上面清油，却将锅底硫黄倾入水盆内，洗去泥土砂石，仍将原油化硫黄，周而复始三次，又顾出上面油，存黄，另倾出称每一两硫黄，用铜勺化开，入前麝香末三分，搅匀；先以小酒杯一个，用纸封口紧，中开一孔，将化开硫黄药倾入酒杯内一荡，做酒杯一只，如此倾做数个（做法如浇响糖相似），令定。

用法用量： 酌酒用。

功效主治： 令百病消身体健，返老还童。

（24）保元丹

来源： 清《本草纲目拾遗》卷八。

组成： **黄精**一斤，枸杞子四两，酒酿五斤，好黄酒五斤。

制法： 入罐煮一炷香，每饮一茶杯，药渣加核桃仁八两，大黑枣八两，青州柿饼一斤，捣为丸服。

用法用量： 口服。

功效主治： 保养元气。

方解： 方以麻黄、羌活、防风、薄荷、疏风散热、解表退热；牛黄、胆南星、天竺黄、清心化痰止抽；全蝎、僵蚕、蜈蚣、天麻、钩藤、平肝熄风镇痉；青礞石震惊坠痰；猪牙皂通闭开窍、祛风化痰；陈皮、茯苓、甘草理气去湿、化痰；朱砂、珍珠粉、琥珀、镇心安神；麝香、冰片、开窍醒脑、散热通闭。本丸既能治风寒感冒、发热咳嗽，又能治急惊风抽搐。

（25）神仙七星散

来源： 清《良朋汇集》卷二。

组成： 地肤子、嫩松枝、黑芝麻、**黄精**、嫩柏叶、蔓荆子、桃胶各等分。

制法： 上药九蒸九晒，为末。

用法用量： 每服二钱，空心白滚水送下。

功效主治： 补益。

（26）补肾丸

来源： 清《梅氏验方新编》卷一。

组成： 人参、蒺藜、白术、杏仁、苍术、蛤蚧、玉屑、白石脂、车前子、金樱子、旋覆花、五味子、**黄精**各等分。

制法： 上为末。

用法用量： 每服二钱，米汤送下。

功效主治： 目患花翳白陷。

方解： 方中蛤蚧，为血肉有情之品，补肺益肾，纳气定喘，助阳益精，为君药。紫河车血肉有情之品，大补气血，峻补肾阴，为使。诸药合用，共奏补肾填精之功。张景岳云"善补阳者，必于阴中求阳，则阳得阴助而生化无穷"，反对专事补阳。对于阳虚阴痿者，亦复如此。

（27）杜煎鹿角胶

来源： 清《饲鹤亭集方》。

组成： 鹿角五十两，**黄精**八两，熟地黄八两，枸杞子四两，金樱子四两，天冬四两，麦冬二两，牛膝二两，楮实二两，菟丝子二两，桂圆肉二两。

用法用量： 煎胶。

功效主治： 主治四肢酸痛，头晕眼花，崩带遗精，一切元阳虚损劳伤。

方解： 温补肝肾，益精养血。

（28）山精寿子丸

来源： 清《胎产心法》卷上。

组成： 山药二两五钱，**黄精**五两二钱，黑枣七两五钱，怀牛膝一两五钱；何首乌二两五钱，或三两亦可；熟地黄四两，阴虚之人可用六两；覆盆子三两五钱，沙苑子二两五钱，杜仲、续断、巴戟天、肉苁蓉、远志、茯苓、山萸肉、五味子各二两，菟丝子四两，枸杞子五两。

制法： 上药除精、枣二膏，余共为细末，徐徐上于精、枣膏内，杵和极匀，炼蜜为丸，如小豆大。

用法用量： 每服三四钱，空心百沸淡盐汤送下，久服愈好。

功效主治： 真阳不足，壮年之男，种玉无成，幼岁之妇，从不受孕，或受胎而中怀堕落，或得正产而又生女非男，或生而不育，或育而夭，即苟延性命，难免多疾病者。此丸能延己寿，而生子又寿，无论有病者宜服，即无病服之犹妙。

禁忌： 如孕妇忌用牛膝，竟以石斛三两代之。

（29）大金丹

来源：清《外科传薪集》。

组成：朱砂三钱，雄精一钱，硼砂一钱，川连三钱，西黄一分，甘草一钱，白矾三分，黄精三钱，秋石一钱，附子一钱半。

制法：上为细末。

用法用量：吹患处。

功效主治：虚火上升，咽喉疼痛。化痰顺气，定喘止嗽。主卒然中风，痰壅气闭，神昏不语，胸膈不利，头眩耳鸣，哮喘咳嗽。

（30）九转黄精丹（黄精丸）

来源：清《清内廷法制丸散膏丹各药配本》。

组成：黄精、当归各等分。

制法：用黄酒三百二十两入罐内，浸透加热，蒸黑为度；晒干共研为细粉，炼蜜为丸。

用法用量：每服一丸，日服二次，温开水送下。

功效主治：补肾填精、活血化瘀、健脾益气。主治体虚面黄消瘦，头晕目眩，饮食减少，或消谷善饥，神疲乏力等。

方解：方中黄精有补气养阴、健脾、润肺、益肾之功，归脾、肺、肾经；当归可补血活血、调经止痛、润肠通便，为补血活血行瘀之要药，归肝、心、脾经，两药合用，精血互生，气血双补，精血亏虚之证用之可愈。本方两药合用共奏健脾益气养血、疏肝行气活血、补肾纳气之功效。

5. 小结

黄精的应用历史已逾2000年，千百年来在中国传统医学和民间文化中都占有重要的地位。历代医家对黄精的药用价值都有高度的评价（表3-1），并将其广泛用于治疗各种疾病。

表3-1　黄精各历史时期的文献名

文献名（别名）	时间	出处
黄精、菟竹、鹿竹、重楼、救穷	汉末	《名医别录》
龙衔	三国	《广雅》
白及、兔竹、垂珠鸡格、米铺	东晋	《抱朴子》
太阳草	西晋	《博物志》
戊己芝	南朝刘宋	《五符经》
菟蒌、苟格、马箭、仙人余粮	宋	《本草图经》
气精	宋	《宝庆本草折衷》
黄芝	宋	《灵芝瑞草经》

续表

文献名（别名）	时间	出处
笔管菜	明	《救荒本草》
生姜	明	《滇南本草》
野生姜、米铺	明	《本草蒙筌》
野仙姜	清	《广西通志》
山生姜	清	《本草备要》
玉竹黄精、白及黄精	清	《本草从新》
上灵芝、老虎姜	清	《草木便方》
山捣白	民国	《岭南采药录》
黄孙、黄衣、黄独、飞英、日及、卑菜、玉芝草、救荒草、竹大根、沙田随	民国	《和汉药考》
鸡头参	现代	《山西中药志》
懒姜	现代	《贵州民间草药》
鸡头七、乌鸦七、黄鸡菜、竹姜、节节高、仙人饭	现代	《中药志》

  黄精在中国文化中有着丰富的传说，很多古籍中都记载了关于黄精可以长生延寿的传说，认为黄精是一种能够延年益寿的神奇草药。这些传说不仅丰富了黄精的文化内涵，增加了人们对黄精的认识和兴趣，也反映了人们对黄精的深厚情感，这些传说在一定程度上推动了黄精在民间的传播和应用。社会生产技术的变革，推动了黄精九蒸九晒炮制工艺的发展，并一直沿用至今，这种炮制方法能够最大限度地发挥黄精的药效，减少其不良反应，使得人们对黄精有了更加深入的认识，使其在饮食、养生、保健领域也得到了广泛的应用。随着时代的发展，人们逐渐挖掘出黄精更多的功效作用，这些作用在历史发展的长河中被反复证实，包括用于治疗脾胃气虚，体倦乏力，胃阴不足，口干食少，肺虚燥咳，劳嗽咳血，精血不足，腰膝酸软，须发早白，内热消渴等证候。

  黄精作为一种传统的中药材和文化遗产，有着丰富的药用价值和深厚的文化内涵。现如今，人们对健康和养生的关注度不断提高，黄精的药用价值和市场需求也在不断增加。同时，深入研究黄精传统药用价值也将有助于更好地传承和发展这一传统中药材。

第二节　黄精的现代药理药效作用

  上一节内容详细描述了黄精的传统功效，罗列分析了中医古籍中黄精的相关临床复方的应用，总结讨论了黄精在古代不同时期的发展规律。在本节内容中，我们将以现代科学水平发展为背景,站在现代药理药效作用的角度对黄精进行详细介绍,总结概括黄精在现代研究中发挥的作用和意义。

一、抗氧化、抗衰老作用

氧化和衰老主要与自由基的产生和积累有关。如果机体在新陈代谢过程中产生大量的自由基,会导致细胞结构和功能的损伤,从而引发炎症反应,并可能导致 DNA 损伤,进而引起细胞功能下降,加速氧化、衰老过程。自由基是活性氧(ROS)的重要组成部分。ROS 中有多种含氧自由基和易形成自由基的过氧化物,包括超氧阴离子、过氧化氢(H_2O_2)、单线态氧、羟自由基(·OH)、烷基过氧化自由基、脂质过氧化自由基等化学性质活跃的含氧原子或原子团,它能够保护细胞免受病原体的侵害,但较高浓度的 ROS 会诱发许多疾病,加速衰老过程等。

然而,在日常生活中,环境污染、辐射损伤、吸烟、油烟、压力、熬夜、不健康的饮食习惯等因素,会导致过量的自由基生成,从而对机体细胞结构造成严重损害。此外,自由基自身缺电子会导致其分子结构不稳定,为维持自身稳定性,夺取其他物质的电子,致使其他物质的分子结构稳定性发生改变,无法参与正常生理活动,对机体造成不可逆的损伤,这个过程称之为"氧化"。

随着 ROS 水平的急剧增加,自由基的含量不断提高,可诱发机体的氧化反应,导致人体的代谢平衡被破坏,促炎细胞因子的释放加剧,从而导致疾病的发生。因此,抗氧化的作用尤为关键,它能够减少自由基的损害、平衡炎症因子的释放水平,维持人体正常氧化代谢,预防衰老等。

人体的抗氧化防御体系有酶促反应与非酶促反应系统。酶促反应系统是由超氧化物歧化酶(superoxide dismutase, SOD)、谷胱甘肽过氧化物酶(glutathione peroxidase, GSH-Px)等一些酶类组成,是人体抗氧化的第一道防线,其作用机制如图 3-4 所示。SOD 作为氧自由基的清除剂,能够有效地清除超氧阴离子自由基,修复受损细胞;同时,SOD 的活性可以反映细胞内氧化应激的程度,其水平降低时,细胞容易受到氧化损伤。GSH-Px 可以使有毒的过氧化物还原成无毒的羟基化合物,可以保护细胞免受过氧化氢等活性氧物质的攻击。因此,通过促进 SOD、GSH-Px 等抗氧化酶的合成能够有效降低活性氧的活性,从而削弱自由基对人体的攻击力。非酶促体系主要由维生素、氨基酸和金属蛋白质组成,这些抗氧化物质必须通过每天的饮食才能获得足够量,它们在体内筑成了抗氧化的第二道防线。

自由基的过量,不仅会引起外表的衰老,更会导致整个身体的功能每况愈下。所以,可以通过促进抗氧化酶合成、补充抗氧化剂等方法,降低活性氧对我们的危害,使人体各功能恢复正常状态。药食同源的中药大多具有抗氧化活性,因此,从食用安全性和保健功效两方面考虑,药食同源的中药是开发抗氧化食品资源和寻找抗衰老药物较好的来源。

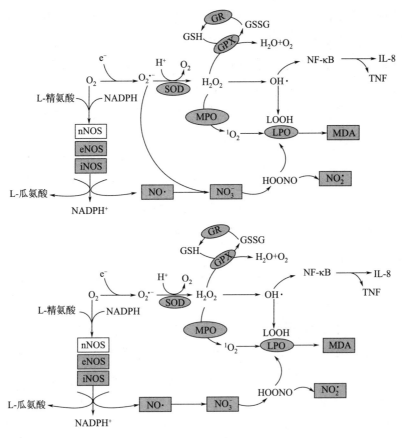

图3-4　氧化应激途径

1. 黄精复方抗氧化、抗衰老作用

古代中医典籍所记载的经典名方中不乏应用广泛、疗效确切且具有补益、养颜的药材和方剂。《证类本草》认为常服黄精能助气固精、保镇丹田、活血驻颜、长生不老，可见当时的古人不仅注重养身，更深知黄精是养颜补益佳品。此外，以黄精作为君药的黄精地龙方（组成：黄精、地龙）具有补肾养阴、祛风通络的功效。大量的临床治疗和实验研究发现，采用黄精地龙方对实验动物进行干预后，该复方能够提高大小鼠脑组织中 SOD、GSH-Px 活性，减少丙二醛（MDA，是衡量人体自由基及损伤程度的敏感指标）含量，进一步改善大小鼠的学习记忆能力，表明黄精地龙方能够通过清除自由基和超氧阴离子，达到抗氧化损伤的作用[1]。

同样，中医经典补益方剂黄精地黄丸（组成：生地黄、黄精）能够显著降低小鼠肝脏脂质过氧化物（lipid hydroperoxide，LPO）的水平，减少 MDA 含量，发挥抗氧化作用[2]。肝脏中 LPO 含量升高时，可影响 ROS 水平，进而产生过量的自由基，如此不仅会破坏细胞所必需的脂肪酸和由其组成的磷脂及脂蛋白，进而损坏由其组成的亚细胞膜等结构，并进一步扩散影响其周围物质，包括核酸和其他蛋白质。由于自由基具有不稳定的性质，直接测定相当困难，一般以测定 LPO 生成的 MDA 间接反映自由基水平。黄精地黄丸能够通过降低小鼠脂 LPO 的生成，使得 MDA 含量下降，从而减少自由基数量，平衡人体的氧化反应，保护各组织正常运转。

内皮祖细胞（endothelial progenitor cell，EPC）是可使内皮细胞定向分化的干细胞，是血管内皮的自我更新和损伤修复中的重要角色。研究表明 EPC 数量会随人体的衰老而减少，且增殖、分化等功能减退；同时，人体老化导致抗氧化系统功能水平降低，对体内自由基清除能力不足，过量自由基攻击其他细胞，可加速细胞的衰老和死亡。在数量及功能方面，老化 EPC 远不及正常 EPC，因此，在血管内皮的更新和修复过程中也难以发挥有效作用。上述 EPC 的调节机制，在分子水平上证实了黄精抗衰老的传统功效。通过观察黄精对自然衰老大鼠骨髓 EPC 功能、端粒酶活性及血清抗氧化指标的影响，发现黄精能够明显促进衰老大鼠受损骨髓 EPC 的各项功能表达，延缓细胞的老化进程，这可能与提高人体的抗氧化能力、增强自由基清除、减少自由基产生和促进端粒酶活性有关 [3]。

免疫细胞的衰老与寿命也有密切关系，当免疫细胞发挥保护自身组织功能和结构稳定时，能够达到抗衰老的目的。研究发现，人参淫羊藿黄精复方制剂（组成：淫羊藿、黄精、人参、山药）能够提高动物的脾脏 T 细胞总数和外源胸腺依赖抗原的体液免疫水平，提示该制剂有增强细胞免疫功能的作用，进而表明人参淫羊藿黄精复方制剂具有一定的抗衰老作用 [4]。

二精丸由黄精和枸杞组成，黄精养阴益肾，枸杞子补益肝肾，两者相加可以起到补肾益精之效。研究发现，二精丸能够明显提高衰老小鼠皮肤中羟脯氨酸含量、成纤维细胞数和 SOD 活性，由此可见，二精丸能够延缓皮肤衰老 [5]。同时，二精丸能够明显提高衰老小鼠脑、肝、肾组织中的 SOD 活性、胸腺免疫器官指数，降低肝组织 LPO 含量、血液黏稠度，减少 MDA、蛋白质羰基含量等，从而达到抗衰老的作用 [6]。

2. 黄精单方抗氧化、抗衰老作用

黄精除了经典复方用法外，也可做单方。采用不同浓度的泰山黄精和黄精（产地湖南）煎剂对小鼠进行干预，比较分析两者对小鼠的衰老过程的影响，结果显示，中、高剂量组中小鼠脑组织的 SOD、GSH-Px、总抗氧化能力表达水平升高，MDA、NO 含量下降，促进了血清抗氧化水平和细胞端粒酶活性，提高了小鼠抗氧化的能力，表明黄精在抗衰老方面有一定的功效 [7]。

3. 黄精成分抗氧化、抗衰老作用

黄精含有的活性成分种类丰富，其活性成分也发挥着抗氧化作用。其中多糖、皂苷等成分能够通过抑制 ROS 水平调节信号转导途径，修复分子损伤，降低细胞炎症反应等，从而可逆转细胞氧化、衰老的过程（图 3-5）。

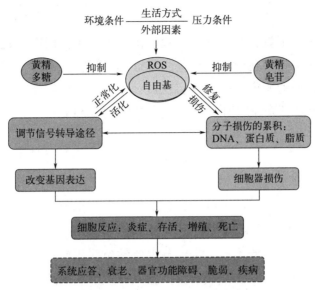

图3-5 黄精成分抗氧化、抗衰老作用途径关系图

2,2-二苯基-1-苦肼基（2,2-diphenyl-1-picrylhydrazyl，DPPH）、自由基、NO、诱导型一氧化氮合酶（inducible nitric oxide synthase，iNOS）等均是抗氧化活性的检测指标。DPPH 常用于抗氧化剂的检测，是一种稳定的自由基，可以通过氢原子转移的路径被清除，相应地，低浓度生理性 NO 是由内皮型一氧化氮合酶（endothelial nitric oxide synthase，eNOS）产生的，其参与人体多种调节机制。

因此，用分光光度计测 DPPH 的最大吸收，可以检测其被清除的程度，这个过程被称为"抗氧化"。研究表明，黄精多糖能够有效清除 DPPH、HO·及超氧阴离子自由基，具有显著的抗氧化作用。

低浓度的生理性 NO 是由内皮型一氧化氮合酶（endothelial nitric oxide synthase，eNOS）产生的，是人体多种调节机制所必需的。当人体缺乏低浓度生理性的 NO 时，身体机能便会出现异常。然而，iNOS 作为细胞内重要的功能酶，大量的 iNOS 会消耗过量的精氨酸原料，从而产生高浓度的 NO；高浓度的 NO 会造成代谢性缺氧，长期积累会破坏线粒体氧化磷酸化功能，线粒体释放出高达十几倍的 ROS。ROS 直接通过细胞质、核孔进入细胞核内，造成 DNA 损伤，即细胞 DNA 突变（也是癌前病变）。基于以上调节作用机制，发现黄精多糖能够通过减少 NO 而抑制 iNOS 的表达，提示黄精多糖具有延缓衰老的作用。

LPO 也是抗氧化活性的检测指标之一，黄精粗多糖可以显著降低肝损伤小鼠 LPO 含量、增加 GSH-Px 的含量，且在一定剂量范围内呈剂量依赖关系，将活性氧物质转化为无害物质，保护细胞免受氧化损伤，以上结果证实黄精粗多糖的抗氧化活性[8]。

4. 小结

诸多研究表明黄精具有良好的抗氧化、抗衰老作用，证实其延年益寿、补益养颜的传统功效，使黄精的功效作用更具科学性和严谨性。然而，目前黄精的在抗氧化和抗衰老作用方面的研究，基本停留在黄精大分子多糖物质，小分子类成分报道较少，本书呼吁更多感兴趣的研究团队填补此方向的空白。

二、抗炎作用

炎症是机体对各种损伤因子刺激所造成的器官、组织和细胞的损伤，进行局限性地消灭损伤因子，清除并吸收坏死组织和细胞，从而达到修复损伤的防御性反应。根据反应速度和持续时间的不同，炎症分为急性炎症和慢性炎症两种类型；当白细胞（尤其是中性粒细胞）和血浆从血液中进入受损组织的速度加快时，则会引起急性炎症，并出现一系列反应经过，该反应以发红、血流量增加、水肿为典型特征；慢性炎症则是一种持续数月或数年的炎症反应，会限制和清除急性炎症无法清除的病原体。

中医学认为，炎症是邪气入侵，激发人体的正气抵抗、自我修复的现象。在治疗方面，中医在辨证的基础上根据"热者寒之""虚则补之"等治疗原则，用补益、清热、活血、温通等多种方法进行综合治疗，达到对人体整体的调节作用。

1. 黄精复方抗炎作用

在传统中医学理论中，慢性萎缩性胃炎是因脾胃虚弱，气血不足，胃部络脉不畅，瘀血累积，使脾胃功能长期处于失调状态，从而形成萎缩性病变。现代医学认为，慢性萎缩性胃炎是以胃黏膜上皮和腺体萎缩、数目减少、胃黏膜变薄、黏膜基层增厚，或伴萎缩性胃炎伴肠上皮化生、异型增生为特征的慢性消化系统疾病。大量临床研究结果表明，玉竹黄精饮（组成：黄精、玉竹）能显著改善慢性萎缩性胃炎患者的临床症状，胃镜复查黏膜炎症好转，慢性萎缩性胃炎患者的慢性炎症、肠上皮化生、异型增生等病理特征得到改善，有效保护胃黏膜屏障，是慢性萎缩性胃炎防治的有效方式[9]。

黄精、玉竹是玉竹黄精饮的主要组成，根据中药医理论分析，这两种功效类似药物以相须配伍关系，在传统临床应用中，具有滋阴养胃、助脾胃运化的功效，两者相须配伍使用优于单行。根据中医辨证理论，对于辨证属于胃阴亏虚的慢性萎缩性胃炎，玉竹黄精饮滋养胃阴之功正中病机，因此，从中西医角度都可以证实玉竹黄精饮具有改善胃阴亏虚型慢性萎缩性胃炎的作用。

2. 黄精单方抗炎作用

现代药理学研究表明，从黄精中提取的水提物对佛波酯（TPA）诱导的小鼠耳肿胀模型进行处理后，发现黄精水提物能够显著抑制 TPA 刺激下的小鼠耳部的 iNOS、COX-2、TNF-α、IL-6 等促炎性介质的蛋白质和 mRNA 表达水平，减轻小鼠耳部水肿程度，降低髓过氧化物酶（myeloperoxidase，MPO）活性，黄精水提物呈剂量依赖性，能够有效改善炎症反应，缓解炎症引起的疼痛和不适，提示黄精水提物对 TPA 诱导的小鼠耳部水肿具有潜在的抗炎作用[10]。

3.黄精成分抗炎作用

（1）黄精多糖成分抗炎作用

以黄精多糖为主要成分的眼药水能够显著消除角膜炎模型家兔结膜充血、水肿、分泌物增多、角膜混浊、睫状体充血等眼部症状，并且有效减少小鼠耳郭肿胀、大鼠足趾肿胀，降低大鼠肉芽肿的质量，减少肉芽肿内渗出，抑制免疫性关节炎的原发病变及继发病变，说明黄精多糖眼药水具有一定的抗炎作用[11]。

IL-6、TNF-α 等促炎因子参与炎症反应，在免疫平衡中尤为重要，常作为抗炎活性的筛选指标之一。据文献研究，多花黄精和滇黄精中的酸性多糖能够显著降低细胞中 IL-6 mRNA 的表达水平，且以滇黄精酸性多糖效果更佳，提示多花黄精酸性多糖和滇黄精酸性多糖具有较好的抗炎活性[12]。

此外，黄精多糖能够抑制小鼠脾淋巴细胞体外分泌 TNF-α 等促炎性因子及炎症通路相关蛋白核因子 κB（NF-κB）的表达，具有一定抑制炎症的作用。

对于高糖刺激的人视网膜 ARPE-19 细胞，黄精多糖可以显著抑制细胞中促炎性介质的分泌，且呈剂量相关性。当炎症发生时，NO 在局部大量生成并对细胞造成损害。黄精皂苷能够有效抑制 NO 的生成，除此之外，黄精中生物碱 Polygonapholine A 对 NO 的抑制率较高，具有潜在抗炎活性[13]。

TLR/MyD88/NF-κB 信号通路是炎症体系中的重要途径，其广泛存在于各种组织细胞中，参与多种疾病的发生与调控，如自身免疫性疾病、炎症性疾病、感染性疾病、过敏性疾病等，该信号通路如图 3-6 所示。

研究发现，黄精多糖可通过 TLR4/MyD88/NF-κB 信号通路来发挥抗炎作用。对于急性肺损伤大鼠，黄精多糖可以降低大鼠支气管肺泡灌洗液中炎症因子 TNF-α、IL-1β、IL-6 和 IL-8 水平及其相关 mRNA 的表达水平，其作用机制可能是通过 TLR4/Myd88/NF-κB 通路来抑制炎症反应，进一步表明黄精多糖可以下调炎症通路及炎症因子表达，从而抑制体内炎症反应[14]。

（2）黄精皂苷成分抗炎作用

黄精皂苷是一种具有良好抗炎活性的天然活性物质，能够抑制脂多糖（LPS）刺激下的小鼠腹腔巨噬细胞（RAW264.7）中促炎性靶因子的产生，也能降低磷酸化 kappa α/β 抑制因子激酶（IKKα/β）、NF-κB 抑制蛋白 α（IKB-α）和 P65 蛋白的表达水平，这说明 NF-κB 可能是参与抗炎免疫作用调节的关键角色之一。NF-κB 是转

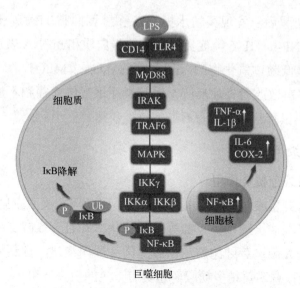

图3-6　TLR4/MyD88/NF-κB信号通路

NF-κB—转录因子蛋白家族；IκB—核因子κB（NF-κB）的抑制蛋白；P—磷酸化；Ub—泛素蛋白；
TNF-α—肿瘤坏死因子α；IL-1β—白细胞介素-1β；IL-6—白细胞介素-6；COX-2—环加氧酶2；
IKKβ—催化激酶亚基；IKKα—催化激酶亚基；IKKγ—无酶活的调控骨架蛋白NEMO；LPS—脂多糖；
CD14—细菌脂多糖膜受体；TLR4—Toll样受体14；IRAK—白介素受体相关激酶；
TRAF6—肿瘤坏死因子受体相关因子6；MAPK—丝裂原活化蛋白激酶

录家族的核转录因子，在细胞免疫及细胞炎症等方面发挥重要作用。以上研究充分表明黄精皂苷在细胞抗炎过程中起到了干预作用，对LPS刺激巨噬细胞引起的炎症有一定的治疗效果[15]。LPS是一种常见的内毒素，在体内可以通过细胞信号转导系统激活单核巨噬细胞、内皮细胞、上皮细胞等，合成和释放多种细胞因子和炎性介质，进而引起人体一系列的反应。

（3）小结

黄精复方、单方、多糖类和皂苷类成分等能够改善或防治多种炎症性疾病，表明其在降低炎症因子水平及抗炎活性指标、调节炎症相关信号通路、抑制炎症反应方面的作用潜力巨大，为其在治疗炎症性疾病中的应用提供了科学依据。

三、抗肿瘤作用

恶性肿瘤已成为严重危害人类健康的一大杀手，最新的统计结果显示，大约1/5的人一生中会患上肿瘤，其中大约1/9的男性和1/12的女性死于肿瘤，其中最常被诊断出的恶性肿瘤是肺癌、肝癌、胃癌、女性乳腺癌等，这些肿瘤逐年增长的发病率和极高的死亡率，使得如何有效安全地治疗肿瘤成为目前医疗界亟须解决的一大难题。研究表明黄精中的活性成分，对多种恶性肿瘤均有较好的作用，其抗肿瘤的机制主要是调控各大信号通路从而促进肿瘤细胞的凋亡和诱导癌细胞的生长与分化，调节免疫力，减缓肿瘤的生长速度。除了抑制肿瘤细胞的增殖，黄精还可以抑制癌细胞的转移扩散，肿瘤转移是肿瘤恶性化发展的重要环节，也是肿瘤治疗失败的主要原因，绝大多数肿瘤患者死于转移性疾病，而不是原发性肿瘤。因此，黄精通过抑制肿瘤细胞的迁移，延缓肿瘤的发生发展以及向全身其他组织器官转移，改善患者的临床症状和预后，是一味不可多得的抗肿瘤药物。

1. 黄精多糖抗肺癌作用

实验结果表明，黄精多糖可以通过刺激巨噬细胞而诱导肺癌模型小鼠体内 Toll 样受体 4（TLR4）蛋白表达上调，TLR4 是膜识别受体家族中的一种跨膜蛋白，广泛表达于多种肿瘤细胞和免疫细胞，是先天性免疫应答的重要激活因素，可以同时促进丝裂原活化蛋白激酶（MAPK）和 NF-κB 通路的信号传导。MAPK 通路是细胞内信号传递网络的枢纽，由一连串蛋白所组成，通过级联激活过程将细胞表面受体接收的信号转移给细胞核内部，从而协调细胞对刺激的反应并调控基因的表达来影响细胞的功能活动，是参与基因调控及影响细胞增殖、分化与死亡的重要机制，该通路的活化可导致肿瘤相关巨噬细胞的进一步极化，而缺陷可引起多种肿瘤失控。NF-κB 是转录因子家族的一员，该通路主要负责调节免疫和炎症过程，控制细胞存活、生长、增殖、凋亡及功能活性，并在癌变过程中发挥重要作用。刺激细胞外的 TLR4 可进一步活化 MAPK/NF-κB 信号通路，最终引起肺癌模型小鼠体内 NO、炎性介质（TNF，IL-1β，IL-6，IL-18 等）和趋化因子的产生与分泌，这些细胞因子在体内可以促进白细胞的渗出，增强吞噬作用，促进免疫活性细胞增殖从而增强免疫活性，TNF 作为肿瘤坏死因子对肿瘤细胞具有细胞毒作用，直接杀伤肿瘤细胞，阻碍小鼠体内癌细胞的增殖，抑制瘤体的生长，进而发挥免疫调节抗肿瘤活性的作用[16]。

黄精多糖还可通过直接作用于肺癌模型小鼠体内的巨噬细胞发挥抗肿瘤的作用。巨噬细胞作为人体固有免疫细胞，不同环境条件下可以极化为 M1 和 M2 两种不同表型，在肿瘤微环境中，巨噬细胞优先极化为 M2 型肿瘤相关巨噬细胞（tumor-associated macrophages，TAM），TAM 可通过促进抑制肿瘤免疫，促进肿瘤细胞增殖、血管生成、侵袭、转移，以及辅助肿瘤干细胞生长、存活来促进肿瘤进展。黄精多糖可以有效地抑制 M2 型巨噬细胞极化，促进其向抗肿瘤的 M1 型转化，如图 3-7 所示。干预 M2 型巨噬细胞以及抑制相关蛋白的磷酸化进而抑制肺癌 A549 细胞（人非小细胞肺癌细胞）迁移，非小细胞肺癌化疗和放疗相对不敏感，对于晚期无法进行手术切除的患者，防止癌细胞在体内转移就显得极为重要，黄精多糖不仅可以直接杀伤肿瘤细胞，还可以抑制癌细胞的转移，延缓肺癌患者病程的进展，达到抗肿瘤的疗效[17]。

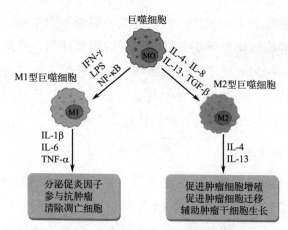

图3-7　巨噬细胞参与抗肿瘤作用途径

IFN-γ—干扰素γ；LPS—脂多糖；NF-κB—核因子κB；IL-1β—白介素-1β；IL-6—白介素-6；TNF-α—肿瘤坏死因子α；IL-4—白介素-4；IL-8—白介素-8；IL-13—白介素-13；TGF-β—转化生长因子β

2. 黄精多糖抗肝癌作用

恶性肿瘤是一种细胞周期性疾病，细胞周期的异常导致肿瘤细胞恶性增殖，细胞周期分为G0/G1期（DNA合成前期）、S期（DNA合成期）、G2期（DNA合成后期）以及M期（细胞分裂期）。H22细胞（小鼠腹水肝癌细胞）分离自Balb/c小鼠腹水，与人肝癌的相似度极高，常用于小鼠肝癌组织的造模，黄精多糖可以影响H22移植瘤小鼠的细胞周期分布，使G0或G1期细胞增多，而G2或M期细胞减少，且该作用随剂量增大而逐渐增强，同时，黄精多糖可显著提高凋亡相关蛋白Caspase-3、Caspase-8和Caspase-9的活性，诱导肝癌细胞凋亡[18]。由此得出结论，黄精多糖对肝癌H22移植瘤小鼠具有显著的抑瘤作用，其作用机制可能是通过肿瘤细胞阻滞于G0/G1期，抑制细胞增殖，并通过激活Caspase系统诱导肿瘤细胞凋亡。除此之外，黄精多糖与传统的化疗药物顺铂联合使用具有协同作用，可以更好地抑制H22肝癌移植瘤的生长，并降低顺铂毒性，减少化疗药物带来的不良反应，极大地减轻了患者的痛苦，延长肝癌患者的生命[19]。

3. 黄精多糖抗胃癌作用

黄精多糖使胃癌荷瘤（小鼠胃鳞癌MFC细胞）模型小鼠的脾脏指数、脾淋巴细胞增殖刺激指数及自然杀伤细胞（NK细胞）活性增加，NK细胞是体内负责杀伤、受病毒感染等异常细胞的最主要"战士"，黄精多糖通过提高NK细胞的活性，使小鼠对肿瘤细胞的杀伤作用增强，肿瘤的重量显著降低。除此之外，黄精多糖可以明显提高胃癌小鼠体内TNF-α、IL-2和IL-6等细胞因子的水平[20]。TNF-α对正常细胞无明显毒性，而能够直接杀伤肿瘤细胞，是抗肿瘤作用最强的细胞因子，具有增强免疫反应、促进肿瘤细胞溶解和抑制肿瘤细胞增殖的作用。研究发现，消化系统肿瘤患者的预后与血清IL-6、IL-2水平呈正相关[21]，黄精多糖通过促进免疫因子的表达发挥免疫调节作用，进而抑制肿瘤的生长，同时改善患者的预后。

4. 黄精皂苷抗乳腺癌作用

黄精中的薯蓣皂苷能够使人乳腺癌 MCF-7 细胞内部分蛋白的表达水平出现变化，凋亡相关蛋白 Caspase-3、Caspase-9、Bax 表达水平升高，Bcl-2 蛋白表达水平下降，Bax/Bcl-2 比值增加。Bax 是与 Bcl-2 同源的水溶性相关蛋白，是 Bcl-2 基因家族中细胞凋亡促进基因，Bax 的过度表达可拮抗 Bcl-2 的保护效应而使细胞趋于死亡，薯蓣皂苷使人乳腺癌 MCF-7 细胞中 Bax/Bcl-2 蛋白比值增加，表明薯蓣皂苷可以促进乳腺癌细胞的凋亡，同时研究发现薯蓣皂苷可将 MCF-7 肿瘤细胞周期阻遏在 G2 或 M 期，细胞无法分裂增多，抑制肿瘤细胞的增殖，使肿瘤无法增大，失去无限繁殖的能力，且这一作用呈现浓度依赖性[22]。以上实验结果为黄精治疗乳腺癌提供了理论和科学实验依据。

5. 黄精皂苷抗子宫内膜癌作用

基于 miRNA 和 mRNA 表达的高通量测序数据揭示了黄精中薯蓣皂苷参与调节子宫内膜癌（endometrial cancer，EC）的迁移和侵袭，通过体外和体内实验测定进一步验证，薯蓣皂苷可以通过 MEK/ERK 和氨基末端激酶（JNK）信号通路抑制了类 EC 的迁移和侵袭[23]，MEK/ERK 信号通路是调节细胞生长、发育和分裂的信号网络的核心，对肿瘤细胞的生存和发展起着关键作用，JNK 信号通路在细胞周期、生殖、凋亡和细胞应激等多种生理和病理过程中起着重要作用。黄精中的薯蓣皂苷通过调控这两条通路的信号转导，抑制肿瘤细胞的增殖，促进其凋亡，发挥治疗 EC 的作用，并且可以防止肿瘤细胞的转移，改善疾病预后。

6. 小结

上述研究数据表明，黄精中的活性成分黄精多糖、皂苷等，可以通过 TLR 信号通路、RAS/Raf 信号通路促进肿瘤细胞的凋亡、抑制肿瘤细胞的增殖和迁移，发挥抗肿瘤的作用，具体机制如图 3-8 所示，并且对多种肿瘤的治疗均有着积极的意义，能够延长患者的生命，改善预后。

四、降血糖作用

糖尿病属于代谢性疾病，而且是一种终身性疾病，据《Lancet》发布的全球糖尿病数据，预计到 2050 年，全球会有近 13 亿糖尿病患者，将会给社会经济带来极大的负担，因此，糖尿病药物的研发迫在眉睫，目前临床使用的降糖药物不良反应大，且容易产生耐受，常需联合用药，导致临床上许多患者的用药依从性不高，自行停药、少吃药、漏吃药的现象层出不穷，无法平稳地控制血糖而住院治疗，给患者身心带来极大伤害。黄精中的多种活性成分有明显的平稳血糖的作用，现代药理

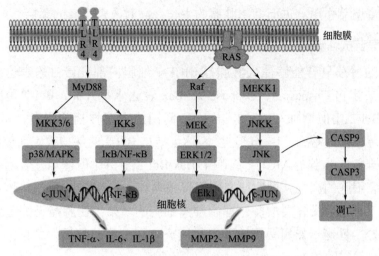

图3-8　黄精抗肿瘤相关作用机制图

TLR4—Toll样受体4；MyD88—髓分化因子88；MKK3/6—MAPK激酶3/6；
p38/MAPK—丝裂原活化蛋白激酶；NF-κB—核因子κB；IKKs—κB抑制因子激酶；
IκB—NF-κB的抑制蛋白；TNF-α—肿瘤坏死因子α；IL-6—白介素-6；IL-1β—白介素-1β；
MEK—丝裂原活化蛋白激酶激酶；ERK1/2—细胞外调节蛋白激酶1/2；Elk1—ETS转录因子；
MEKK1—膜近端激酶1；JNK—c-JUN氨基末端激酶；MMP2/9—基质金属蛋白酶2/9；CASP3/9—半胱天冬酶3/9

研究表明，黄精可以通过各种机制降低血糖，同时对糖尿病并发症有一定的改善效果。作为传统的天然药物，黄精降血糖可以减少部分其他药物带来的不良反应，在不损害其他脏器功能的情况下，改善糖尿病患者"三多一少"的临床症状，提高生活水平。

1. 黄精多糖通过抑制胰岛细胞凋亡降低血糖

安徽医科大学李卫平教授团队[24]的实验表明，黄精多糖可以通过下调链脲菌素诱导的糖尿病大鼠体内凋亡蛋白Caspase-3的表达量，抑制胰岛细胞的凋亡，从而提高血清中胰岛素的水平，发挥降血糖改善大鼠的临床症状的作用。与模型组相比，黄精多糖给药组大鼠的进食量、进水量和尿量显著降低，体重增加，且呈现剂量依赖性。同时，也有研究表明，由高脂饲料诱导的高血糖模型小鼠经黄精多糖给药后，胰岛素受体的表达水平提高，血清中胰岛素水平显著降低，空腹血糖值降低[25]。高脂饲料诱导的高血糖模型与临床多见的2型糖尿病患者的发病机制高度相似，使用此模型进行实验，得出的数据可以最接近于人体的数据。根据以上研究数据得出，黄精多糖可以通过降低胰岛素的水平，降低血糖值，改善患者的临床症状，尤其是对治疗2型糖尿病有积极的意义。

2. 黄精多糖调控氧化应激水平及糖代谢

氧化应激是2型糖尿病发生发展的重要因素，长期高糖环境使胰岛β细胞发生氧化应激导致氧化系统与抗氧化系统失衡，自由基过度释放诱导胰岛β细胞凋亡减少胰岛素分泌，研究显示，抑制胰岛β细胞氧化应激是控制糖尿病发展的有效治疗手段。SOD 和 GSH-Px 是人体自身代谢会生成的抗氧化剂，能抑制氧自由基的产生，平衡人体的代谢。通过建立糖尿病小鼠模型进行实验证明，黄精多糖能有效地提高肝脏中 SOD 和 GSH-Px 的活性，并提高肝脏组织中的肝糖原水平，这有助于减轻因氧化应激而引起的糖代谢紊乱，使血糖水平达到平稳[26]。同时，黄精多糖对因高糖诱导的视网膜色素上皮细胞氧化应激也有治疗作用[27]，抗氧化研究过程发现，新型抗氧化剂黄精多糖-硒纳米粒子（PSP-SeNPs）对于过氧化氢诱导的大鼠肾上腺嗜铬细胞瘤贴壁细胞（PC-12 细胞）氧化损伤具有较高的保护作用，且细胞毒性较低。故它可以在一定程度上提高 SeNPs 安全性和稳定性。所以，黄精多糖可以通过抑制胰岛 β 细胞氧化应激和保护肝脏来改善血糖水平，从而控制糖尿病发展。

3. 黄精多糖改善胰岛素抵抗

胰岛素抵抗（insulin resistance，IR）是指靶器官，如肝脏、脂肪组织和肌肉等，对胰岛素的敏感性下降，与正常情况相比，它们对胰岛素的响应减弱，这一现象导致了胰岛素无法有效降低血糖水平，进而引发糖尿病的发生，胰岛素抵抗是糖尿病重要的发病机制之一。研究表明，黄精可以通过减少脂肪细胞释放的 TNF-α，修复受损的胰岛素信号传递通路，使得 2 型糖尿病大鼠的胰岛素抵抗指数降低 63.5%，基本接近正常大鼠的水平，从根本上降低血糖，可以用于治疗糖尿病[28]。胰岛素受体底物（insulin receptor substrate，IRS）家族是胰岛素通路中的关键物质，IRS-2 与胰岛素相结合，信号向胞内传导，IRS-2 通过酪氨酸残基磷酸化被激活，与含有 SH2 结构域的效应蛋白结合，接着信号逐级放大，向多个方向传递信息，研究表明黄精多糖能明显增加糖尿病大鼠体内 IRS-2 的表达量，增强胰岛素的细胞信号传导，从而达到治疗 IR 的效果[29]。黄精可以通过改善胰岛素抵抗，增强机体对胰岛素的响应能力和信号传导，提高胰岛素对血糖的作用能力，降低糖尿病患者的血糖水平。

4. 黄精皂苷抑制 α- 葡萄糖苷酶和 α- 淀粉酶

α- 葡萄糖苷酶（α-glucosidase）属于糖苷水解酶大家族的一类，广泛分布于生物体内，主要负责调节生物体的食物代谢、多糖的分解，以及糖蛋白的合成等关键生物过程。摄入食物（淀粉）后，唾液淀粉酶便会将多糖消化为寡糖，而随后进入小肠的寡糖则通过 α- 葡萄糖苷酶的作用被分解成单一的葡萄糖分子，这些葡萄糖随后被小肠吸收，导致餐后血糖水平上升。因此，通过抑制小肠内 α- 葡萄糖苷酶的活性，可以调节血糖水平，有望改善 2 型糖尿病患者的临床症状。研究结果表明，黄精及其不同提取物在一定程度上能够抑制 α- 葡萄糖苷酶的活性，黄精总皂苷表现出最高的抑制效果，抑制率达到了 84.2%；其次是黄精生水提取物，抑制率为 27.7%，当黄精总皂苷浓度达到 3.0 mg/mL 时，对 α- 葡萄糖苷酶的抑制率最高可达 74%，接近于抑制率为 82% 的临床用药阿卡波糖（0.5 mg/mL），而当黄精总皂苷浓度为 2.0 mg/mL 时，其对 α- 淀粉酶的抑制效果最高，抑制率可达到 82%，与阿卡波糖（0.5 mg/mL）对 α- 葡萄糖苷酶的抑制效果一致[30]。因此，黄精总皂苷对 α- 葡萄糖

苷酶和 α- 淀粉酶有较为明显的抑制活性，可能是黄精降糖活性的主要基础物质，这为黄精总皂苷的开发利用和降血糖药物的研制提供了参考依据。

5. 小结

黄精中的活性成分可以下调凋亡蛋白的表达，减少胰岛细胞的凋亡，抑制高血糖环境下的高氧化应激状态，保护胰岛功能并且提高胰岛素受体的表达，增强胰岛素敏感性，改善糖尿病模型大鼠的胰岛素抵抗，从而降低糖尿病患者的空腹血糖值和血清糖化血红蛋白的浓度；也可以通过抑制 α- 葡萄糖苷酶的活性，延缓碳水化合物的吸收，降低餐后血糖，具体机制如图 3-9 所示。由此可见，黄精广泛适用于糖尿病患者，是一种亟待开发的潜在降血糖药物。此外，黄精可以通过抑制糖尿病小鼠体内糖基化终末产物受体 mRNA 的表达，改善纤维化、抑制炎症，减轻糖尿病并发症的症状，延缓并发症的发生，提高临床疗效，改善患者预后，是糖尿病患者用药的不错选择。

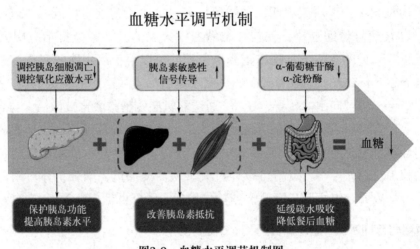

图3-9　血糖水平调节机制图

五、调节血脂作用

血脂是血浆中的中性脂肪（甘油三酯，TG）和类脂（固醇及其酯、磷脂和糖脂）的总称，广泛存在于人体中，它们是生命细胞进行基础代谢的必需物质。一般说来，血脂中的主要成分是 TG 和总胆固醇（TC），其中 TG 主要来源于食物摄取，参与人体内能量代谢，为生命活动提供能量；而 TC 主要是人体细胞自身合成的，尤其是肝脏细胞在 TC 的合成中发挥重要作用（内源性脂类代谢如图 3-10 所示），TC 是合成细胞膜、类固醇激素（包括维生素 D 等）和胆汁酸的重要原料。虽然二者是人体必不可少的物质，参与各种生理活动，但是异常升高的 TAG 和 TC，也会带来极大的危害。

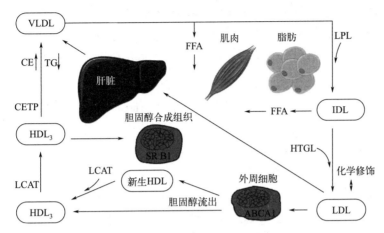

图3-10　内源性脂类代谢图

LCAT—卵磷脂胆固醇脂酰转移酶；CETP—胆固醇酯转运蛋白；HTGL—肝脂酶；
LPL—脂蛋白脂肪酶；FFA—游离脂肪酸；TG—甘油三酯；CE—胆固醇酯；
VLDL—极低密度脂蛋白；HDL_3—高密度脂蛋白3；新生HDL—新生高密度脂蛋白；
IDL—中密度脂蛋白；LDL—低密度脂蛋白；SR B1—B类Ⅰ型清道夫受体；
ABCA1—三磷酸腺苷结合盒转运体A1编码基因

《中国血脂管理指南（2023年)》指出，近几十年来，中国人群的血脂水平明显升高、血脂异常患病率明显增加，即人们生活中常常提到的"高血脂""高脂血症"。高脂血症是指因脂肪摄入过多、脂蛋白合成及代谢异常导致的血浆中TG和（或）TC升高，低密度脂蛋白胆固醇（LDL-C）升高和高密度脂蛋白胆固醇（HLD-C）降低的疾病，高脂血症一般没有明显的临床症状，但是长期的高血脂会引起许多并发症的发生。

研究表明，LDL-C的异常升高导致的高血脂，是动脉粥样硬化性心血管疾病的致病性危险因素，过高的低密度脂蛋白沉积于心脑等部位血管的动脉壁内，逐渐形成动脉粥样硬化性斑块，阻塞血管，导致血管腔出现显著狭窄，而斑块一旦破裂，会继发形成血栓，发生心肌梗死、脑梗死等心脑血管不良事件。除此之外，高脂血症还可导致高尿酸血症、胆石症、胰腺炎、肝硬化、脂肪肝等多种疾病。因此，如何提高公众对血脂异常的知晓率，以及该病变的治疗率和控制率是目前临床亟待解决的问题。而黄精不论是复方还是单方、提取成分都有不同程度的降血脂的作用，具体介绍如下。

1. 黄精复方调节血脂作用

中医认为，脾失运化是高脂血症的主要病机，而由于脾虚及肝脾功能紊乱引起的痰湿，则是高脂血症的病因，中医辨证论治理论认为，针对脾虚痰湿证应治以补脾虚、祛痰湿。彭腾团队[31]研究发现，先通过黄精来补虚扶正，调理脾气，使脾运化有常，再兼用老鹰茶祛痰，则痰瘀自消，可起到辅助降血脂的作用。黄精具有补气养阴、健脾等功效；《本草纲目》中对老鹰茶有记"止咳、祛痰、平喘、消暑解渴"，老鹰茶性凉，配伍补益药制黄精，能够制约茶的凉性，而黄精性平、味甘，久服易滋腻，配伍老鹰茶可缓解其滋腻性，两者合用可互补不足，并且二者均具有辅助降血脂的作用。黄精中的多糖等活性成分与老鹰茶中的活性成分相辅相成，协同发挥，降低血脂。

此外，复方黄精配方[32]是民间常用于降低血脂的方剂，由黄精、枸杞子、荷叶、山楂、决明子5味药食同源的药材组成，实验表明，复方黄精配方的提取物可显著降低高血脂大鼠模型的血脂水平，并减轻其体重指数，表明该方对于高血脂有明显治疗效果，是高血脂人群的潜在治疗复方。

另有相关研究发现，复方黄精茶[33]（黄精、桑叶、葛根、枳椇子、山药、枸杞子、茯苓）对于改善糖脂代谢及保护糖尿病血管病变有较明显的作用。

2. 黄精单方调节血脂作用

徐连城所撰写的《中药应用指南》[34]中提出，黄精能通过抑制羟基甲基戊二酸酰辅酶A（HMG-CoA）还原酶（HMGR）的活性，HMGR是肝细胞合成胆固醇过程中的限速酶，催化HMG-CoA还原生成甲羟戊酸，抑制HMGR能阻碍胆固醇合成，从而减少内源性胆固醇的生成，直接降低血脂含量，预防动脉粥样硬化以及肝脂肪浸润的发生。

3. 黄精多糖成分调节血脂作用

现代药理研究表明，黄精无论是复方还是单味药都具有较好的降低血脂的作用，黄精中的主要活性成分黄精多糖可以通过多种机制发挥调节血脂的作用。研究发现，黄精多糖[35]可显著降低高脂血症模型小鼠的体脂质量、脂肪指数、肝脏指数以及血清中的TC、TG、LDL-C含量，提高HDL-C的水平。HDL-C可以运载周围组织中的TC，将其转化为胆汁酸或直接通过胆汁从肠道排出，动脉造影证明HDL-C含量与动脉管腔狭窄程度呈显著的负相关。所以HDL-C是一种抗动脉粥样硬化的血浆脂蛋白，是冠心病的保护因子，俗称"血管清道夫"。所以，黄精多糖可以通过增加体内HDL-C含量，加强TC的转运和排出，从而降低血脂，预防动脉粥样硬化的发生发展。

相关团队在C57小鼠血脂4项的研究中发现[36]，黄精多糖提前灌胃干预，能够有效维持小鼠正常的血脂与肝脏TG水平，保护小鼠正常的脂代谢功能，还可以有效预防小鼠肝脏组织中脂肪细胞的变性（细胞质内TG的蓄积叫作脂肪变性），且呈现一定的剂量依赖关系。这表明黄精多糖可以通过抑制TG在体内沉积，维持正常的脂代谢，达到预防高脂血症的作用。

过氧化物酶体增殖物激活受体-α（PPAR-α）、过氧化物酶体增殖物激活受体-β（PPAR-β）、过氧化物酶体增殖物激活受体-γ（PPAR-γ）是过氧化物酶体增殖物活化受体中的三种亚型，作为一组核受体蛋白，具有转录因子的功能，参与调控脂质代谢等生理过程，PPAR-α 主要在肝脏、骨骼肌中表达，PPAR-γ 则主要在脂肪组织、肠道组织内发挥作用（具体调节机制如图 3-11 所示）。研究发现黄精多糖[37]能明显提高高脂血症模型小鼠肝脏组织和脂肪组织中 PPAR-α、PPAR-β、PPAR-γ 蛋白的表达，促进脂蛋白脂肪酶合成，催化脂蛋白中的 TG 脂解成游离脂肪酸，从而调节肝脏脂质氧化和代谢的过程，降低血脂。PPAR-α 在斑块局部也可发挥作用，对动脉粥样硬化的防治有益。贝特类调脂药是一种人工合成的 PPAR-α 的合成配体，已经被广泛用于高脂血症的治疗。

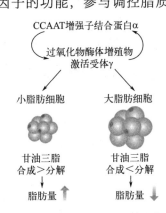

图3-11 过氧化物酶体增殖物激活受体作用图示

中国农业大学江正强团队[36]基于肥胖小鼠模型，发现黄精多糖能通过调控 PPAR-α 和线粒体棕色脂肪解偶联蛋白 1（UCP1）促进脂肪的分解代谢来调节肥胖小鼠脂代谢紊乱，显著减少了肥胖小鼠体重增量并改善了脂肪肝表型。首次发现黄精多糖能有效改善肥胖诱导的自主活动性减少和焦虑样行为。黄精多糖有望作为良好的膳食补充剂，发挥抵抗肥胖以及改善肥胖诱导的脑功能损伤的功能活性。

4. 小结

黄精可在多方面以多种形式调节血脂，既可以以单药的形式参与脂质代谢，直接降低血脂，也可以与其他药物联合应用，发挥降血脂的功效，且作为药食两用的药材，黄精可以预防高脂血症的发生发展，具有极大的药物开发前景。根据已有报道发现，黄精中参与调节血脂的成分中，大部分研究围绕黄精多糖开展，其他成分的相关报道甚少，研究潜力和价值巨大。

六、抗菌抗病毒作用

随着人们对养生保健理念的日益认同，黄精作为常见的一种药食同源药材，其活性成分所具有的抗菌抗病毒效果得到了广泛关注。生、熟黄精提取物对细菌和霉菌均具有抑制作用，其作为一种中药抗霉菌药物早已运用于中医临床，需要注意的是，炮制会在一定程度上削弱其抑菌作用。相关研究表明，黄精活性成分主要通过破坏细胞壁和细胞膜的完整性，抑制多种真菌、细菌和病毒的生长繁殖。另有研究者发现，黄精内生菌是其抗菌活性的主要来源，其次是甾体皂苷和多酚类成分。

1. 抗细菌感染作用

在免疫力低下时，细菌通过释放有害的物质（毒素）、直接入侵人体的组织或以上两种方式同时发生的方式，引发细菌感染性疾病。根据感染的部位不同，细菌感染可分为皮肤细菌感染、眼耳鼻喉细菌感染、肺部细菌感染、颅内细菌感染等。某些细菌的感染可能导致心脏、肺部、神经系统、肾脏或胃肠道的炎症。某些细菌（如幽门螺杆菌）感染，会增加癌症风险。感染细菌后多引发局部炎症，常表现为红、肿、热、痛，或可伴随着其他的不适症状。如果出现不适症状，应及时去医院进行血常规、血沉等检查，细菌感染时血常规检查主要表现为白细胞总数和中性粒细胞比例及计数升高、C反应蛋白升高。常使用如青霉素类、头孢类、喹诺酮类等抗生素类药物治疗。

（1）黄精复方抗细菌感染作用

黄精多个复方也具有抑菌作用，其中黄精配伍[39]生地黄、熟地黄、麦冬、天冬、百部、夏枯草、阿胶、白及、灵芝等药材煎煮后内服，有杀菌祛邪、止咳祛痰的作用，可治疗结核杆菌感染引起的肺结核。

复方沙棘黄精颗粒[40]（含有沙棘果、黄精、百合、百部、黄芩、白及等）可与抗肺结核的西药联合使用，用于治疗耐药性肺结核。

（2）黄精成分抗细菌感染作用

黄精多种活性成分针对细菌感染病均有一定的治疗作用。实验显示，黄精内生菌HJ-3发酵产物[38]可抑制金黄色葡萄球菌、大肠埃希菌、苏云金芽孢杆菌和枯草芽孢杆菌等多个菌种的生长繁殖，其中对金黄色葡萄球菌的抑菌效果最好。

黄精多酚类成分没食子酸[41]对常见的大肠埃希菌和枯草芽孢杆菌也具有较好的抑菌和杀菌活性，或可以考虑作为天然防腐剂进行开发。黄精挥发油[42]对于金黄色葡萄球菌、红酵母和大肠埃希菌有明显抑制作用。

黄精多糖也具有明确的抑菌功能[43]，可明显抑制金黄色葡萄球菌、大肠埃希菌、结核分枝杆菌、伤寒沙门菌、副伤寒沙门菌、枯草芽孢杆菌、藤黄微球菌等的生长繁殖。实验表明，黄精多糖对革兰氏阳性菌的抑制作用在一定范围内，黄精多糖的剂量越高，抑菌效果越好。

2. 抗真菌感染作用

对人类有致病性的真菌约有300多个种类。除新型隐球菌和蕈外，医学上有意义的致病性真菌几乎都是霉菌。根据入侵部位不同，真菌致病可分为4类，即浅表真菌病、皮肤真菌病、皮下组织真菌病和系统性真菌病；前二者称为浅部真菌病，后二者又称为深部真菌病（表3-2）。浅部真菌全球感染率为20%~25%，可能会引起手癣、足癣、体癣、股癣、头癣、甲癣等，以皮肤癣菌为主，多具有嗜角质性，可分解细胞的角蛋白和脂质，还可以通过机械刺激和代谢产物作用，引起局部病变。深部真菌感染即真菌进入体内组织，能侵犯人体皮肤、黏膜、深部组织和内脏，甚至引起全身播散性真菌感染。以念珠菌和曲霉菌为主，预后不良，可致畸、致癌、致死。侵袭性真菌感染通常会影响重病患者和具有严重免疫系统相关基础病症的患者。

表 3-2　真菌感染病及其临床表现

部位	临床表现
浅表真菌病	仅感染皮肤角质层的最外层，几乎无组织反应。主要包括花斑癣、掌黑癣和毛结节菌病
皮肤真菌病	最常见的真菌性疾病。感染累及皮肤角质层和皮肤附属器，如毛发、甲板等；主要是皮肤癣菌病，可分为足癣、手癣、体癣、股癣、甲癣以及头癣等各类癣病
皮下真菌病	感染皮肤、皮下组织，包括肌肉和结缔组织，一般不会经血液流向重要脏器播散，部分感染可以由病灶向周围组织缓慢扩散蔓延，如足菌肿等；有些则沿淋巴管扩散，如孢子丝菌病、着色芽生菌病
系统性真菌病	感染累及组织和器官，甚至引起播散性感染，又称为侵袭性真菌感染，主要包括念珠菌病、曲霉病、隐球菌病、接合菌病和马内菲青霉病等

针对真菌感染性疾病，中药成药黄精复方百黄洗剂[44]具有抑菌、止痒、抗炎等作用，效果明确，治疗手足癣疗效肯定，复发率低；另有其他复方[45]如以黄精配伍藿香、生大黄、明矾、白醋，浸煮冷却后清洗患处也可以治疗手、足癣。

3.抗病毒感染作用

病毒感染是指病毒侵入机体，在靶器官细胞中增殖，与机体发生相互作用的过程。病毒感染多具有传染性，存在多种传播方式，临床症状因病毒种类和机体免疫不同各有差异。病毒感染引发的疾病有很多，如麻疹、风疹、腮腺炎、水痘，以及流行性感冒、病毒性肝炎、艾滋病等。除此之外，一些常见病毒如人乳头瘤病毒（HPV）还会引发尖锐湿疣、生殖器疱疹、寻常疣、跖疣等疾病。病毒感染性疾病的血常规检查主要表现为白细胞总数正常或者偏低，中性粒细胞正常或者偏低，而淋巴细胞升高。常用药物包括阿昔洛韦、利巴韦林、干扰素等，部分疾病容易反复发作。

杨绍春团队[46]在探究纯中药对人类免疫缺陷病毒（HIV）的作用时发现，黄精作为扶正抗毒丸的主要成分之一，在帮助机体对抗 HIV 的过程中发挥了重要作用。研究发现，黄精凝集素[47]对 HIV 有很强的抑制作用，它能够提高、减缓或逆转 HIV/AIDS 患者体内重要免疫细胞 $CD4^+$ 细胞的下降趋势，从而促进其数量上升，对艾滋病的治疗有一定的帮助。

近几年关于黄精抗病毒的文献研究少之又少。有文献显示黄精多糖[48]可降低单纯疱疹病毒活性，对单纯疱疹病毒 1 型（stoker 株）和 2 型（333 株和 sav 株）均有显著的抑制作用，可增强被其感染的非洲绿猴肾细胞活力并保护细胞。黄精多糖衍生物的抗病毒研究表明[49]，从黄精中提取得到两种小分子粗多糖经过离子交换和凝胶色谱的纯化产物以及经吡啶-氯磺酸法制备的硫酸酯有一定的抗病毒活性（表 3-3）。

表 3-3　黄精的抗菌抗病毒作用

感染源	药用物质
金黄色葡萄球菌、大肠埃希菌、苏云金芽孢杆菌、枯草芽孢杆菌	黄精内生菌 HJ-3 发酵产物
大肠埃希菌、枯草芽孢杆菌	黄精多酚类

续表

感染源	药用物质
金黄色葡萄球菌、红酵母、大肠埃希菌	黄精挥发油
结核分枝杆菌	复方沙棘黄精颗粒
金黄色葡萄球菌、大肠埃希菌、结核分枝杆菌、伤寒沙门菌、副伤寒沙门菌、枯草芽孢杆菌、藤黄球菌、单纯疱疹病毒	黄精多糖
红色毛癣菌、须癣毛癣菌、表皮癣菌	黄精复方百黄洗剂
人类免疫缺陷病毒	黄精凝集素

七、调节免疫作用

黄精是临床中重要的扶正固本类中药，常被用于脾肾不足、精血亏虚等证候的治疗中。黄精的主要成分多糖类物质通常能够刺激免疫反应，特别是通过吞噬细胞（如巨噬细胞），在膜表面产生受体-配体介导的相互作用，以实现细胞内化，并引起免疫反应。现代药理学研究表明，药用黄精的免疫增强作用是从机体不同层面进行的。

1. 黄精复方调节免疫作用

在我国疫情治疗方案中，由黄精等药物组成的益气宣痹汤（组成：黄芪、黄精、白术、甘草、地龙、鸡血藤、浙贝母、姜半夏、杏仁、桔梗、莱菔子、厚朴、赤芍）是新型冠状病毒感染（COVID-19）康复期患者最常用的处方之一[50]。黄精也已应用于一些针对 COVID-19 的专利，如 COVID-19 感染恢复期的中药组合物及其制剂方法、COVID-19 的中药鼻制剂等。这些体外和体内的研究结果表明，黄精具有免疫调节活性和成为一种免疫刺激剂的潜力。

2. 黄精单方调节免疫作用

免疫刺激可以与免疫系统相互作用，从而触发一些细胞/分子事件，激活免疫系统。黄精水提物及多糖可通过提高淋巴细胞、巨噬细胞、白细胞等免疫细胞的活性，促进免疫活性物质的分泌来增强机体免疫功能。黄精用于长期超负荷游泳致阴虚内热模型大鼠时，可以提高其血清免疫球蛋白 IgA、IgG、IgM 水平以及白细胞介素-2（IL-2）的含量，对免疫力低下大鼠具有一定的免疫功能改善作用[51]。有研究结果显示，黄精提取物能促进环磷酰胺引起的免疫功能低下小鼠血清溶血素的形成，提高免疫器官指数，增强机体抵抗炎症的能力，促进淋巴细胞的转化等[52]。

在另一项研究中，黄精提取物还可以激活 TLR4 介导的信号通路，以增加细胞活性，激活补体受体 3 和 TRL2 介导的信号通路来促进 NK 细胞的活性[53]。黄精可促进脾淋巴细胞和 T 细胞亚群（$CD3^+$、$CD355^+$、$CD4^+/CD8^+$）的增殖，从而缓解炎症反应，并升高血清溶血素，同时，增加血清中乳酸脱氢酶和酸性磷酸酶的水平。

黄精提取物可通过升高血清中细胞因子和免疫球蛋白水平，并增加小肠紧密连接蛋白（ZO-1、Mucin2、Occludin）的 mRNA 表达和 IL-6/MyD88/TLR4 蛋白表达，表明黄精提取物对环磷酰胺引起的肠黏膜损伤具有恢复作用[54]。

黄精还可能通过调节 JAK1/STAT1 通路（图 3-12），提高造血细胞因子（EPO、G-CSF、TNF-α 和 IL-6）改善血虚综合征小鼠的免疫功能[55]。

以上结果均证实了黄精在调节机体免疫功能方面具有一定的药用价值。

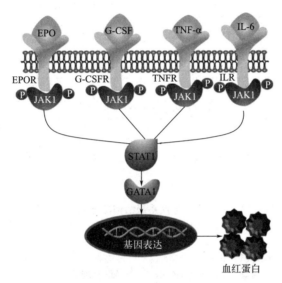

图3-12　黄精调节JAK1/STAT1通路提高免疫功能[55]
EPO—造血细胞因子；G-CSF—粒细胞集落刺激因子；JAK1—JAK激酶1；
STAT1—信号转导与转录激活因子1；EPOR—造血细胞因子受体；
G-CSFR—粒细胞集落刺激因子受体；TNF-α—肿瘤坏死因子-α；IL-6—白介素-6；
TNFR—肿瘤坏死因子受体；ILR—白介素受体

3.黄精成分调节免疫作用

（1）黄精多糖成分调节免疫作用

脾脏作为中枢免疫器官，能够调节机体的免疫应答过程，包括 T、B 淋巴细胞的增殖、分化及效应细胞的产生等，有助于维持机体内部环境的稳定，防止自身免疫性疾病的发生。黄精多糖可显著缓解强迫运动引起的脾脏免疫功能低下[56]。在环磷酰胺诱导的免疫抑制小鼠中，黄精多糖可显著刺激巨噬细胞（RAW264.7）的吞噬作用，增强免疫细胞增殖反应（T 细胞、B 细胞），增加 $CD4^+$、$CD4^+/CD8^+$ 比率，加速自然杀伤剂的恢复来改善免疫抑制细胞活性，同时，恢复小鼠血清中 IL-2、TNF-α、IL-8 和 IL-10 的水平，是潜在的免疫刺激剂[57-58]。Chen 等[59]研究表明黄精多糖进一步增强了脾脏淋巴细胞中 IL-2 和 TNF-α 的表达，并以剂量依赖的方式加速了自然杀伤细胞活性的恢复。

此外，对环磷酰胺诱导的免疫抑制剂同样具有保护作用，可显著刺激血清免疫球蛋白和抗氧化指数，促进外周血T淋巴细胞增殖，维持免疫器官的结构和功能，具体机制如图3-13所示[60]；同样地，沈建利等[61]研究也表明黄精多糖能有效改善由环磷酰胺所致免疫抑制小鼠的免疫功能，可开发为肿瘤放化疗患者的辅助治疗剂。

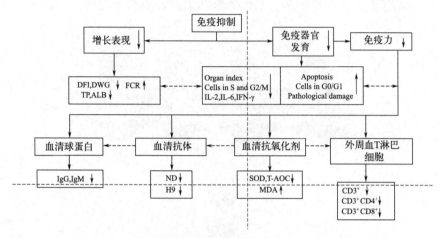

图3-13　黄精维持免疫系统结构功能的作用机制图[60]

DFI—无瘤间期；FCR—Fc受体；TP—血清总蛋白；ALB—白蛋白；Organ index—脏器指数；IL-2—白介素-2；IL-6—白介素-6；IFN-γ—Ⅱ型干扰素；H9—禽流感病毒H9；ND—鸡新城疫；IgG—免疫球蛋白G；IgM—免疫球蛋白M；SOD—超氧化物歧化酶；T-AOC—总抗氧化能力；MDA—丙二醛；CD—白细胞分化抗原；CD4—辅助T细胞；CD8—细胞毒性T细胞；CD3—T细胞共同的表面标志；CD4+—某个特定细胞片段表现该CD；Apoptosis—细胞凋亡；Pathological damage—病理损伤

黄精多糖对长期超负荷游泳的模型大鼠抓力以及血清免疫蛋白含量有显著提升，并降低环磷酸腺苷/环磷酸鸟苷（cAMP/cGMP）值以及减弱大鼠对痛阈的敏感性，证明黄精具有很好的滋阴、增强机体免疫力的作用[62]。

张庭廷等[63]研究发现黄精和多花黄精多糖可提高小鼠腹腔巨噬细胞吞噬百分率和吞噬指数、促进小鼠溶血素的生成和增加小鼠的脏器指数；黄精多糖还可促进巨噬细胞分泌 IL-6、TNF-α 和 NO，增强诱生型一氧化氮合酶（iNOS）的 mRNA 表达，发挥免疫调节作用[64-65]。傅圣斌等[66]研究也进一步证实了黄精多糖能增强免疫抑制小鼠的免疫力。

Zhang 等[67]发现黄精多糖可上调 iNOS、COX-2、NF-κB 和磷酸化 p38 MAPK 的表达激活巨噬细胞的吞噬功能，促进免疫器官的发育和淋巴细胞增殖及调节免疫抑制小鼠的血清细胞因子水平来逆转免疫抑制（图3-14）。Zhao 等[68]研究也证实黄精可以通过刺激 NF-κB 和 p38 MAPK 的途径，提高 NO、TNF-α 和 IL-6 的表达，有效保护免疫器官的结构和功能。

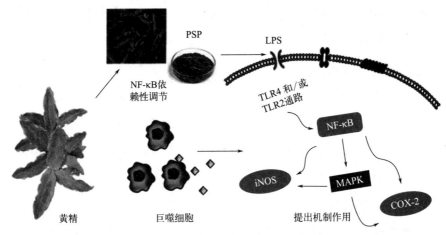

图3-14 黄精多糖通过NF-κB/MAPK通路诱导免疫应答作用机制图[67]
PSP—黄精多糖；LPS—脂多糖；TLR4/2—Toll样受体4/2；NF-κB—核因子；
MAPK—丝裂原活化蛋白激酶；iNOS—诱导型一氧化氮合酶；COX-2—环加氧酶-2

王红玲等[69]发现黄精多糖可直接作用于红细胞，使其膜表面 C_{3b} 受体进行变构，导致受体集中分布、活性增强，从而增强哮喘患儿红细胞的免疫功能，进而对哮喘有一定的治疗作用。另一项有关儿童肾病综合征的体外实验研究表明，RBC-C_{3b} 受体花环率低下与 RBC-IC 花环率升高是导致患儿红细胞免疫功能低下的主要因素，研究证实黄精多糖可显著升高患儿 RBC-C_{3b} 受体花环率，且呈剂量依赖性，从而证实黄精多糖可增强肾病综合征患儿红细胞免疫功能[70]。

黄精多糖不仅能够促进脾细胞的增殖，还可以提高单核巨噬细胞的吞噬能力，同时，显著改善由环磷酰胺诱导的免疫抑制小鼠的各项免疫功能指标，表明黄精多糖具有保护免疫功能的作用。[71]。

（2）黄精皂苷成分调节免疫作用

黄精多糖是提高免疫力的主要生物活性物质，而黄精中另一类主要成分总皂苷也具有提高免疫力的作用。

徐维平等[72]研究发现黄精总皂苷能明显升高抑郁模型大鼠胸腺、脾脏指数及血清免疫球蛋白（IgA、IgG、IgM）和 IL-2 的含量，可增强慢性应激抑郁症模型大鼠的免疫功能。

目前，有关黄精皂苷调节免疫作用的研究较少，在此方面具有潜在的研究价值。

八、抗疲劳作用

过度运动产生的自由基会导致抗氧化能力失衡，从而导致氧化应激损伤，身体功能下降。黄精是一种天然的抗疲劳药物，影响血、肝、脑、心脏、肌肉等组织中的 SOD、过氧化氢酶（catalase from micrococcus lysodeiktic，CAT）、谷丙转氨酶

（ALT）、MDA 等水平，其作用机制在于清除体内自由基，提高机体的抗氧化能力，以达到抗疲劳的目的。

1. 黄精复方抗疲劳作用

黄精和三七配伍能够显著延长小鼠的游泳时间，降低血清乳酸和尿素氮含量，升高血清中肝糖原和乳酸脱氢酶含量，并显著降低 MDA 的水平，增加 SOD 和 GSH-Px 的水平。此外，还显著增加骨骼肌线粒体中 ATP 酶及血清肌酸激酶的水平，通过促进能量代谢和抗氧化能力，有效缓解肌肉疲劳状态[73]。

2. 黄精单方抗疲劳作用

张士凯等[74]研究发现黄精可以提高机体氧化能力，降低蛋白质分解，从而减少乳酸、血清尿素氮等代谢产物，同时减少腓肠肌线粒体的应激损伤。

中药的网络药理学研究强调多靶点的概念，这种多靶点作用模式与中药的复杂性和多成分特点密切相关，也是中药相比单一化合物药物具有独特优势的原因之一；对黄精抗疲劳作用的网络药理研究表明，其与 PI3K/AKT 的相互作用在抗疲劳作用中起着至关重要的作用[75]。

3. 黄精成分抗疲劳作用

（1）黄精多糖成分抗疲劳作用

华岩团队在研究中发现[76]，黄精多糖能抑制高强度运动导致的血中肌酸激酶（CK）含量的升高，延缓运动疲劳，提升体液免疫和细胞免疫的功能。同时，另一研究团队发现[77]，小鼠经黄精多糖灌胃后，力竭游泳时间延长、MDA 水平增加、乳酸和血尿素氮（BUN）水平降低，小鼠肠道内有益菌（如 *Akkermansia*、*Lactobacillus*、*Faecalibacterium*）的丰度显著提高，而有害菌（如 *Streptococcus*、*Bacteroides*）的丰度降低，表明黄精多糖可以通过潜在调节肠道菌群来有效缓解过度运动引起的疲劳，具体作用机制如图 3-15 所示。

Shen 等[78]研究同样证实，黄精多糖可显著延长小鼠的游泳时间，降低血清 LA、BUN、SOD、GSH-Px 和 MDA 水平，增加肝糖原、肌糖原和肌 ATP 的含量。组织形态学分析显示，黄精多糖可增加小鼠肌纤维的横截面积，增强骨骼中骨形态发生蛋白 -2（BMP-2）、Runt 相关转录因子 2（Runx2）和骨钙素（OC）的蛋白水平，推测黄精多糖可能通过调节骨钙素信号传导来抵抗疲劳。此外，如图 3-16 所示，黄精的同质多糖（PCPY-1）也能够显著刺激骨髓间充质干细胞（BMMSC）向成骨细胞分化，通过上调 OC 的释放和 G 蛋白偶联受体 GPRC6A 蛋白的表达，显著增强成肌细胞的能量代谢，并增强骨钙素介导的骨和肌肉之间的串扰，从而促进肌肉能量代谢和 ATP 的生成，减少了游泳实验中的疲劳[79]。

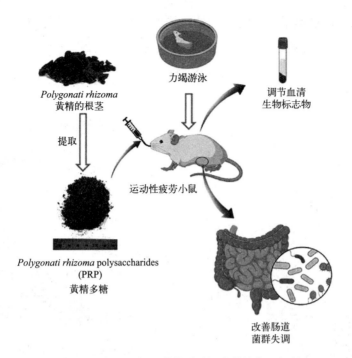

图3-15 黄精多糖调节肠道菌群缓解疲劳的作用机制[77]

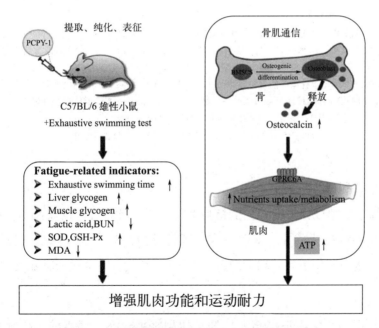

图3-16 黄精多糖缓解疲劳游泳小鼠的潜在机制[79]

Fatigue-related indicators—疲劳相关指标；Exhaustive swimming time—力竭游泳时间；
Liver glycogen—肝糖原；Muscle glycogen—肌糖原；Lactic acid—乳酸；BUN—尿素氮；
SOD—超氧化物歧化酶；GSH-Px—谷胱甘肽过氧化物酶；MDA—丙二醛；Osteocalcin—骨钙素；
Nutrients uptake/metabolism—营养物质的吸收/代谢；PCPY-1—黄精的同质多糖；
ATP—三磷酸腺苷；GPRC6A—G蛋白耦联受体C家族6组A亚型

黄精还能够通过激活 Nrf2/HO-1 信号通路来缓解氧化应激，并通过上调 AMPK/PGC-1α/TFAM 信号通路蛋白的表达来促进能量代谢，如图 3-17 所示[80]。

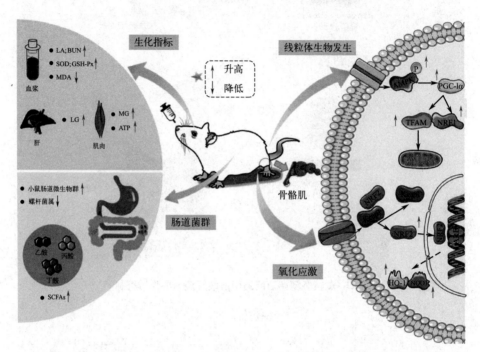

图 3-17　黄精多糖调节 Nrf2/HO-1 和 AMPK/PGC-1α/TFAM 信号通路改善疲劳机制图[80]
LA—抗磷脂抗体；BUN—尿素氮；SOD—超氧化物歧化酶；GSH-Px—谷胱甘肽过氧化物酶；
MAD—丙二醛；LG—肝糖原；MG—肌糖原；ATP—腺嘌呤核苷三磷酸；SCFAs—短链脂肪酸；
AMPK—单磷酸腺苷激活的蛋白激酶；PGC-1α—过氧化物酶体增殖受体γ辅激活因子α；
TFAM—线粒体转录因子A；NRF1—核呼吸因子-1；Keap1—Kelch样ECH关联蛋白1；
NRF2—核转录因子红系2相关因子2；ARE—抗氧化反应元件；
HO-1—血红素加氧酶-1；NQO1—NAD（P）H醌脱氢酶

（2）黄精黄酮成分抗疲劳作用

黄精中除了多糖成分具有一定的抗疲劳作用外，黄精叶中的黄酮类提取物也具有显著的抗氧化和抗疲劳活性，实验发现，黄精叶黄酮具有显著降低大鼠血液中 LA、BUN 和 MDA 水平的作用，并增加血液中 SOD 的活性，从而延长大鼠运动的时间[81]。

4. 小结

抗疲劳作用的意义在于提高人们的身体和精神状态，提高整体生活质量，预防疲劳过度引起的健康问题，并增强免疫力和抵抗力。通过研究和应用抗疲劳药物等措施，可以有效地提高人们的抗疲劳能力，为人们的健康和生活带来轻松和愉悦。上述结果已证实黄精可以作为一种抗疲劳剂，但其抗疲劳剂的机制和安全性仍有待进一步研究。

九、保护神经作用

1. 抑制神经细胞凋亡

（1）黄精复方抑制神经细胞凋亡

在临床应用中，口服苁蓉精颗粒（组成：制黄精、肉苁蓉、淫羊藿）联合卡左双多巴控释片治疗早期帕金森病患者可明显改善中医证候评分[82]。另有实验同样证明，传统中药配方（组成：肉苁蓉、淫羊藿、黄精）可显著增强基质金属蛋白酶2（MMP2）暴露后黑质多巴胺能神经元细胞的存活率，抑制1-甲基-4-苯基-吡啶离子（MPP$^+$）诱导的细胞内ROS的产生。该复方同时能够通过减少磷脂酰丝氨酸（PS）的外化，提高Bcl-2/Bax比率，以防止细胞凋亡[83]。

（2）黄精单方抑制神经细胞凋亡

黄精对β-淀粉样蛋白$_{25-35}$（Aβ$_{25-35}$）诱导神经毒性细胞的保护作用主要是通过减少细胞死亡，提高Bax/Bcl-2比率，抑制线粒体功能障碍和细胞色素C的释放，抑制Caspase-3活化，同时，提高PI3K/AKT信号通路中磷酸化AKT（p-AKT）的蛋白水平[84]，从而保护神经细胞。

（3）黄精成分保护神经作用

黄精中主要发挥保护神经药效的成分可能为多糖和皂苷，但目前在此方面的研究报道较少。

① **黄精多糖保护神经作用**　黄精多糖可能通过抑制活性氧产生、促进神经细胞增殖，并抑制小鼠的神经元凋亡，减轻帕金森模型小鼠的运动障碍和多巴胺能神经元丢失[85]。此外，Li等[86]研究发现黄精多糖可通过触发Nrf2/HO-1信号通路减弱小胶质细胞的活化，减少ROS积累，进而减轻由SLC7A11和GPX4蛋白水平变化引起的小胶质细胞铁死亡。

② **黄精皂苷保护神经作用**　从黄精中提取分离得到的薯蓣皂苷可能通过影响炎症反应和细胞凋亡对大鼠脑缺血再灌注损伤具有神经保护作用[87]；同样也对Aβ$_{25-35}$诱导的神经细胞的株细胞（PC12）毒性和氧化应激损伤具有保护作用[88]。

（4）小结

黄精具有抗神经细胞凋亡的作用，并提示在神经功能损伤早期使用黄精制剂时，可能通过抗自由基损害、减少细胞损伤和凋亡等途径（图3-18），有效保护神经。

2. 改善记忆功能作用

（1）黄精复方改善记忆功能作用

黄精复方制剂如甜梦胶囊（组成：刺五加、黄精、蚕蛾、桑椹、党参、黄芪、砂仁、枸杞子、山楂、熟地黄、淫羊藿、陈皮、茯苓、制马钱子、法半夏、泽泻、山药）、预知子汤（组成：预知子、人参、石菖蒲、枸杞子、远志、黄精、柏子仁、

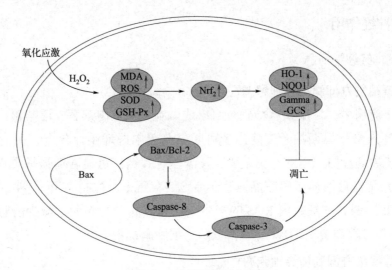

图3-18 神经细胞凋亡途径

朱砂、白茯苓、茯神、地骨皮)等可改善认知障碍,缓解失眠、健忘等症状,增强学习与记忆能力,在治疗失眠、脑白质病、脑卒中、老年痴呆等疾病疗效显著[89]。

二精丸配方由黄精、枸杞子组成,通过多成分、多靶点、多途径的方式防治阿尔茨海默病(AD)[90]。黄精地龙组方能够明显增强AD模型小鼠的学习记忆能力,减少学习记忆错误次数,增加脑组织的SOD、GSH-Px活性,减少MDA含量[91]。

(2)黄精单方改善记忆功能作用

在黄精单方的相关研究中发现,黄精汤可明显提高大鼠记忆和检索能力,同样黄精水提液干预AD模型大鼠后,能够上调前额叶皮质和海马区α7nAChR的蛋白表达水平,通过保护中枢胆碱能系统来提高空间学习记忆能力[92]。进而,有研究发现黄精的乙醇提取物对东莨菪碱所致的小鼠记忆获得障碍有明显改善作用[93]。

运用转录组学分析黄精治疗对脑衰老影响的潜在机制,发现黄精干预后显著改变了小鼠37个circRNA、13个miRNA和679个mRNA的表达。这些失调的RNA与突触活性密切相关[94]。

也有报道对黄精的不同炮制品(黑豆黄精、炆黄精)干预AD模型大鼠尿液代谢产物的影响进行研究[95]。结果发现,AD模型大鼠经过黑豆黄精、炆黄精治疗后,对新物体识别指数升高,在莫里斯水迷宫实验中逃避潜伏期缩短、穿越平台次数增加。海马组织中IL-6和TNF-α含量显著降低,其中黑豆黄精组更为明显。该研究还找到15个潜在生物标志物,代谢产物主要涉及双香豆素作用途径、吡罗昔康作用途径等,为进一步挖掘黄精神经保护作用的药效物质基础提供依据。

(3)黄精成分改善记忆功能作用

目前,临床常用保护神经的药物有维生素B_{12}、谷维素、甲钴胺等。这些药物有助于营养神经、调节植物神经功能失调或辅助改善神经病变。神经保护药物虽然具有一定的疗效，但也可能引起一些不良反应及耐药性等问题，如恶心、呕吐、头痛、失眠、焦虑等。因此，亟须更多天然、毒副作用小的治疗药物。黄精中的药效物质适宜作为此类药物的先导化合物或前体药物。

① **黄精多糖改善记忆功能作用**　在莫里斯水迷宫实验中发现，黄精多糖可显著缩短动物模型的逃避潜伏期，减少了错误次数，在目标象限内的保留时间显著增加，平台跨越的次数显著增加。同时，机体血清中 GSH-Px 和 SOD 的活性均有所上调，而 MDA 水平则有下调。在脑组织中，谷氨酸（Glu）和乙酰胆碱（ACh）的表达上调，而抑制性神经递质的转运体 GABA 的表达下调[96]。主流研究认为人体内 ACh 含量增多与 AD 的症状改善显著相关。

张峰等[97]研究也证实黄精多糖可使正常小鼠在安全区（跳台）停留时间延长，显著降低记忆获得障碍小鼠受电击后的错误反应次数，并能显著抑制小鼠脑组织 MDA 的生成，提高脑组织 GSH-Px 和 SOD 的活性。

陈毅飞团队则认为，黄精多糖通过上调抗钙黏蛋白（N-cadherin）水平，阻碍 p38 磷酸化，改善 AD 模型斑马鱼的学习记忆能力[98]。

成威等[99]发现经黄精多糖干预后的痴呆小鼠海马 CA1 区线粒体密度增加，线粒体变形程度减轻，提示其具有防治老年痴呆的作用；改善海马 CA1 区突触界面结构的可塑性，能够提高神经递质信息传递。与此同时，另一项研究也证实，黄精多糖是通过改善海马 CA1 区神经元的损伤程度来改善小鼠的学习记忆力。

在 D- 半乳糖（D-Gal）诱导的大鼠衰老模型中发现，黄精多糖能够上调肾皮质 Klotho mRNA 和 Klotho 蛋白的表达水平，抑制股骨 FGF-23 蛋白的表达，通过调节 Klotho、FGF-23 内分泌轴、减轻氧化应激、平衡磷和钙的代谢水平，显著改善大鼠的学习记忆能力[100]。

九蒸九晒后的黄精多糖（PSP）PSP0、PSP5、PSP9 可改善 D- 半乳糖诱导小鼠的记忆损伤，D- 半乳糖致小鼠的空间认知功能损伤严重，非空间认知功能的损伤不显著，模型组小鼠海马、前额叶皮层的抗氧化酶活力降低，MDA 升高。在此基础上，海马、前额叶的凋亡相关蛋白 Caspase-3 表达增高。由于上述两脑区在空间和非空间认知中所起的作用各有侧重，因此，推断 D- 半乳糖造成的小鼠空间认知功能损伤的原因可能与相关脑区的抗氧化酶活力降低和神经元凋亡增加有关。其中 PSP5 的记忆效果最佳。同时，PSP5 在预防 D- 半乳糖诱导的细胞死亡和突触损伤方面效果最好。此外，PSP5 能够增加 D- 半乳糖损伤小鼠抗氧化应激相关蛋白表达，降低炎症相关蛋白表达[101]。提示黄精多糖 PSP5 部分可进一步开发应用，作为认知功能障碍的治疗药物。

从黄精分离出的单体多糖同样能够改善阿尔茨海默病（AD）小鼠大脑中与记忆和认知相关的病理行为，可防止突触丧失，增强小胶质细胞对 Aβ 斑块的吞噬，并降低了大脑中 $Aβ_{1-40}$ 和 $Aβ_{1-42}$ 的浓度。此外，黄精多糖重建了肠道微生物群组成，包括降低幽门螺杆菌的相对丰度,增加嗜黏液阿克曼菌,可防止肠道屏障完整性损伤、炎症反应和肠道 Aβ 的沉积[102]。

② 黄精皂苷改善记忆功能作用　黄精薯蓣皂苷呈剂量依赖性地改善了 AD 模型大鼠海马中的神经病理损伤和空间学习和记忆,并保护动物免受 $Aβ_{1-42}$ 肽诱导的认知功能障碍。此外,生化结果显示,薯蓣皂苷成功减弱了 $Aβ_{1-42}$ 介导的斑块负荷、氧化应激、神经炎症和乙酰胆碱酯酶活性的升高[103]。

③ 黄精其他成分改善记忆功能作用　黄精有效成分咖啡醇、异鼠李素和芦丁在 AD 模型转基因小鼠中通过减少炎症细胞因子水平,抑制 Aβ 阳性斑点数量,提高抗氧化水平,发挥了 ACh 活性的有益作用[104]。

3. 改善脑血管损伤作用

脑血管功能障碍是 AD 的发病机制之一,与 AD 模型密切相关。

(1) 黄精复方改善脑血管功能障碍作用

采取永久性结扎大鼠双侧颈总动脉,发现大鼠脑内毛细血管内皮细胞线粒体结构模糊,毛细血管基膜局部增厚伴有肿胀,密度不均匀;而给予黄精口服液(组成:人参、黄芪、枸杞子、女贞子、黄精、淫羊藿、麦芽、肉桂、蜂蜜)后,其脑部毛细血管基底膜轮廓清楚,密度均匀,内皮细胞线粒体损伤明显减轻,且灌胃时间越长其药效越佳,表明黄精口服液具有治疗脑血管损伤作用[105]。

(2) 黄精多糖成分改善脑血管功能障碍作用

同样采取永久性结扎大鼠双侧颈总动脉的造模方式,建立大鼠脑缺血损伤模型,发现经黄精多糖灌胃后,可以改善脑损伤大鼠的神经受损症状,恢复脑血流,增加海马尼氏体阳性神经元数目,并促使神经元细胞质内高尔基体等细胞器变丰富、减轻内质网肿胀,降低大脑内毛细血管壁肿胀程度,说明黄精多糖具有改善慢性脑缺血大鼠的学习记忆功能及减轻神经元细胞器受损的作用[106, 107]。

另一篇文献也证实了黄精多糖可缩短慢性脑缺血模型大鼠的逃避潜伏期,增加大鼠的穿台次数和前额皮质、海马 CA1 区尼氏体阳性神经元的数目,减轻神经元损伤,降低前额皮质和海马 CA1 区的 $Aβ_{1-42}$ 的蛋白表达水平,从而改善慢性脑缺血大鼠的学习记忆能力[108]。

陆连第课题组研究发现[109],黄精多糖可缩短高脂饮食饲养联合双侧颈总动脉结扎法建立的血管性痴呆模型大鼠的逃避潜伏期,增加大鼠穿台次数,降低全血和血浆黏稠度,减少血清中 TC、TG、LDL-C 以及海马区 TNF-α、IL-1β、MDA 的含量,升高血清中 HDL-C 的含量和海马区 SOD 的活性,表明黄精多糖可通过改善血液流变学异常、降血脂、抗炎、抗氧化等途径的作用,提高血管性痴呆模型大鼠的学习记忆能力。

4. 小结

黄精可以通过调节信号通路对神经系统起到一定的保护作用，并预防阿尔茨海默病。黄精可通过调节神经递质的产生、改善氧化应激损伤程度、减轻炎性反应等来改善学习记忆能力，从而发挥抗阿尔茨海默病的作用。以上综述了黄精神经调节的功效物质基础，以期为黄精在临床上进一步开发利用提供参考。

十、防治抑郁作用

1. 黄精单方治疗抑郁作用

黄精水提物通过调节神经递质受体，如 γ-氨基丁酸 A-R_2 受体（$GABA_A$-R_2）、5-羟色胺 1A 受体（5-HT_{1A}），从而促进睡眠作用并提高睡眠质量和时间[110-112]。

在临床上，以黄精联合氟西汀治疗抑郁，发现该联合疗法能明显降低汉密尔顿抑郁量表得分，在改善抑郁症状的同时能有效地降低药物不良反应[113]。

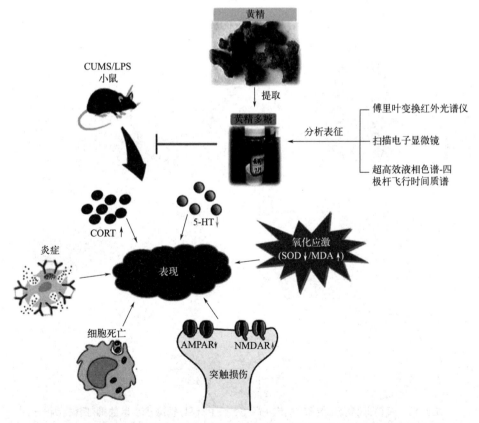

图3-19 黄精多糖减少氧化应激、炎症以及细胞和突触损伤来预防抑郁样行为[115]
CORT—多皮质酮；5-HT—血清素；NMDA—N-甲基-D-天冬氨酸；AMPAR—α-氨基-3-羟基-5-甲基-4-异恶唑丙酸受体；NMDAR—N-甲基-D-天冬氨酸受体；SOD—超氧化物歧化酶；MDA—丙二醛

2. 黄精成分预防抑郁作用

(1) 黄精多糖预防抑郁作用

韦震等建立急性抑郁小鼠模型[114]，实验结果表明黄精多糖可通过上调神经递质水平和降低炎症来实现抗抑郁作用，并能够调节色氨酸（TRP）代谢作用，进而提高脑内神经递质水平、抑制神经毒性物质的产生起到预防抑郁的作用。

同样给予黄精多糖干预后，发现小鼠海马 5-HT 水平升高，血清 CORT 和海马 ROS 水平减少，并抑制了 ERK1/2、NF-κB 和 GFAP 的激活及炎症反应蓄积[115]，如图 3-19 所示。同时，还促进了海马内 p-AKT、p-mTOR、GluA1 和 GluA2 的表达，降低 Caspase-3、GluN2A 和 GluN2B 的表达，并改善海马的齿状回 DG 区域颗粒细胞的损伤来预防抑郁的行为，以及突触和神经元的损伤。

黄精多糖还可以调节慢性不可预知温和应激法（CUMS）诱导的钙蛋白酶系统和 Nrf2、NLRP3 信号通路的变化，并减少抑郁样行为[116]，如图 3-20 所示；并降低 CUMS 诱导的抑郁性斑马鱼体内的皮质醇和促炎细胞因子水平，增加了抗炎细胞因子水平。此外，黄精多糖可以逆转中脑和端脑神经元、血脑屏障的损伤及脑 M1/M2 表型基因的 mRNA 表达，抑制小胶质细胞过活化诱导的神经炎症来发挥抗抑郁作用[117]。

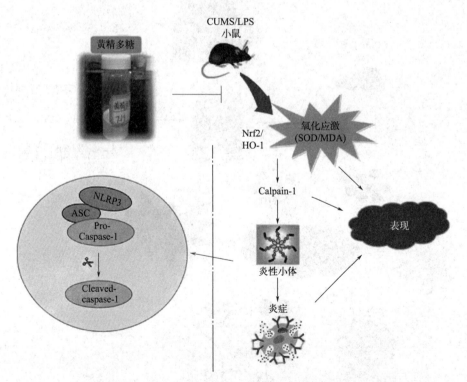

图 3-20　黄精抑制氧化应激-钙蛋白酶-1-NLRP3信号轴减少小鼠的抑郁样行为[116]

NLRP3—NOD样受体热蛋白结构域蛋白3；ASC—凋亡相关斑点样蛋白；
Nrf2—关键转录因子；Calpain—需钙蛋白酶；SOD—超氧化物歧化酶；
MDA—丙二醛；Pro-Caspase-1—含半胱氨酸的天冬氨酸蛋白水解酶前体；
Cleaved-caspase-1—活化的含半胱氨酸的天冬氨酸蛋白水解酶

(2) 黄精皂苷改善抑郁作用

黄精总皂苷也具有抗抑郁作用，已明确黄精总苷能够明显提高 5-HT1A R 的表达，降低 β-arrestin 2、AKT 的表达从而改善大鼠抑郁症状[118]。魏浩洁等[119]同样发现，黄精总苷可能是通过 5-HT1AR/cAMP/PKA/CREB 信号通路发挥抗抑郁作用。

耿甄彦团队进一步证实了黄精总苷能增加抑郁症模型小鼠自主活动次数，缩短逃避潜伏期，提高脑组织中 5-HT、NE、DA 单胺类神经递质水平，从而改善抑郁症模型小鼠的行为学变化[120]。

抑郁症模型大鼠血清中微量元素锌、铜、镁、锰的含量显著下降，黄莺课题组从另一个角度发现，经过黄精总苷的干预，上述元素在大鼠体内的含量增高，调节机体中的微量元素水平可能是其机制之一[121]。

3. 小结

黄精具有多种药理作用，包括补气养阴、健脾润肺、补肾益精等。这些作用可能与其抗抑郁作用有一定的关联，因为中医理论认为，抑郁与身体内部的阴阳失衡、脏腑功能失调等因素密切相关。且已有较多的实验结果证实，黄精在抗抑郁方面确实具有一定的潜力和效果，但其作用机制和应用方法还需要进一步的研究和探索。

尽管黄精在实验室研究中显示出了抗抑郁的效果，但其在临床应用方面还需要进一步研究和验证。目前，黄精可以作为辅助治疗手段，与其他抗抑郁药物联合使用，以减轻患者的症状并提高治疗效果。对于抑郁症患者来说，选择适合自己的治疗方法并遵循医生的建议非常重要。

十一、保护骨骼作用

黄精在辅助治疗骨质疏松方面具有一定的作用。具体而言，黄精具有补气养阴、健脾润肺的功效，可以改善骨质疏松患者的症状，如体倦乏力、腰膝酸软等。骨质疏松是一种以骨量减少和骨组织微结构破坏为特征的代谢性骨病，主要表现为骨骼强度降低、骨折风险增加等。治疗骨质疏松的方法主要包括药物治疗和非药物治疗两种。在药物治疗方面，常用的药物包括双膦酸盐类、维生素 D 及其类似物、雌激素受体调节剂等，这些药物可以促进骨形成和抑制骨吸收，从而达到增加骨密度的目的。非药物治疗则主要包括运动疗法、营养疗法和心理疗法等，这些治疗方法可以提高骨骼的强度和稳定性，预防跌倒和骨折的发生。

1. 黄精单方防治骨质疏松作用

黄精可能通过调控 JUN、TP53、AKT1、ESR1、AR、CASP3 等核心靶基因调控骨质疏松，并作用于 HIF-1 信号通路、PI3K/AKT 信号通路、雌激素信号通路等多种关键通路[122]，来辅助治疗骨质疏松，对改善患者的症状有一定帮助。

2. 黄精成分防治骨质疏松作用

（1）黄精多糖改善骨质疏松作用

黄精多糖可提高骨质疏松模型大鼠胫骨的最大载荷、弹性载荷和骨密度，降低抗酒石酸酸性磷酸酶（TRAP）和α1-Ⅰ型胶原基因（collagen, type Ⅰ, α1, Colla1）的含量，提高促进成骨分化相关基因碱性磷酸酶（ALP）、BGP、RUNX2 骨保护素的水平和胫骨组织中 G 蛋白偶联受体 GPR48、BMP 的蛋白表达水平，抑制破骨分化相关基因酰基载体蛋白（ACP5）、组织蛋白酶 K（CTSK）的表达水平，提示黄精多糖可通过调控骨代谢因子来延缓骨质疏松患者的症状[123]。也有研究报道[124]，黄精多糖可显著提高小鼠的 ALP 和 BGP 的表达，可能是因其具有促进小鼠骨髓间充质干细胞向成骨细胞分化的作用。通过建立大鼠胫骨骨折模型，发现黄精多糖能改善 BGP、钙、磷、碱性磷酸酶水平，抑制 Colla1、ACP5、CTSK 蛋白表达，从而促进大鼠胫骨骨折愈合[125]。

此外，黄精多糖还可增加绝经后骨质疏松模型大鼠的骨密度、骨体积分数和骨小梁数量，改善骨微结构破坏，降低血清中 Ca、P 的含量[126]。

在对糖尿病大鼠骨质疏松方面的研究中发现，黄精多糖可提高骨保护素（OPG）蛋白表达和降低核因子 κB 受体活化因子配体（RANKL）蛋白表达以调节骨代谢平衡，提高股骨骨密度，对骨质疏松具有改善作用[127]。

曾高峰等的研究证明[128-129]，黄精多糖可显著促进骨髓间充质干细胞成骨分化过程中 BMP-2 和Ⅰ型前胶原氨基端前肽（PINP）的表达，从而促进小鼠骨髓间充质干细胞成骨分化。同时，还能降低血清中 IL-1 和 IL-6 的水平。

黄精多糖能有效促进小鼠胚胎成骨细胞前体细胞的成骨分化[130]；还能促进小鼠骨髓间充质干细胞向成骨细胞分化[131]。

何基琛等[132]证实了黄精多糖可抑制小鼠骨髓巨噬细胞向破骨细胞分化，缓解脂多糖诱导的颅骨骨溶解；还可增加巨噬细胞和 miRNA-1224 过表达巨噬细胞中含 LIM 域 1（Limd1）的蛋白表达水平，降低巨噬细胞刺激蛋白 1（Mst1）、大肿瘤抑制激酶 1（Lats1）、PDZ 结合基序的转录共激活因子（TAZ）的蛋白表达水平，通过 miRNA-1224/Hippo 信号通路抑制巨噬细胞向破骨细胞分化，从而改善骨质疏松患者的症状[133]。而另一项关于骨质疏松的研究发现，黄精多糖通过上调大鼠 BMP 的表达和碱性成纤维细胞生长因子（bFGF）的表达，抑制 BGP、骨碱性磷酸酶（BALP）、TRAP 和 TNF-α 的表达，以达到预防骨质疏松的目的[134]。

另有实验证明，黄精多糖可通过激活 Wnt/β-catenin 信号通路来促进 BMSC 向成骨细胞分化，阻断破骨形成，以达到减少骨质流失、治疗骨质疏松的目的[135]。也可以通过降低促进 β-catenin 降解的糖原合成酶-3β（GSK3β）水平，增加 β-catenin 的核积聚[136]；进一步研究发现，黄精多糖通过 ERK/GSK3β/β-catenin 信号通路促进体外成骨细胞分化和矿化，可有效降低 H_2O_2 诱导的大鼠椎间盘退变、髓核细胞凋亡、炎症和氧化应激，从而减缓椎间盘退变的进展。此外，黄精多糖还可通过不依赖于 LRP5 的 GSK-3β/β-catenin 信号通路促进 BMSC 向成骨细胞分化[137]。

由于骨质疏松小鼠脂肪干细胞（OP-ASC）能够自我增殖、更新及多向分化，可作为干细胞适用于骨质疏松性骨缺损的修复，并且有研究表明脂肪干细胞（ASC）成骨分化过程受多种信号通路的调控，Wnt/β-catenin 信号通路与干细胞之间存在着密切的关系[138]。陆诗团队的研究结果发现，黄精多糖可能是通过下调 Wnt/β-catenin 信号通路中 β-catenin 蛋白的表达，从而提高脂肪干细胞成骨分化能力。

此外，黄精制剂中的多糖成分可增加膝骨性关节炎患者的 KSCRS 关节评分和功能评分，缓解膝关节疼痛及提高关节活动度，减少膝关节骨性关节炎患者血清中 IL-1、IL-33 及 MMP-13 的含量，有效抑制炎症反应，延缓患者病情发展[139, 140]。

（2）黄精皂苷抗骨质疏松作用

从黄精中分离出的 Dioscin（69）是一种甾体皂苷，能够促进成骨细胞的形成，抑制破骨细胞的活性，已证实其具有抗骨质疏松作用[141]。而另一种薯蓣皂苷元能够改善大鼠股骨长、股骨重减少、骨密度下降等情况，降低血清中 ALP 和 TRAP 水平，提高雌二醇、BGP 含量[142]。

3. 小结

《证类本草》中增加了黄精强身健筋骨的功效，其传统功效延续至今。目前，治疗骨质疏松的方法主要包括药物治疗和非药物治疗两种。黄精作为一种中药，可以作为辅助治疗骨质疏松的方法之一，可以改善骨质疏松患者的部分症状，如乏力、疼痛等。以上研究也表明，黄精有望成为预防骨质疏松的一种新方法。

十二、保护心血管作用

1. 抗动脉粥样硬化作用

抗动脉粥样硬化的作用主要体现在预防和治疗动脉粥样硬化及其引起的心血管疾病。临床通常采用以下 4 类药物：①降血脂药物，如阿托伐他汀、瑞舒伐他汀等，可以降低血液中的 LDL-C 水平，同时提高 HDL-C 水平，从而减轻动脉粥样硬化斑块的形成和发展。②抗血小板药物，如阿司匹林、氯吡格雷、替格瑞洛等，这些药物可以抑制血小板聚集，防止血栓形成，从而降低心脑血管疾病的风险。③抗氧化药物，如维生素 C、维生素 E、普罗布考等，这些药物可以抑制脂质过氧化反应，减少氧化低密度脂蛋白（ox-LDL）的形成，从而减轻动脉粥样硬化斑块的氧化应激损伤。④扩血管药物，如硝酸甘油、单硝酸异山梨酯等硝酸酯类，以及氨氯地平、非洛地平等长效钙通道阻滞剂，这些药物可以扩张血管，降低血压，改善心肌供血，从而减轻动脉粥样硬化引起的心绞痛症状。

(1) 黄精单方抗动脉粥样硬化作用

有研究发现，黄精通过抑制 ATR/Chk1 通路来延缓血管衰老，减少主动脉内皮损伤，提高弹性膜结构完整性，减少胶原沉积现象[143]，从而干预大鼠血管老化。究其根本是利用黄精抗氧化特性，抑制脂质过氧化反应，从而减轻动脉粥样硬化斑块的氧化应激损伤。

(2) 黄精多糖抗动脉粥样硬化作用

根据文献调研统计结果显示，以黄精多糖在抗动脉粥样硬化方面的研究最多。李友元团队研究发现黄精多糖能下调兔动脉粥样硬化血管内膜血管细胞 VCAM-1 的高表达，抑制炎性细胞对内皮细胞的黏附，从而阻止血管内皮炎症反应的发生、发展[144]。

黄精多糖对高脂饮食（HFD）诱导的雄性和雌性 $LDLr^{-/-}$ 小鼠动脉粥样硬化的干预结果表明黄精多糖显著降低了雄性和雌性小鼠主动脉中 p65、p68、p38、细胞外调节激酶 1/2（ERK1/2）和 p-AKT，并增加 NF-κB 抑制剂（IκB）的蛋白表达，显著降低了动脉粥样硬化的风险，其对雄性小鼠的干预作用强于雌性小鼠[145]，多花黄精多糖对高脂饲料喂养的雌性和雄性小鼠动脉粥样硬化的潜在干预机制如图 3-21 所示。另有研究表明，黄精多糖能显著改善 HFD 诱导的成年金黄仓鼠的血脂、载脂蛋白及内皮功能紊乱等情况[146]。

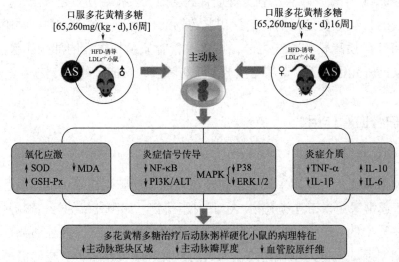

图3-21 多花黄精多糖对高脂饲料喂养的雌性和雄性小鼠动脉粥样硬化的潜在干预机制[145]

SOD—超氧化物歧化酶；MAD—丙二醇；GSH-Px—谷胱甘肽过氧化物酶；NF-κB—核因子κB；
PI3K/ALT—磷脂酰肌醇-3-激酶/丙氨酸氨基转移酶；MAPK—丝裂原活化蛋白激酶；
P38—P38丝裂原活化蛋白激酶；ERK1/2—细胞外调节蛋白激酶；TNF-α—肿瘤坏死因子-α；
IL-1β—白介素1β；IL-10—白介素10；IL-6—白介素6

通过构建 $ApoE^{-/-}$ 动脉粥样硬化小鼠模型，经黄精多糖给药后，能够显著抑制 LDL-C、TC 和 TG，以及 VCAM-1、ICAM-1 等细胞黏附分子的表达[147]，其作用机制如图 3-22 所示。此外，黄精多糖还可减少主动脉脂质的积累，减轻了主动脉内膜增生和炎症细胞膨胀，可能是由于参与调节了 TLR4/MyD88/NF-κB 信号通路的信号传导。

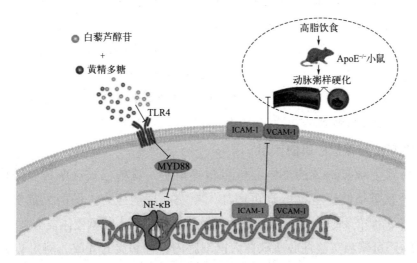

图3-22　黄精多糖和白藜芦醇苷协同抗ApoE⁻/⁻小鼠动脉粥样硬化的作用机制[147]
TLR4—Toll样受体4；MYD88—髓样分化因子88；NF-κB—核因子κB；
ICAM-1—细胞间黏附分子-1；VCAM-1—血管细胞黏附分子-1

2. 抗高血压作用

高血压是一种以动脉压升高为特征，可伴有心脏、血管、脑和肾脏等器官功能性或器质性改变的全身性疾病，对患者的身体健康和生活质量造成严重影响。

临床上黄精四草汤（组成：黄精、夏枯草、益母草、车前草、豨莶草）治疗高血压临床疗效显著[148]。该方主要功效是活血通络，补肾平肝，健脾利水；适用于高血压证属气血亏虚、肝阳上亢、脉络瘀滞的患者。以黄精益脾肾，润心肺；夏枯草清肝火、平肝阳；益母草活血，车前草利水，豨莶草通络。诸药相配，能补脾、平肝、通络以降血压，对于脑血管硬化、肾病水肿兼有高血压的患者也有良好的治疗效果。

黄精益阴汤（组成：黄精、地骨皮、川芎、山萸肉、天麻、枸杞子、龙骨、牡蛎、茯苓、钩藤、龟甲、白芍、天冬）则具有滋阴降火、敛汗固表的作用。临床上主要用于阴虚劳损所导致的咳嗽咳痰、潮热盗汗、夜梦遗精等症状。同时，对于头晕耳鸣以及舌红少苔的患者，也可以适当使用黄精益阴汤。此外，黄精益阴汤也具有良好的降压作用且没有明显的不良反应，还可以降低血清胆固醇、甘油三酯[149]，且对原发性高血压患者的血压水平，肝功能、血脂水平均有明显疗效[150]。

3. 保护心脏作用

黄精可通过抑制炎症、凋亡、氧化应激等多个信号通路的激活发挥保护心脏的作用。

（1）黄精复方保护心脏作用

参芪丹鸡黄精汤（组成：黄芪、丹参、夜交藤、当归、党参、生地黄、柴胡、苍术、白术、陈皮、青皮、黄精、莪术、三棱、鸡血藤、薄荷）具有宣痹通阳、活血化瘀之功。黄芪、丹参、夜交藤补气活血；当归、党参、生地黄、柴胡、苍白术、陈皮、黄精、莪术、三棱活血通阳散结；鸡血藤、薄荷活血通络。该方用于气血两虚、血瘀气滞的病症。在临床治疗中，在治疗窦性心动过缓的临床方面疗效显著[151]。

此外，参芪丹鸡黄精汤与西药联合治疗，可降低患者氨基末端脑钠肽前体水平，提升患者左室射血分数及心功能，从而有效治疗慢性心衰[152]。

（2）黄精单方保护心肌的作用

在异丙肾上腺素诱导的体内心脏重塑模型中，黄精已被证明能有效降低心脏指数。此外，黄精的甲醇提取物可增加大鼠左心房的压力，同时又能够有效抑制cAMP磷酸二酯酶的活性，通过激活交感神经而刺激β-肾上腺素受体发挥强心作用[153]。黄精醇提物还可减轻实验性心肌缺血大鼠细胞内各种酶类的释放、防止心肌钙超载、减轻脂质过氧化，同样可实现保护心肌的作用[154]。

（3）黄精成分保护心肌的作用

① **黄精多糖保护心肌的作用** 黄精多糖干预自身免疫性心肌炎模型大鼠后发现，黄精多糖能降低心肌组织 MDA 和大鼠血清 TNF-α、IL-6、TGF-β1 的含量，调节 JAK/STAT3 信号通路抑制自身免疫性心肌炎模型大鼠的氧化应激及炎症反应，减轻心肌组织病理损伤及纤维化[155]。同样通过抑制 JAK2/STAT3 信号通路，黄精多糖有效抑制异丙肾上腺素诱导的心肌肥厚模型大鼠心脏质量指数和左心室指数的增加，减轻心肌细胞异常增大、间隙增宽的病理形态等病理改变[156]。

马怀芬团队的研究证实了黄精多糖可降低异丙肾上腺素建立心脏重塑模型小鼠的心脏指数，增加血清中 SOD 含量，同时降低血清中 MDA、TNF-α、IL-6 的水平，减轻心肌细胞增大、间隙增宽和心肌纤维断裂的病理改变，下调心肌组织中细胞间黏附分子-1（ICAM-1）、血管细胞黏附因子-1（VCAM-1）的蛋白表达水平，改善心肌重塑[157]。

在阿霉素诱导的急性心力衰竭中，黄精多糖可以提高心率，左心室收缩压、左心室内压最大上升速率，降低左心室舒张末压，提高心肌 Na^+-K^+-ATP 酶、Ca^{2+}-Mg^{2+}、琥珀酸脱氢酶以及心肌 Bcl-2 和 Caspase-3 蛋白表达水平，抑制心肌组织 Bax、Cleaved-caspase-3 的蛋白表达水平。同时，显著降低血清生化指标（心肌肌钙蛋白 I、肌酸激酶 MB 亚型、TNF-α、IL-6、MDA、NO）的表达水平。其机制可能与其抗氧化应激、抗炎和抑制心肌细胞凋亡有关[158]。

值得注意的是，黄精多糖可通过改善小鼠心脏组织中心肌纤维的不规则排列，降低心肌肌钙蛋白 T（cTnT）、CK、p21 和 p53 的水平，从而减轻心脏损伤和衰老。此外，黄精多糖可降低 8-羟基脱氧鸟苷（8-OhdG）和 4-羟壬二酸酯（4-HNE）的含量，从而防止氧化应激诱导的 DNA 损伤和脂质过氧化[159]。

黄精多糖在抗炎作用方面的突出表现，能够通过调节 NF-κB 信号通路介导炎症反应[160]，改善急性心肌梗死模型大鼠的心肌损伤，减少炎症反应，修复心肌缺血。黄精多糖还具有保护心肌细胞的作用，可增加缺氧损伤后 H9C2 心肌细胞的存活率，下调 Bax/Bcl-2 比率和 Caspase-3 表达水平[161]。进一步研究发现，黄精多糖还可降低 TNF-α、IL-1β 的含量，明显下调 NF-κB 的表达，抑制 H/R 诱导的 IκBα 蛋白的降解，抑制细胞中 TLR4、MyD88 的 mRNA 转录水平，减轻炎症反应来保护心肌细胞[162]。

② **黄精皂苷保护心肌的作用** 黄精皂苷具有一定的抗氧化和抗炎作用，能够清除自由基、抑制脂质过氧化反应，并通过调节炎症相关因子的表达来降低促炎细胞因子的产生。这些作用也有助于保护心肌细胞免受氧化应激和炎症反应的损伤。

在薯蓣皂苷抗药物心脏毒性作用方面的研究成果表明，薯蓣皂苷提高了 H9C2 细胞的活力，降低了 CK 和 LDH 的表达水平，改善阿霉素诱导的心脏组织病理学改变和心功能[163]（调控机制如图 3-23 所示）。

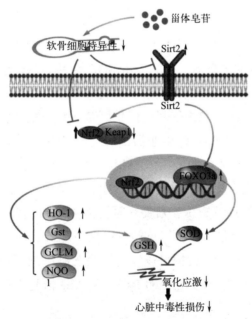

图3-23　薯蓣皂苷通过调节microRNA-140-5p介导的心肌
氧化应激对阿霉素诱导的心脏毒性的保护作用[163]

Sirt2—NAD依赖性组蛋白去乙酰化酶；Nrf2—核因子-E2相关因子2；Keap1—Kelch样ECH相关蛋白1；
FOXO3a—一种转录因子；SOD—超氧化物歧化酶；GSH—谷胱甘肽；HO-1—血红素氧合酶1；
Gst—谷胱甘肽S-转移酶；GCLM—谷氨酸-半胱氨酸连接酶；NQO—4-硝基喹啉-N-氧化物

十三、保护肝肾作用

1. 对肝脏保护作用

（1）黄精复方对肝脏保护作用

保护肝脏功能主要体现在帮助受损的肝细胞修复和再生两个方面，从而减轻或防止肝细胞受到进一步的损害，包括减轻肝内炎症反应、稳定肝细胞膜、中和自由基等，以减轻肝细胞的损伤。黄精复方制剂能够从多方面协同发挥保护肝脏的作用。

九转黄精丸（组成：当归、黄精）可调节 TC、TG、LDL-C、HDL-C、AST 和 ALT 水平，同时，对线粒体超微结构具有保护作用，抑制高脂饮食诱导的肝线粒体中 MDA 的增加，以及 SOD、GSH、ATP 合酶的降低。同时可调控 β 氧化基因的表达，保护线粒体功能，减轻代谢功能障碍相关的脂肪肝疾病[164]。以葛根、枸杞子、山楂和倒根蓼为原料的组方可减轻小鼠脑膜细胞 CD-1 和人肝癌细胞 HepG2 的胰岛素抵抗和肝脂肪变性[165]。

黄芪丹参黄精汤（组成：黄芪、丹参、黄精、鸡内金、板蓝根、连翘、败酱草、白术、茯苓、郁金、当归、女贞子等）在临床中主要用于改善早期肝硬化患者黄疸、腹水减轻和肝功能等病变[166]。

（2）黄精单方对肝脏保护作用

黄精可通过调节脂质代谢、改善氧化应激损伤程度、减轻炎症反应、抑制凋亡信号通路激活等来发挥抗脂肪肝的作用。

① **黄精单方调节脂质代谢保护肝脏**　黄精提取物可以降低肝损伤模型小鼠 ALT、AST 及 MDA 等生化指标，提高肝脏 SOD 活性，从而证实黄精对肝损伤小鼠有一定的药效作用[167]。

② **黄精单方改善氧化应激损伤程度保护肝脏**　滇黄精水提液可显著抑制高脂饮食诱导的血清中 AST、ALT、TC 和血清、肝组织中 TC、TG、LDL-C 的升高，并且能够显著抑制高脂饮食诱导的线粒体中 MDA 的增加，以及 SOD、GSH-Px、Na^+-K^+-ATP 合酶、呼吸链复合物Ⅰ、呼吸链复合物Ⅱ的减少[168]。

③ **黄精单方减轻炎症反应保护肝脏**　通过腹腔注射脂多糖（LPS）建立小鼠化脓性肝损伤模型，给药处理后，发现黄精可以显著降低 AST、ALT、ALP、TBIL 以及炎症细胞因子水平。尤其是黄精可以显著减轻肝脏组织病理损伤，降低中性粒细胞浸润标记物 MPO 的活性，并通过 NLRP3/GSDMD 信号抑制肝细胞焦亡，从而改善脓毒性急性肝损伤[169]。

④ **黄精单方抑制凋亡信号通路激活保护肝脏**　黄精水提取物还能够降低肝脏中 Caspase-3、Caspase-9、Bax 的蛋白表达水平，上调肝脏组织 Bcl-2 和线粒体中细胞色素 C 的蛋白表达水平[170]；其可作为治疗大鼠线粒体功能障碍和缓解非酒精性脂肪肝的有效线粒体调节剂或营养物质。

（3）黄精多糖成分对肝脏保护作用

石娟课题组[171]研究表明，黄精粗多糖可显著降低溴苯所致小鼠肝损伤的脂质过氧化产物 MDA 含量，增加小鼠肝组织的 GSH-Px 含量。

在另一种肝损伤模型中发现，黄精多糖对 CCl_4 诱导的大鼠肝损伤疗效显著。通过降低大鼠血清中 ALT、AST、ALP 活性及 DBIL、TBIL 含量，减轻大鼠肝脏病理学和组织学病变，体外实验也得到一样的结果[172]。

除此之外，黄精多糖还通过增强抗氧化酶活性、抑制脂质过氧化、降低促炎介质的活性，激活 Nrf2 介导的信号通路和调控通路以减轻肝组织氧化应激和炎症反应[173]。

黄精多糖可以抑制过度训练引起的肝组织自由基的增加，增加抗氧化酶的活性，平衡 NO 的生成量，增加 Na^+/K^+-ATP 酶和 Ca^{2+}/Mg^{2+}-ATP 酶的活性来维持高能量供应，并通过调节 iNOS 和 eNOS 的活性来维持肝细胞的正态分布和运行[174]。

2. 对肾脏保护作用

黄精对于肾脏具有显著的保护作用，能够通过降低肝酶，提高肝蛋白活性，从而消除生物体在新陈代谢过程中产生的有害物质。同时，它还具有降低肌酐及尿素氮水平的功能，有助于保护肾脏。此外，黄精的益肾填精功效也说明其对肾脏具有保护作用，可用于治疗肾虚所致的腰膝酸软、阳痿遗精、头晕耳鸣等症状。在临床上，黄精被用于改善肾虚患者的症状，帮助恢复肾脏的正常功能。然而，由于黄精的性质滋腻，易助湿邪，所以脾虚多湿、咳嗽痰多、中寒便溏者不宜服用。

（1）黄精单方对肾脏保护作用

黄精可通过阻断细胞增殖分化相关信号通路减轻肾小管间质纤维化、抑制炎症信号通路和氧化应激信号通路发挥保护肾脏的作用。

黄精性平、味甘，归脾、肺、肾经。基于肾主生殖的原理，补肾疗法传统上被认为是最适用于治疗不孕症的方法。目前主要集中于黄精对镉致小鼠睾丸损伤的保护作用，研究发现黄精可以提高精子存活率，降低了精子异常率，提高了睾酮水平，使受损睾丸组织恢复到接近正常水平，降低 ROS 抑制睾丸细胞凋亡。进一步研究结果提示，黄精提取物可以通过 TXNIP/NLRP3/Caspase-1 信号通路调节氧化应激，并通过 CytC/Caspase-9/Caspase-3 通路抑制线粒体通路中的细胞凋亡，减轻小鼠睾丸损伤[175]（相关机制如图 3-24 所示）。

黄精可降低慢性肾功能衰竭（CRF）大鼠 Cr、BUN 的水平，改善 CRF 大鼠贫血等表现，增加肾毒素的排泄，改善肾脏血流，延缓 CRF 的进展，从而改善肾纤维化[176]。

值得注意的是，黄精提取物通过调节线粒体介导的肾细胞凋亡和 GSK3β/Fyn/Nrf2 通路以减轻铀诱导的细胞毒性，升高线粒体膜电位和 ATP 水平，降低 ROS 水平[177]（图 3-25）。铀诱导的细胞毒性涉及多个方面，包括染色体畸变、遗传损害、DNA 断裂和突变等，这些都会对人体健康产生严重影响。因此，需要采取适当的防护措施和限制措施来降低铀的暴露风险。目前，寻找有效的拮抗铀的肾毒性的药物已成为医学和毒理学攻关的重点与难点。研究铀诱导的细胞毒性将有助于发现新的药物作用靶点，为开发防治铀中毒的药物提供理论基础和实验依据。虽然，黄精在中医药理论和实验研究中显示出了一定的药理作用和疗效，但目前在某些特定领域的研究可能还仅停留在实验阶段，并未广泛应用于临床治疗。这可能是因为还需要进一步的临床试验来验证其安全性和有效性，或者因为相关的药物研发和生产流程还在进行中。

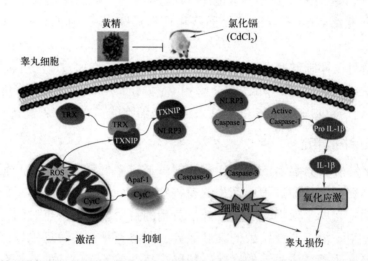

图3-24 黄精通过抑制氧化应激和线粒体介导的细胞凋亡对镉诱导的小鼠睾丸损伤的保护作用[175]
TRX—硫氧还蛋白；TXNIP—硫氧还蛋白互作蛋白；NLRP3—NOD 样受体热蛋白结构域蛋白3；
Caspase-1—半胱天冬酶 1；Caspase-3—胱天蛋白酶3；Caspase-9—含半胱氨酸的天冬氨酸蛋白水解酶；
IL-1β—白细胞介素-1β；Apaf-1—凋亡酶激活因子；CytC—细胞色素C；ROS—活性氧

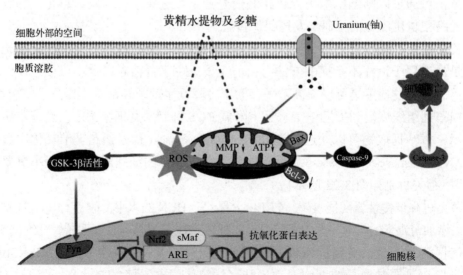

图3-25 黄精水提物和多糖对铀诱导的人肾（HK-2）细胞毒性的保护作用机制[177]
GSK-3β—糖原合成酶激酶-3；ROS—活性氧；MMP—基质金属蛋白酶；ATP—三磷酸腺苷；
Bax—促细胞凋亡蛋白；Bcl-2—细胞存活促进因子；Caspase-9—灭菌信号蛋白；
Caspase-3—半胱氨酸-天冬氨酸蛋白酶；Fyn—非受体或胞质酪氨酸激酶；
Nrf2—调控抗氧化应激的一种关键转录因子；sMaf—转录因子；ARE—顺式作用元件

（2）黄精成分对肾脏保护作用

① 黄精多糖对肾脏保护作用　黄精多糖对庆大霉素诱导的急性肾损伤模型大鼠有较强的保护作用，可降低血清肌酐（Cr）、BUN 的含量，减轻模型大鼠肾小管上皮细胞肿胀、炎性细胞浸润、肾小球变性和坏死等病变，下调肾组织中性粒细胞明胶化脂蛋白、肾损伤分子 1（KIM-1），抑制 p38 MAPK/Atf2 信号通路和炎症因子 TNF-α、IL-1β、IL-6 的产生，缓解肾脏损伤[178]。

华岩团队发现黄精多糖能够改善肾小球的滤过功能，提升肾组织抗氧化酶活性，抑制自由基生成，通过调节 NOS，减少 NO 代谢产物对肾组织的毒副作用，提升 ATP 活性，维持细胞膜内外 Na^+、K^+、Ca^{2+}、Mg^{2+} 正常分布，表明黄精多糖对大强度运动导致的肾脏损伤有一定的正向调理作用[179]。

② 黄精皂苷对肾脏保护作用　黄精皂苷与多糖活性作用一致，可降低糖尿病肾损伤模型大鼠的肾脏指数，降低血清中 BUN、Cr 及尿液中尿蛋白的含量，改善肾小管上皮细胞空泡变性、肾脏炎性细胞浸润、肾间质纤维化等病理变化，抑制 Wnt/β-catenin 信号通路异常激活来抑制肾小管间质纤维化[180]。

另一方面，黄精皂苷改善顺铂所致大鼠肾功能损害，其机制可能是通过降低顺铂所致的细胞脂质过氧化能力，加强抗氧化作用有关，从而减少了对肾小球及肾小管细胞的毒性作用[181]。

3. 小结

关于黄精对肝肾保护作用的具体机制和更深入的临床研究，目前还存在一定的空白。已有的研究主要集中在黄精对肝肾功能的改善和调节方面，例如黄精可以降低肝酶、提高肝蛋白活性、消除有害物质，以及降低 Cr、BUN 水平等。然而，这些作用背后的具体分子机制、信号通路及与其他药物的相互作用等，仍需要进一步的研究来阐明。

在临床试验方面，尽管已有一些研究表明黄精对肝肾疾病患者具有一定的治疗效果，但这些研究的样本量、实验设计、对照组设置等方面可能存在一定的局限性，因此还需要更大规模、更严谨的临床试验来验证黄精的治疗效果和安全性。

未来的研究可以从以下几个方面展开：一是进一步探究黄精对肝肾保护作用的分子机制和信号通路，以更深入地了解其药理作用；二是开展更大规模、更严谨的临床试验，验证黄精在肝肾疾病治疗中的效果和安全性；三是研究黄精与其他药物的相互作用，以优化治疗方案和提高治疗效果。

综上，黄精与保护肝肾作用的密切关系已经得到了初步的研究和验证，但还需要更深入的机制研究和临床试验的开展来进一步阐明其药理作用和治疗效果。

第三节 总　结

随着生活节奏的加快和工作压力的增大，亚健康问题已成为全球范围内的普遍现象。亚健康状态不仅影响着人们的日常生活质量，还可能引发一系列慢性疾病。

黄精作为药食两用之品，药性平和，口感适宜，对其功效进行更深入的研究和利用，具有巨大的经济价值和社会价值。黄精作为滋补强壮药已出现很久，特别是近代研究关于其用于改善心悸、气短、口咽干燥、体虚、乏力等症状出现了良好的效果，另外治疗老年体弱及病后恢复期患者也有较好的疗效。

随着对黄精化学成分和药理作用的深入研究，各类药理试验对黄精的中医功效也进行了多方验证。目前关于黄精现代药理研究方面的报道主要集中于黄精水提物、黄精多糖和黄精皂苷，对其他成分如黄酮、挥发油、生物碱类化合物的药理作用研究都比较少，特别是黄精单体化合物的药理作用研究甚少。

为了更加有效地开发黄精活性成分，今后可在传统分离纯化技术的基础上创新、完善分析，提取出纯度更高，种类更多的黄精活性物质。明确黄精活性成分的作用机制，种属黄精与生物活性和机制间的关系，为全面健康地开发黄精产业资源提供支撑和参考依据。

随着消费者对健康意识的提升和对传统中医药的认可，黄精的应用前景愈发广阔，未来发展方向也更加多元化。在药食两用产品的开发上，虽然研究比较广泛，所得的成果也较多，但是总体上产品大多存在创新性不足或功能不明确等问题，如同质化较严重、市场认可度不高，还需加大推广力度。目前，以黄精为主要成分的知名药品较少，更缺少与黄精功能直接相关的功能性食品。同时，对于黄精的相关古方开发尚欠缺深度，中成药品种及其临床应用较少，总体上应用不广。如何充分开发利用黄精，既需要对黄精功效成分、功效特点进行深入研究，也需要对相应配伍、制剂进行综合研究。特别是黄精的抗衰老、降血糖、降血脂、调剂免疫等功效，适合现代社会疾病谱变化的需求，未来前景广阔。另外，关于黄精抗衰老的研究成果多集中在实验研究方面，较少应用到抗衰老的临床治疗当中，这也是今后研究的一个方向。

总体来说，对黄精其他化学成分的研究与其在临床应用及以黄精为主要成分的知名药品仍有待开发。为了确保黄精在保健食品领域的广泛应用，应对黄精的化学成分及其结构特征进行更加深入系统的研究，并探索其体内外生物学功能和营养功能的机制，以便为食品的开发和利用提供积极的参考。随着现代医药科技的发展和人们对中药材的深入研究，相信黄精的更多药理作用和临床应用将会被发现和挖掘，为人类的健康事业做出更大的贡献。同时，也期待更多的科研人员和医疗机构能够加入到黄精的研究中来，推动其在临床治疗中的应用进程。

参考文献

[1] 张立敏，安红梅.中药复方抗氧化治疗阿尔茨海默病[J].世界中医药，2017，12（3）：708-711.

[2] 吴龙堂.天然药物玉竹、黄精、天冬的化学成分及药理研究现状[J].内蒙古民族大学学报（自然科学版），2015，30（5）：428-430.

[3] 任洪民，邓亚羚，张金莲，等.药用黄精炮制的历史沿革、化学成分及药理作用研究进展[J].中国中药杂志，2020，45（17）：4163-4182.

[4] 丁一明，郭海涛，邹咏睿，等.人参淫羊藿黄精的复方制剂免疫药理研究[J].上海中医药杂志，1987，（4）：46-47.

[5] 朱徐东，王松，姚伟，等.二精丸的化学成分与药理作用研究进展[J].江西中医药，2023，54（1）：76-80.

[6] 刘希贤，张丝怡，杨耀松，等.二精丸的研究进展[J].中药与临床，2023，14（6）：104-108.

[7] 董垚垚，周涛，乔玉双，等.泰山黄精的研究进展[J].中国果菜，2022，42（2）：21-28.

[8] 李亚霖，周芳，曾婷，等.药用黄精化学成分与活性研究进展[J].中医药导报，2019，25（5）：86-89.

[9] 仇增永，余瑞英.自拟"玉竹黄精饮"治疗慢性萎缩性胃炎临床观察[J].浙江中西医结合杂志，2004，（2）：38-39.

[10] Xian Y F，Lin Z X，Xu X Y，et al. Effect of rhizoma polygonati on 12-O-tetradecanoylphorbol-acetate-induced ear edema in mice[J]. J. Ethnopharmacol，2012，142（3）：851-856.

[11] 文晓萍，杨常碧.黄精化学成分与药理研究概况[J].山东化工，2023，52（23）：126-128.

[12] 张颜，涂雯，王书珍，等.黄精代谢调节功能及其应用的研究进展[J].食品工业科技，2024：1-16.

[13] 杨迎，侯婷婷，王威，等.黄精多糖的药理作用研究进展[J].现代药物与临床，2022，37（3）：659-665.

[14] 彭清，孙柳，苗雪圆，等.天然产物化合物作为肿瘤免疫调节剂的研究进展[J].中国中西医结合外科杂志，2021，27（1）：136-140.

[15] 张韵寒,伍一炜,徐玉岩,等.黄精药理作用研究进展及专利分析[J].中国现代中药,2024,26（1）：181-188.

[16] 龙婷婷.基于TLR4-MAPK/NF-κB信号通路探讨黄精多糖免疫调节抗肿瘤作用机制研究[D].重庆：重庆医科大学，2018.

[17] 侯亚琴.黄精通过AMPK/PDH轴调控M2巨噬细胞极化并抑制肺癌细胞迁移[D].合肥：安徽医科大学，2022.

[18] 段华，王保奇，张跃文.黄精多糖对肝癌H22移植瘤小鼠的抑瘤作用及机制研究[J].中药新药与临床药理，2014，25（1）：5-7.

[19] 李超彦，周媛媛，王福青.黄精多糖联合低剂量顺铂对小鼠H22肝癌移植瘤生长的抑制及其抗氧化损伤作用[J].中国老年学杂志，2016，36（5）：1038-1040.

[20] 吕品田，段昕波.黄精多糖对MFC胃癌荷瘤小鼠抑瘤及免疫调节作用[J].中成药，2020，42（8）：2169-2172.

[21] Lastraioli E，Boni L，Romoli M R，et al. VEGF-A clinical significance in gastric cancers：immunohistochemical analysis of a wide Italian cohort[J]. Eur. J. Surg. Oncol.，2014，40（10）：1291-

1298.

[22] Kim E A，Jang J H，Lee Y H，et al. Dioscin induces caspase-independent apoptosis through activation of apoptosis-inducing factor in breast cancer cells[J]. Apoptosis，2014，19（7）：1165-1175.

[23] Li X L，Zhang X X，Ma R H，et al. Integrated miRNA and mRNA omics reveal dioscin suppresses migration and invasion *via* MEK/ERK and JNK signaling pathways in human endometrial carcinoma *in vivo* and *in vitro*[J]. J. Ethnopharmacol.，2023，303：116027.

[24] 公惠玲，李卫平，尹艳艳，等. 黄精多糖对链脲菌素糖尿病大鼠降血糖作用及其机制探讨 [J]. 中国中药杂志，2009，34（9）：1149-1154.

[25] 贾璐，石洁，段志倩，等. 黄精多糖对高脂饲料诱发糖尿病小鼠糖代谢功能的影响 [J]. 中国医药导报，2017，14（8）：24-28.

[26] 曾立，向荣，张运良，等. 黄精多糖对糖尿病小鼠的降血糖作用及机制 [J]. 中成药，2022，44（9）：2989-2994.

[27] Chen Z，Zhu B，Chen Z，et al. Effects of steam on polysaccharides from *Polygonatum cyrtonema* based on saccharide mapping analysis and pharmacological activity assays[J]. Chin. Med.，2022，17（1）：97.

[28] 陈瑶. 黄精对 2 型糖尿病大鼠糖脂代谢及 TNF-α 水平影响的研究 [D]. 北京：北京中医药大学，2018.

[29] 孙加琳，荆凡波，徐文，等. 胰岛素受体底物的功能及其基因多态性与 2 型糖尿病的关系 [J]. 中国药房，2018，29（3）：369-374.

[30] 余亚鸣. 黄精的活性成分研究 [D]. 天津：天津医科大学，2018.

[31] 唐子惟，刘应，陶鹏，等. 黄精配伍老鹰茶辅助降血脂作用 [J]. 食品研究与开发，2024，45（6）：48-53.

[32] 刘跃钧,朱虹,蒋燕锋,等. 复方多花黄精混合提取物的降血脂作用 [J]. 食品工业科技,2019,40(6)：285-288,293.

[33] 王俊杰，刘思好，李洁，等. 复方黄精茶对糖尿病大鼠糖脂代谢的影响及血管保护作用 [J]. 湘南学院学报（医学版），2017，19（2）：9-12.

[34] 徐连城. 中药应用指南 [M]. 北京：中国中医药出版社，1995. 226.

[35] 马永强，张一鹏，王鑫，等. 复合酶协同超声提取黄精多糖及其降血脂活性研究 [J]. 中国食品添加剂，2023，34（11）：99-109.

[36] 许云聪，闫巧娟，朱春华，等. 滇黄精多糖对肥胖小鼠脂代谢紊乱及脑功能损伤的改善作用 [J/OL]. 食品科学：1-13[2024-05-17].

[37] 孔瑕,刘娇娇,李慧,等. 黄精多糖对高脂血症小鼠脂代谢相关基因 mRNA 及蛋白表达的影响 [J]. 中国中药杂志，2018，43（18）：3740-3747.

[38] Lv C Y，Xia J，Lin Y X，et al. ldentification and antimicrobial activity of an antagonistic endophytic strain HJ-3 from *Polygonatum cyrtonema*[J]. Nat. Prod. Res. Dev.，2022，34：399-406.

[39] 李东洋，管贺，袁志鹰. 黄精药理作用及其复方在中医临床中的应用 [J]. 亚太传统医药，2021，17（7）：197-200.

[40] 孙钧，柴玲霞，翟德忠，等. 复方沙棘黄精颗粒联合抗痨西药治疗耐药肺结核 25 例 [J]. 中医研究，2015，28（11）：8-10.

[41] 陈克克,强毅. 响应面法优化超声波辅助黄精多酚的提取及其抗菌活性 [J]. 陕西师范大学学报（自

然科学版），2018，46（1）：91-96.

[42] 叶红翠,张小平,高贵宾,等.长梗黄精挥发油的化学成分及其生物活性[J].广西植物,2009,29(3)：417-419.

[43] Luo Y，Huang J. Hierarchical-structured anatase-titania/cellulose composite sheet with high photocatalytic performance and antibacterial activity[J]. Chemistry，2015，21（6）：2568-2575

[44] 王海娜.百黄洗剂治疗手足癣的临床疗效观察及抑制真菌实验研究[D].济南：山东中医药大学，2012.

[45] 董建华.黄精四草汤治疗高血压[J].医学文选，1991，（2）：42.

[46] 杨绍春,段呈玉,赵竞,等.中医药治疗对 HIV/AIDS 患者 CD4 计数变化的临床分析研究[J].云南中医中药杂志，2011，32（10）：18-20，96.

[47] 鲍锦库.黄精凝集素Ⅱ蛋白在制备治疗或预防艾滋病的药中的应用[D].成都：四川大学，2006-10-04.

[48] 辜红梅,蒙义文,蒲蔷.黄精多糖的抗单纯疱疹病毒作用[J].应用与环境生物学报，2003，（1）：21-23.

[49] 晏为力,蒲蔷,蒙义文.两种黄精多糖衍生物的制备及其抗病毒活性比较研究[J].天然产物研究与开发，2000（5）：60-65.

[50] 朱元章,何志高,张明.中药防治新型冠状病毒感染（COVID-19）恢复期肺纤维化的作用[J].中成药，2021，43（8）：2224-2229.

[51] 吴柳花,吕圭源,李波,等.黄精对长期超负荷游泳致阴虚内热模型大鼠的作用研究[J].中国中药杂志，2014，39（10）：1886-1891.

[52] 李泽,潘登,沈建利,等.黄精多糖对免疫抑制小鼠免疫功能影响的实验研究[J].药物生物技术，2013，20（3）：241-244.

[53] Yelithao K，Surayot U，Park W，et al. Effect of sulfation and partial hydrolysis of polysaccharides from *Polygonatum sibiricum* on immune-enhancement[J]. Int. J. Biol. Macromol.，2019，122：10-18.

[54] Zhao D，Liu H，Yan C，et al. *Polygonatum sibiricum* saponin prevents immune dysfunction and strengthens intestinal mucosal barrier function in cyclophosphamide-induced immunosuppressed BALB/c Mice[J]. Foods，2024，13（6）：934.

[55] Wang J，Wang F，Yuan L，et al. Blood-enriching effects and immune-regulation mechanism of steam-processed *Polygonatum sibiricum* polysaccharide in blood deficiency syndrome mice[J]. Front. Immunol.，2022，13：813676.

[56] 华岩,李鸿敏,王春亮,等.黄精多糖对强迫运动大鼠脾脏免疫功能的影响[J].扬州大学学报（农业与生命科学版），2019，40（1）：57-61.

[57] Liu N，Dong Z，Zhu X，et al. Characterization and protective effect of *Polygonatum sibiricum* polysaccharide against cyclophosphamide-induced immunosuppression in BALB/c Mice[J]. Int. J. Biol. Macromol.，2018，107：796-802.

[58] Wang Y，Liu N，Xue X，et al. Purification，structural characterization and *in vivo* immunoregulatory activity of a novel polysaccharide from *Polygonatum sibiricum*[J]. Int. J. Biol. Macromol.，2020，160：688-694.

[59] Chen Z，Liu J，Kong X，et al. Characterization and immunological activities of polysaccharides from *Polygonatum sibiricum*[J]. Biol. Pharm. Bull.，2020，43（6）：959-967.

[60] Shu G，Xu D，Zhao J，et al. Protective effect of *Polygonatum sibiricum* polysaccharide on

cyclophosphamide-induced immunosuppression in chickens[J]. Res. Vet. Sci.，2021，135：96-105.

[61] 沈建利，刘利萍，钱建鸿. 黄精多糖对免疫抑制小鼠的免疫功能的影响 [J]. 药物评价研究，2012，35（5）：328-331.

[62] 任汉阳，薛春苗，张瑜，等. 黄精粗多糖对温热药致阴虚模型小鼠滋阴作用的实验研究 [J]. 山东中医杂志，2005（1）：36-37.

[63] 张庭廷，夏晓凯，陈传平，等. 黄精多糖的生物活性研究 [J]. 中国实验方剂学杂志，2006（7）：42-45.

[64] 杜青，陈林，贺炜，等. 黄精多糖对 RAW 264.7 细胞活性及炎症因子 TNF-α、IL-6、iNOS 表达的影响 [J]. 中成药，2022，44（8）：2676-2679.

[65] 于思文，张妍，田海玲，等. 黄精粗多糖对体外培养小鼠脾淋巴细胞及巨噬细胞免疫活性的影响 [J]. 延边大学医学学报，2019，42（2）：107-110.

[66] 傅圣斌，钱建鸿，陈乐意，等. 黄精多糖的提取及其对小鼠免疫活性的影响 [J]. 中国食品学报，2013，13（1）：68-72.

[67] Zhang J，Liu N，Sun C，et al. Polysaccharides from *Polygonatum sibiricum* Delar. ex Redoute induce an immune response in the RAW264.7 cell line *via* an NF-κB/MAPK pathway[J]. RSC Advances，2019，9（31）：17988-17994.

[68] Zhao P，Zhao C，Li X，et al. The genus Polygonatum：A review of ethnopharmacology，phytochemistry and pharmacology[J]. J. Ethnopharmacol.，2018，214：274-291.

[69] 王红玲，张渝，侯洪艳，等. 黄精多糖对哮喘患儿红细胞免疫功能影响的体外实验研究 [J]. 中国当代儿科杂志，2002（3）：233-235.

[70] 肖小妹，沈小雄，张桂生，等. 黄精多糖对儿童肾病综合征红细胞免疫功能影响的研究 [J]. 赣南医学院学报，2018，38（2）：134-136.

[71] 邓旭坤，段欢，刘钊，等. 黄精多糖对环磷酰胺诱导小鼠免疫抑制的影响 [J]. 中南民族大学学报：自然科学版，2018，37（2）：49-53.

[72] 徐维平，祝凌丽，魏伟，等. 黄精总皂苷对慢性应激抑郁模型大鼠免疫功能的影响 [J]. 中国临床保健杂志，2011，14（1）：59-61.

[73] Yang Y，Li Y，Yu L，et al. Muscle fatigue-alleviating effects of a prescription composed of *Polygonati Rhizoma* and notoginseng radix et rhizoma[J]. Biomed Research International，2020：3963045.

[74] 张士凯，王敏，程欣欣，等. 超高压提取黄精多糖及提高运动耐力机制 [J]. 核农学报，2021，35（9）：2094-2101.

[75] Wang Z，Hu Y，Wu Q，et al. Virtual screening of potential anti-fatigue mechanism of *Polygonati Rhizoma* based on network pharmacology[J]. Comb. Chem. High Throughput Screening，2019，22（9）：612-624.

[76] 华岩，周碎平，梁金孟. 黄精多糖对大强度运动大鼠外周血肌酸激酶、尿素氮及部分免疫指标的影响 [J]. 现代预防医学，2019，46（5）：875-878.

[77] Xian J，Chen Q，Zhang C，et al. *Polygonati Rhizoma* polysaccharides relieve exercise-induced fatigue by regulating gut microbiota[J]. J. Funct. Foods，2023，107：105658.

[78] Shen W，Li X，Deng Y，et al. *Polygonatum cyrtonema* Hua polysaccharide exhibits anti-fatigue activity *via* regulating osteocalcin signaling[J]. Int. J. Biol. Macromol.，2021，175：235-241.

[79] Li X, Jiang CL, Zheng C, et al. *Polygonatum cyrtonema* Hua polysaccharide alleviates fatigue by modulating osteocalcin-mediated crosstalk between bones and muscles[J]. J. Agric. Food Chem., 2023, 71 (16): 6468-6479.

[80] Xu X, Shan M, Chu C, et al. Polysaccharides from *Polygonatum kingianum* Collett & Hemsl ameliorated fatigue by regulating NRF2/HO-1/NQO1 and AMPK/PGC-1α/TFAM signaling pathways, and gut microbiota[J]. Int. J. Biol. Macromol., 2024, 266 (Pt 2): 131440.

[81] Horng C, Huang J, Wang H, et al. Antioxidant and antifatigue activities of *Polygonatum altelobatum* hayata rhizomes in rats[J]. Nutrients, 2014, 6 (11): 5327-5337.

[82] 许清水, 肖绍坚, 陈少强, 等. 苁蓉精联合卡左双多巴控释片治疗早期帕金森病的疗效观察 [J]. 中西医结合心脑血管病杂志, 2016, 14 (23): 2832-2835.

[83] Ye S, Koon H K, Fan W, et al. Effect of a traditional chinese herbal medicine formulation on cell survival and apoptosis of MPP$^+$-treated MES 23.5 dopaminergic cells[J]. J. Parkinson. Dis., 2017: 4764212.

[84] Zhang H, Cao Y, Chen L, et al. A polysaccharide from *Polygonatum sibiricum* attenuates amyloid-induced neurotoxicity in PC12 cells[J]. Carbohydrate Polymers, 2015, 117: 879-886.

[85] Huang S, Yuan H, Li W, et al. *Polygonatum sibiricum* polysaccharides protect against MPP-induced neurotoxicity *via* the Akt/mTOR and Nrf2 pathways[J]. Oxid. Med. Cell. Longevity, 2021: 8843899.

[86] Li J, Wang X, Zhou R, et al. *Polygonatum cyrtonema* Hua polysaccharides protect bv2 microglia relief oxidative stress and ferroptosis by regulating NFR2/Ho-1 pathway[J]. Molecules, 2022, 27 (20): 7088.

[87] Zhang X, Xue X, Xian L, et al. Potential neuroprotection of protodioscin against cerebral ischemia-reperfusion injury in rats through intervening inflammation and apoptosis[J]. Steroids, 2016, 113: 52-63.

[88] Huang L, Wu Y, Yin H, et al. Two new compounds from the stewed *Polygonatum cyrtonema* Hua and their protective effect against Aβ$_{25-35}$ induced cytotoxicity and oxidative stress damage[J]. Nat. Prod. Res., 2021, 35 (23): 4945-4952.

[89] 韦妮娜, 徐曼曼, 高少才, 等. 黄精治疗认知障碍的研究进展 [J]. 中国医药导报, 2019, 16 (30): 42-45.

[90] Yang X, Guan Y, Yan B, et al. Evidence-based complementary and alternative medicine bioinformatics approach through network pharmacology and molecular docking to determine the molecular mechanisms of Erjing pill in Alzheimer's disease[J]. Spandidos Publication, 2021, 22 (5): 1252.

[91] 肖移生, 曾元凤, 徐玥璟, 等. 黄精地龙方抗老年痴呆小鼠的研究 [J]. 中药药理与临床, 2013, 29 (2): 152-154.

[92] 朱小明, 王爱梅, 罗朝辉, 等. 黄精对 AD 模型大鼠空间学习记忆及 α7 nAChR 表达的影响 [J]. 神经解剖学杂志, 2016, 32 (3): 391-396.

[93] 孙隆儒, 李铣, 郭月英, 等. 黄精改善小鼠学习记忆障碍等作用的研究 [J]. 沈阳药科大学学报, 2001, (4): 286-289.

[94] Zhang Z, Yang B, Huang J, et al. Identification of the protective effect of *Polygonatum sibiricum*

polysaccharide on d-galactose-induced brain ageing in mice by the systematic characterization of a circular RNA-associated ceRNA network[J]. Pharm. Biol.，2021，59（1）：347-366.

[95] 朱娜，朱徐东，杨毅生，等. 基于 UPLC-Q/TOF-MS 的黄精不同炮制品干预 AD 大鼠尿液代谢组学研究 [J]. 中国中药杂志，2023，48（24）：6663-6675.

[96] 刘露露，李洪宇，苑广信. 黄精多糖对 D- 半乳糖诱导衰老小鼠学习和记忆水平的影响 [J]. 北华大学学报（自然科学版），2021，22（2）：192-197.

[97] 张峰，张继国，王丽华，等. 黄精多糖对东莨菪碱致小鼠记忆获得障碍的改善作用 [J]. 现代中西医结合杂志，2007，（36）：5410-5412.

[98] 陈毅飞，刘凯菲，吴世敏，等. 黄精多糖对阿尔茨海默病模型斑马鱼 p38MAPK/N-cadherin 的影响 [J]. 中国药理学与毒理学杂志，2021，35（9）：659-660.

[99] 成威，李友元，邓洪波，等. 黄精多糖对痴呆小鼠海马线粒体超微结构的影响 [J]. 中南药学，2014，12（10）：969-972.

[100] Zheng S. Protective effect of Polygonatum sibiricum polysaccharide on D-galactose-induced aging rats model [J]. Sci Rep，2020，10（1）：2246.

[101] Bian Z，Li C，Peng D，et al. Use of steaming process to improve biochemical activity of *Polygonatum sibiricum* polysaccharides against D-galactose-induced memory impairment in mice[J]. Int. J. Mol. Sci.，2022，23（19）：11220.

[102] Luo S，Zhang X，Huang S，et al. A monomeric polysaccharide from *Polygonatum sibiricum* improves cognitive functions in a model of Alzheimer's disease by reshaping the gut microbiota[J]. Int. J. Biol. Macromol.，2022，213：404-415.

[103] Som S，Antony J，Dhanabal S，et al. Neuroprotective role of diosgenin，a NGF stimulator，against Aβ（1-42）induced neurotoxicity in animal model of Alzheimer's disease[J]. Metab. Brain Dis.，2022，37（2）：359-372.

[104] Wang F，Chen H，Hu Y，et al. Integrated comparative metabolomics and network pharmacology approach to uncover the key active ingredients of *Polygonati Rhizoma* and their therapeutic potential for the treatment of Alzheimer's disease[J]. Front. Pharmacol.，2022，13：934947.

[105] 赵小贞，王玮，康仲涵，等. 血管性痴呆大鼠海马超微结构的变化及药物干预 [J]. 解剖学杂志，2005，（3）：311-315.

[106] 王威，刘文博，唐伟，等. 黄精多糖对慢性脑缺血大鼠学习记忆及脑组织 PS-1 蛋白表达的影响 [J]. 中国中医急症，2016，25（3）：408-410.

[107] 唐伟，王威，谭丽阳，等. 黄精多糖对慢性脑缺血大鼠学习记忆能力及脑组织超微结构影响 [J]. 中国中医药科技，2017，24（2）：173-176.

[108] 王威，刘文博，唐伟，等. 黄精多糖对慢性脑缺血大鼠学习记忆及脑组织 β- 淀粉样蛋白表达的影响 [J]. 中医药导报，2016，22（16）：26-29.

[109] 陆连第，段伟松，赵玉，等. 黄精多糖对血管性痴呆模型大鼠干预作用的实验研究 [J]. 中药材，2018，41（9）：2212-2215.

[110] Ha E，Hong H，Kim T D，et al. Efficacy of *Polygonatum sibiricum* on mild insomnia：a randomized placebo-controlled trial[J]. Nutrients，2019，11（8）：1719.

[111] Jo K，Kim H，Choi H，et al. Isolation of a sleep-promoting compound from *Polygonatum sibiricum*

rhizome[J]. Food Sci. Biotechnol., 2018, 27 (6): 1833-1842.

[112] Jo K, Suh H J, Choi H. *Polygonatum sibiricum* rhizome promotes sleep by regulating non-rapid eye movement and GABAergic/serotonergic receptors in rodent models[J]. Biomed. Pharmacother., 2018, 105: 167-175.

[113] 胡婷婷, 徐维平, 黄莺, 等. 黄精联合氟西汀治疗抑郁症的临床疗效观察 [J]. 安徽医药, 2012, 16 (10): 1494-1496.

[114] 韦震, 宋洪波, 安凤平, 等. 黄精多糖对急性抑郁小鼠模型的改善作用及机制 [J]. 食品工业科技, 2022, 43 (6): 351-357.

[115] Shen F, Song Z, Xie P, et al. *Polygonatum sibiricum* polysaccharide prevents depression-like behaviors by reducing oxidative stress, inflammation, and cellular and synaptic damage[J]. J. Ethnopharmacol., 2021, 275: 114164.

[116] Shen F, Xie P, Li C, et al. Polysaccharides from *Polygonatum cyrtonema* Hua reduce depression-like behavior in mice by inhibiting oxidative stress-Calpain-1-NLRP3 signaling axis[J]. Oxid. Med. Cell. Longevity, 2022: 2566917.

[117] Zhang Y, Wang D, Liu J, et al. Structural characterization and antidepressant-like effects of *Polygonum sibiricum* polysaccharides on regulating microglial polarization in chronic unpredictable mild stress-induced zebrafish[J]. Int. J. Mol. Sci., 2024, 25 (4): 2005.

[118] 陈程, 胡婷婷, 黄莺, 等. 黄精皂苷对慢性应激抑郁大鼠大脑皮层 5-HT (1A) R-β-arrestin2-akt 信号通路的影响 [J]. 安徽医科大学学报, 2013, 48 (3): 262-266.

[119] 魏浩洁, 徐维平, 魏伟, 等. 黄精皂苷对慢性应激抑郁大鼠海马 5-HT1AR/cAMP/PKA 信号通路的影响 [J]. 安徽医科大学学报, 2012, 47 (5): 522-526.

[120] 耿甄彦, 徐维平, 魏伟, 等. 黄精皂苷对抑郁模型小鼠行为及脑内单胺类神经递质的影响 [J]. 中国新药杂志, 2009, 18 (11): 1023-1026.

[121] 黄莺, 徐维平, 魏伟, 等. 黄精皂苷对慢性轻度不可预见性应激抑郁模型大鼠行为学及血清中微量元素的影响 [J]. 安徽医科大学学报, 2012, 47 (3): 286-289.

[122] Zhao J, Lin F, Liang G, et al. Exploration of the molecular mechanism of *Polygonati Rhizoma* in the treatment of osteoporosis based on network pharmacology and molecular docking[J]. Front. Endocrinol., 2022, 12: 815891.

[123] 叶松庆, 李永全. 黄精多糖对骨质疏松性骨折大鼠骨修复及骨代谢因子的影响 [J]. 中国临床药理学杂志, 2019, 35 (18): 2128-2131.

[124] 曾高峰, 宗少晖, 邹斌, 等. 黄精多糖对小鼠骨髓间充质干细胞向成骨细胞分化中 ALP 和 BGP 表达的影响 [J]. 中国骨质疏松杂志, 2014, 20 (7): 779-783.

[125] 王一飞, 薛锋. 黄精多糖对胫骨骨折大鼠骨折愈合的作用机制 [J]. 中国老年学杂志, 2021, 41 (17): 3803-3807.

[126] 张磊, 曾高峰, 宗少晖, 等. 黄精多糖防治绝经后骨质疏松症的分子机制 [J]. 中国组织工程研究, 2018, 22 (4): 493-498.

[127] 程妍, 张守伟, 李宜国. 基于 OPG/RANKL 信号通路探讨黄精多糖对糖尿病大鼠骨质疏松骨代谢的影响 [J]. 中国老年学杂志, 2023, 43 (16): 4029-4033.

[128] 曾高峰, 张志勇, 鲁力, 等. 黄精多糖干预骨质疏松性骨折大鼠白细胞介素 1 和白细胞介素 6

的表达 [J]. 中国组织工程研究，2012，16（2）：220-222.

[129] 曾高峰，宗少晖，邹斌，等．黄精多糖对小鼠骨髓间充质干细胞向成骨细胞分化中 PINP 和 BMP-2 表达的影响 [J]. 天然产物研究与开发，2014，26（8）：1188-1192.

[130] Liu J，Li T，Chen H，et al. Structural characterization and osteogenic activity in vitro of novel polysaccharides from the rhizome of *Polygonatum sibiricum*[J]. Food Funct.，2021，12（14）：6626-6636.

[131] 农梦妮，曾高峰，宗少晖，等．黄精多糖调控骨髓间充质干细胞向成骨细胞分化 [J]. 中国组织工程研究，2016，20（15）：2133-2139.

[132] 何基琛，宗少晖，曾高峰，等．黄精多糖对 RANKL 诱导骨髓巨噬细胞向破骨细胞分化及体内骨吸收功能的影响 [J]. 中国组织工程研究，2017，21（20）：3117-3122.

[133] Li B，Wu P，Fu W，et al. The role and mechanism of miRNA-1224 in the *Polygonatum sibiricum* polysaccharide regulation of bone marrow-derived macrophages to osteoclast differentiation[J]. Rejuvenation Res.，2019，22（5）：420-430.

[134] Zeng G，Zhang Z，Lu L，et al. Protective effects of *Polygonatum sibiricum* polysaccharide on ovariectomy-induced bone loss in rats[J]. J. Ethnopharmacol.，2011，136（1）：224-229.

[135] Du L，Nong M，Zhao J，et al. *Polygonatum sibiricum* polysaccharide inhibits osteoporosis by promoting osteoblast formation and blocking osteoclastogenesis through Wnt/β-catenin signalling pathway[J]. Sci. Rep.，2016，6：32261

[136] Peng X，He J，Zhao J，et al. *Polygonatum sibiricum* polysaccharide promotes osteoblastic differentiation through the ERK/GSK-3β/β-catenin signaling pathway *in vitro*[J]. Rejuvenation Res.，2018，21（1）：44-52.

[137] 彭小明，宗少晖，曾高峰，等．黄精多糖不依赖于 LRP5 激活信号通路调控成骨细胞分化 [J]. 中国组织工程研究，2017，21（4）：493-498.

[138] 陆诗，何清明，娄方芝，等．黄精多糖干预骨质疏松小鼠脂肪干细胞成骨分化的实验研究 [J]. 口腔医学研究，2022，38（2）：157-163.

[139] 祝俊山，冯秀珍，王金杰，等．黄精制剂对膝骨性关节炎患者血清中 IL-1、MMP-13 的影响 [J]. 中国中西医结合外科杂志，2018，24（5）：568-572.

[140] 王金杰，俞倩丽，朱磊，等．黄精制剂治疗膝关节骨性关节炎临床观察 [J]. 新中医，2018，50（4）：109-112.

[141] Tao X，Qi Y，Xu L，et al. Dioscin reduces ovariectomy-induced bone loss by enhancing osteoblastogenesis and inhibiting osteoclastogenesis[J]. Pharmacol. Res.，2016，108：90-101.

[142] Zhao S，Niu F，Xu C Y，et al. Diosgenin prevents bone loss on retinoic acid-induced osteoporosis in rats[J]. Ir. J. Med. Sci.，2016，185（3）：581-587.

[143] 石永芳，冯静月，梁梅，等．黄精调控 ATR/Chk1 通路干预自然衰老大鼠血管老化的作用研究 [J]. 中药新药与临床药理，2023，34（6）：747-753.

[144] 李友元，张萍，邓洪波，等．动脉粥样硬化家兔 VCAM-1 表达及黄精多糖对其表达的影响 [J]. 医学临床研究，2005，(9)：1287-1288.

[145] Guo A，Li X，Pan L，et al. The interventional effect of *Polygonatum cyrtonema* Hua polysaccharide on atherosclerosis in mice of different sexes[J]. Food Sci. Hum. Wellness，2024，13（1）：370-380.

[146] Zhu X，Li Q，Lu F，et al. Antiatherosclerotic potential of *Rhizoma Polygonati* polysaccharide in

hyperlipidemia-induced atherosclerotic hamsters [J]. Drug Res. (Stuttg), 2015, 65 (9): 479-83.

[147] Ye G, Zhao Y, Zhu J, et al. Synergistic effect of polydatin and *Polygonatum sibiricum* polysaccharides in combating atherosclerosis *via* suppressing TLR4-mediated NF-κB activation in ApoE-deficient mice[J]. J. Evidence-Based Complementary Altern. Med., 2022, 2022: 3885153.

[148] 叶志勇. 中西医结合治疗阴虚阳亢型高血压病的临床疗效观察 [J]. 中国民间疗法, 2016, 24 (8): 72-73.

[149] 朱卫东. 黄精益阴汤治疗老年高血压病的临床观察 [J]. 中国实用医药, 2015, 10 (24): 162-163.

[150] 刘金平. 黄精益阴汤治疗原发性高血压临床观察 [J]. 光明中医, 2017, 32 (22): 3248-3250.

[151] 袁金英, 王清贤, 刘玉洁. 参芪丹鸡黄精汤治疗窦性心动过缓 120 例临床观察 [J]. 中国中医急症, 2012, 21 (9): 1473-1474.

[152] 赵阳. 参芪丹鸡黄精汤治疗射血分数降低的慢性心衰（气虚血瘀证）的疗效观察 [D]. 唐山: 华北理工大学, 2022.

[153] Hirai N, Miura T, Moriyasu M, et al. Cardiotonic activity of the rhizome of *Polygonatum sibivicum* in rats[J]. Biol. Pharm. Bull., 1997, (12): 20.

[154] 龚莉, 向大雄, 隋艳华. 黄精醇提物对心肌缺血大鼠心脏组织中 AST、CK、LDH 等活性及心肌坏死病理变化的影响 [J]. 中医药导报, 2007, (6): 99-101.

[155] 尹新军, 王贝贝, 李新建, 等. 黄精多糖对自身免疫性心肌炎大鼠 JAK/STAT 通路及心肌纤维化的影响 [J]. 免疫学杂志, 2021, 37 (1): 26-32.

[156] 方欢乐, 李瑶瑶, 陈晶晶, 等. 黄精多糖通过调节 JAK2/STAT3 通路改善异丙肾上腺素诱导的大鼠心肌肥厚 [J]. 实用药物与临床, 2019, 22 (4): 354-358.

[157] 马怀芬, 方欢乐, 师西兰, 等. 黄精多糖对心脏重塑小鼠心脏组织中 ICAM-1、VCAM-1 蛋白表达的影响 [J]. 环球中医药, 2018, 11 (1): 25-29.

[158] Zhu X, Wu W, Chen X, et al. Protective effects of *Polygonatum sibiricum* polysaccharide on acute heart failure in rats[J]. Acta Cir Bras., 2018, 33 (10): 868-878.

[159] Ma W, Wei S, Peng W, et al. Antioxidant effect of *Polygonatum sibiricum* polysaccharides in D-galactose-induced heart aging mice[J]. Biomed Res. Int., 2021, 2021.

[160] 李丽, 龙子江, 黄静, 等. 黄精多糖对急性心肌梗死模型大鼠 NF-κB 介导的炎症反应及心肌组织形态的影响 [J]. 中草药, 2015, 46 (18): 2750-2754.

[161] 雷升萍, 龙子江, 施慧, 等. 黄精多糖对缺氧复氧诱导 H9C2 心肌细胞损伤的保护作用 [J]. 中药药理与临床, 2017, 33 (1): 102-106.

[162] 雷升萍, 王靓, 龙子江, 等. 黄精多糖通过 TLR4/MyD88/NF-κB 通路抑制缺氧/复氧 H9C2 心肌细胞炎性因子释放 [J]. 中国药理学通报, 2017, 33 (2): 255-260.

[163] Zhao L, Tao X, Qi Y, et al. Protective effect of dioscin against doxorubicin-induced cardiotoxicity *via* adjusting microRNA-140-5p-mediated myocardial oxidative stress[J]. Redox Biol., 2018, 16: 189-198.

[164] Mu J, Zi L, Li Y, et al. Jiuzhuan Huangjing Pills relieve mitochondrial dysfunction and attenuate high-fat diet-induced metabolic dysfunction-associated fatty liver disease[J]. Biomed. Pharmacother., 2021, 142: 112092.

[165] Liu J, Zhang H, Ji B, et al. A diet formula of *Puerariae radix*, *Lycium barbarum*, *Crataegus pinnatifida*, and *Polygonati Rhizoma* alleviates insulin resistance and hepatic steatosis in CD-1 mice

and HepG2 cells[J]. Food Funct.，2014，5（5）：1038-1049.

[166] 蒋森．黄芪丹参黄精汤（丸）治疗早期肝硬化 105 例的临床观察 [J]．新中医，1983，（8）：26-28．

[167] 张光海，王盟，刘亚楠．黄精提取物对急性肝损伤小鼠的保护作用 [J]．医药导报，2013，32（5）：593-595．

[168] 杨兴鑫，王曦，董金材，等．滇黄精对非酒精性脂肪肝大鼠的保护作用及机制研究 [J]．中国药学杂志，2018，53（12）：975-981．

[169] Xiao L，Qi L，Zhang G，et al. *Polygonatum sibiricum* polysaccharides attenuate lipopoly-saccharide-induced septic liver injury by suppression of pyroptosis *via* NLRP3/GSDMD signals[J]. Molecules，2022，27（18）：5999.

[170] Yang X，Wang X，Shi T，et al. Mitochondrial dysfunction in high-fat diet-induced nonalcoholic fatty liver disease：the alleviating effect and its mechanism of *Polygonatum kingianum*[J]. Biomed. Pharmacother.，2019，117：109083.

[171] 石娟，赵煜，雷杨，等．黄精粗多糖抗疲劳抗氧化作用的研究 [J]．时珍国医国药，2011，22（6）：1409-1410．

[172] 韩春杨，杨明川，杨孜生，等．黄精多糖的提取及其对 CCl_4 致大鼠肝损伤的保护作用 [J]．浙江农业学报，2018，30（4）：537-547．

[173] Yuan G，Wang Y，Niu H，et al. Isolation，purification，and physicochemical characterization of *Polygonatum* polysaccharide and its protective effect against CClsub4/sub-induced liver injury *via* Nrf2 and NF-*κ*B signaling pathways[J]. Int. J. Biol. Macromol.，2024，261（P2）：129863-129863.

[174] 黎健民．黄精多糖对力竭训练小鼠肝组织损伤的保护作用 [J]．基因组学与应用生物学，2016，35（5）：1036-1041．

[175] Han C，Zhu Y，Yang Z，et al. Protective effect of *Polygonatum sibiricum* against cadmium-induced testicular injury in mice through inhibiting oxidative stress and mitochondria-mediated apoptosis[J]. J Ethnopharmacol.，2020，261：113060.

[176] 傅晓骏，傅志慧．中药制黄精对慢性肾衰大鼠血液动力学的影响 [J]．中华中医药学刊，2012，30（10）：2161-2163．

[177] Li W，Yu L，Fu B，et al. Protective effects of *Polygonatum kingianum* polysaccharides and aqueous extract on uranium-induced toxicity in human kidney（HK-2）cells[J]. Int. J. Biol. Macromol.，2022，202：68-79.

[178] Han C，Sun T，Liu Y，et al. Protective effect of *Polygonatum sibiricum* polysaccharides on gentamicin-induced acute kidney injury in rats *via* inhibiting p38 MAPK/ATF2 pathway[J]. Int. J. Biol. Macromol.，2020，151：595-601.

[179] 华岩．黄精多糖对大强度运动大鼠肾脏损伤的调理作用 [J]．扬州大学学报（农业与生命科学版），2020，41（1）：50-54．

[180] 彭静．黄精皂苷对糖尿病肾病大鼠肾损伤的保护作用及 Wnt/β-catenin 信号通路的影响 [J]．中成药，2019，41（10）：2518-2521．

[181] 李超彦，周媛媛，赵克芳，等．黄精多糖对顺铂致肾损害大鼠的肾功能和抗氧化指标的影响 [J]．中国老年学杂志，2014，34（21）：6120-6121．

第四章 黄精的历史与文化

第一节 概 述

黄精主产于我国华北、华东、中南和西南地区，生于山地林缘、灌丛中或山坡半阴地。黄精是多年生草本植物，根茎横走，圆柱状，结节膨大，叶轮生，无柄。它的别名很多，如老虎姜、鸡头黄精、黄鸡菜、笔管菜、爪子参、鸡爪参等。

"黄精"两个字最早见于三国时期魏国嵇康《与山巨源绝交书》，在医书中始载于《名医别录》。"黄精"这个名字本身就体现了祖国博大精深的传统文化。古人认为，黄精属于芝草类，尽得土之精华灵气，魏代张揖《光雅》和晋代葛洪《抱朴子》均记载"昔人以本品得坤土之气，获天地之精，故名黄精"。《五符经》谓之"戊己芝"。古人用十干以纪日，戊己即戊日与己日。戊己属土，土分阴阳。戊为阳土，内应足阳明胃经，故胃经旺于戊日；己为阴土，内属足太阴脾经，故脾经旺于己日。《素问·脏气法时论》："脾主长夏，足太阴阳明主治，其日戊己……"黄精味甘、性平，归脾经、肺经、肾经。

"黄"是土地的颜色，可以象征着黄帝与土地、农业，在五行中属土，"戊己"也属土，可见，"黄精"这个词与我国传统文化中的阴阳五行等重要概念相关联。古代的传说往往是将历史人物和自然事物放在一起进行关联与想象，据传在九天玄女给黄帝的五种仙草中，就有黄精。这个传说把黄精与人文初祖黄帝联系在一起，不仅体现了黄精在黄帝养生方面的重要地位，而且表明人们对黄精这种植物的尊崇。

在浩瀚的历史长廊中，先辈们探索出黄精的药食两用性，伴随着时光的流逝，这些智慧的结晶被沉淀和发扬光大。《中庸》云："人莫不饮食，鲜能知味也。"我们重视的不只是饮食，更在于其背后的历史文化底蕴，在长期食用、药用黄精的过程中，黄精产区积淀了独特的文化并通过各种渠道向周边传播，然后辐射全国，形成了融合中医药养生、文学艺术表达及传统价值观的独特文化瑰宝。

一、黄精的药食同源文化

很久以前，黄精就成为食材，出现在传说与典籍故事中。黄精的发现和众多食材一样，最初都是为了充饥，哪里生长着黄精，哪里就会流传着关于发现黄精的动人传说。据说一些食不果腹的百姓灾年到山上找树叶草根填饱肚子，碰巧挖到了黄精，它甘美易食又可充饥，人们称之为"仙人余粮"。《滇南本草》云："洗净，九蒸，九晒，服之甘美。俗亦能救荒，故名救穷草。"从这些记载不难看出，黄精食用历史悠久，即使现在，九华黄精的蜜饯成品仍然是当地有名的美食。

常言道："富人吃参，穷人吃黄精。"这并非对贫富的刻板印象，而是对两种食材养生功效的生动描绘。国人把能吃的分成三部分：一部分是中药，一部分是食物，还有一部分既是中药又是食物。黄精不仅是一种食材，也是一种药材，具有药用和食用双重价值[1]。黄精的药用历史已有2000多年，在古代医书中就有对其性味、药用功效和应用病症的详细记载。自华佗以来，人们对黄精的生物特性有了越来越深的认识，医书中对黄精的药性和药效记载也越来越精细，唐代著名医学家孙思邈的《千金要方》详细记载了黄精膏的制作方法，明代著名医药学家李时珍的《本草纲目》具体记载了黄精的药用和功效，清代吴仪洛的《本草从新》对黄精药理作用的记述更是集历代研究黄精成果之大成。

黄精因其丰富的营养价值和药用价值，被广泛应用于各种食疗方剂中，形成了人们对健康与美味追求的传统饮食文化，2002年卫生部公布的《关于进一步规范保健食品原料管理的通知》（卫法监发〔2002〕51号）中，黄精被列入既是食品又是药品的名单。黄精的药食同源文化历史悠久，人们在长期的生活实践中，形成了对黄精药食同源特性的认知和利用，传承和发展了药食同源文化。

二、黄精的文学价值

在古老而深厚的中华文化中，饮食与养生始终紧密相连。药食同源的理念，深深地影响了中国的文化，许多文人既是文学家，又是美食家，同时对于中医药也有深刻的研究，他们把自己对黄精的推崇写进了自己著作中，许多诗人、历史名人都为黄精写下了著名诗篇。唐代大诗人杜甫对黄精十分推崇，他的"扫除白发黄精在，君看他时冰雪容"的千古绝唱后来成为宣传黄精防老抗衰、延年益寿的活广告。宋代大文豪苏轼对黄精十分喜爱，是著有黄精诗作最多的诗人之一。文学名著承载着我国传统文化的价值观和审美观念，它们在很大程度上最能代表我国的传统文化，黄精在明清很多文学作品里面都出现过，由此可见这些作者对黄精的珍视和赞赏。

三、黄精的农耕文化

农耕文化是人类文明的重要组成部分，我国是农业古国，农耕文化有着悠久的历史，它是中华传统文化的重要源头，凝聚着共同的农耕文化记忆，能强化民族认同感，承载着丰富的历史和智慧，展现了中华民族的精神特质。黄精的种植不仅有助于中医药的发展，而且与农耕文化相互交织，成为农耕文化的重要组成部分，在传统农耕文明中扮演着重要的角色。在新时代背景下，黄精的种植与乡村振兴的契合度非常高，可以促进乡村产业多元化发展，提升乡村经济活力，传承和弘扬农耕文化，有助于提升我们乡村的文化自信。

四、黄精的创新文化

在新时代背景下，黄精作为中医药的重要代表之一，迎来了新的发展机遇，黄精的创新文化异彩纷呈。各地在传承其悠久历史和丰富内涵的基础上，融合现代科技与创意，不断挖掘其潜在价值，通过产品研发、体验活动、文化传播等多种形式，展现出黄精的独特魅力与活力，使其在新时代焕发出新的光彩，为人们带来健康、美食、文化和旅游交融的美好体验。

黄精是一种神奇而珍贵的植物，不仅见证了岁月的变迁和人们对自然、健康的探索，更是一味具有厚重的历史背景和丰富的文化内涵的中草药，它和我国其他传统文化一样，共同构成了我们民族传统文化丰富多彩的画卷，它以其特有的魅力濡养着我们的身心，是我们不断汲取智慧和力量的源泉。随着时间的推移，对黄精的研究和应用将会不断深入，它也在不断地展现其独特魅力和价值，为人们更好地了解和传承传统文化提供了一个更生动的视角。

第二节　黄精的药食同源文化

一、成为食材的黄精

黄精生长的范围广，产黄精的地方均有各自的传说故事。例如有道士徐君抓草木精灵幻化成的黄犬的故事，有黄经为妻子看病守"黄经洞"的故事。徐铉的志怪小说《稽神录》有一篇《食黄精婢》的故事，讲述了一个婢女不堪主人虐待，逃入山中，靠吃黄精存活下来，后因常食黄精而身轻如燕，能够随意移形的故事。这个传说流传较广，如今很多关于黄精传说和名字的由来大都是根据这个故事演化的。故事中，黄精被描述为一种仙草，表达了人们对黄精的神奇功效的浪漫想象。

遇到荒年灾年百姓要活命，跑到山上找些树叶、草根之类的填饱肚皮，碰巧挖到了黄精的块根，味道不错，便当粮食吃了起来，一传十，十传百，黄精能吃，黄精好吃，吃黄精好，大伙儿也都一起来吃，于是黄精成了灾年的"救命草"，真正进入了我们的食谱中，这很符合人类发现食材的过程。《本草纲目》说，黄精"九蒸九曝，可以代粮，又名米脯"。《本草蒙筌》又云："洗净九蒸九曝代粮，可过凶年。因味甘甜，又名米铺。入药疗病，生者亦宜。"

我们大体可以从以上黄精的这三个不同的名称推想出它走进人们食材的过程。在灾年称之为"救命草"的黄精，意思就是能填饱肚子让人活下去的草，这个称呼一方面表明该植物可以果腹食用，另一方面也表达了人们对它能救命的感激之情。"米辅"中的"米"可以理解为粮食，意思是黄精可以辅佐粮食，作为副食，可以代替粮食，这个词语表明黄精在食材中的地位。"米脯"中的"脯"指黄精九蒸九曝制成的甘甜食品，类似今天我们吃的果脯。唐朝许宣平《见李白诗又吟》写道："一池荷叶衣无尽，两亩黄精食有余。"说的是种两亩地黄精，就够一个人或一家子的口粮有余了，可见他种植黄精作为粮食。《道藏》也记载饥荒年代民众以黄精为食的历史。《本草正义》记载："黄精，徽人常以为馈赠之品，蒸之极熟，随时可食。"从典籍中这些对黄精的记载，不仅可以明白黄精作为食材历史悠久，还可以了解人们为改善口感对其加工的制作工艺。

直到现在，一些产黄精地区的孩子还会挖取黄精的根部直接啃食生吃，黄精的根部有结节，外表呈淡黄色，不认识这种植物的人还以为他们在啃"生姜"。由于它跟生姜很相像，当地也称之为"野山姜"，还有人称之为"老虎姜"。若是挖到茎部较小的黄精，它的根部常常较细且长，犹如鸡的爪子，因此也称之为"鸡爪参"，民间想要强调某植物具有很高的价值就会借"参"字来引起人们的重视。因此，我们可以猜测这种被称为"鸡爪参"的黄精肯定也具有很高的价值。当地村民要是在耕种回来的路上遇到黄精，会毫不犹豫地挖回家，洗净切片之后与瘦猪肉、鸡块、猪心等食材一起煲汤。用黄精煲的汤往往香气四溢，可以去除原材料中含有的腥味、油腻，使汤更加好喝。

二、黄精的食用文化

古人很早就有了对黄精利用的记录。黄精在一开始被认为是仙家之物，传说上古时期黄帝在黄山炼丹，食黄精而羽化成仙，所以黄山的黄精被誉为"轩辕神草、仙人余粮"。《神仙传》里，不少男女老少神仙都是通过服饵黄精脱胎换骨走上长生之路的。很多典籍中记载着与黄精相关的故事，给黄精蒙上了一层神秘的面纱。

早在东汉末年道教诞生之前，作为道教的早期雏形的神仙道，便以服食黄精作为主要的饵药之一。在道教经典《道藏》中，最早记载道门中人服食黄精的是东汉时期，如汉灵帝时淳于斟"服食胡麻黄精饵"，陶弘景撰的《洞玄灵宝真灵位业图》也记载："张礼正，衡山，汉末服黄精。"历代道士服食黄精蔚然成风，不胜枚举。

魏晋时期的陶弘景在他的《本草经集注》中这样记载黄精："今处处有。二月始生，一枝多叶，叶状似竹而短，根似萎蕤。萎蕤根如荻根及菖蒲，节而平直；黄精根如鬼臼、黄连，大节而不平。虽燥，并柔软有脂润。俗方无用此，而为《仙经》所贵。根、叶、华、实皆可饵服，酒散随宜，具在断谷方中。黄精叶乃与钩吻相似，唯茎不紫，花不黄为异，而人多惑之，其类乃殊，遂致死生之反，亦为奇事。"这时候，人们已经对黄精的生长习性有了了解，黄精也从高高在上的仙家之物，开始被医药学家研究和传播，对黄精的生长时期、外观、最具利用价值的根部也有了详细描述，而且对服用方法也进行了说明，有一点可谓精妙传神，即黄精干燥之后，并不是完全失去水分，而是摸起来比较柔软并且有种脂润的感觉。

唐代以后，黄精又有了地藏王的神话加持。相传唐代的新罗国王族子弟金乔觉来到荒无人烟的九华山修行,专以野果野菜维持生命。有一天,他偶然挖得黄精的根茎,洗后食之,觉得甘甜可口,从此就以此为食,结果活到了九十九岁。九华黄精因地藏王用来修身养生而出名,所以九华黄精也叫地藏黄精,千百年来,"地藏黄精"久负盛名,民间俗称"北有长白人参,南有地藏黄精"[2]。

除神话外,唐代官方也对黄精有了正式的记载,唐代苏敬等编纂的《唐本草》中有这样的描述:"黄精肥地生者,即大如拳,薄地生者,犹如拇指。萎蕤肥根颇类其小者,肌理形色都大相似。今以鬼臼、黄连为比,殊无仿佛。又黄精叶似柳及龙胆、徐长卿辈而坚;其钩吻蔓生,殊非此类。"

在另一部唐代医学著作《食疗本草》中有这样的记载:"黄精,凡生时有一硕,熟有三、四斗,蒸之若生,则刺人咽喉。曝使干,不尔朽坏。根叶花实皆可食之。"在这里,黄精的使用方法也开始出现了"蒸""晒"等,也就是我们现在说的黄精要"九蒸九晒"进行炮制[3]。黄精的食用方法上和其他芝草类有一大区别,就是要经过多道炮制程序,即反复蒸和暴晒,俗称"九蒸九晒",黄精在经过九蒸九晒的炮制后经常被道家用作修炼时的辅助餐食,故又名"仙人余粮"。

黄精蒸晒炮制方法最早记载于药王孙思邈的《千金翼方》中,"九月末掘取根,捡取肥大者,去目熟蒸,微曝干又蒸,暴干,食之如蜜,可停"。世界上现存最早的食疗专著是孟诜的《食疗本草》,这里面也详细记载了黄精九蒸九晒的炮制方法。黄精中所含的黏液如果不加炮制处理,食用起来会偏麻感,而且会刺激喉咙,所以炮制十分有必要。

历史经验证明黄精无明显的不良反应,是一种相对安全的天然食材,现在民间还常用新鲜黄精作为食材来炒菜、煎汤炖肉、制作糕点,用熟黄精泡茶泡酒等,以期达到延年益寿、美容养颜、补益气血的功效[4]。

黄精独特的营养价值被人们发现后,逐渐成为人们餐桌上的一部分,它不仅为人们提供了丰富的营养,满足了人们对食物的需求,同时也因其滋补养生的特性,在一定程度上帮助人们保持健康。黄精的食用历史也反映了人们对自然食材的探索和利用,体现了人类在与自然相处过程中积累的智慧和经验,是饮食文化中不可或缺的一部分[5]。

三、黄精的药用文化

黄精一开始被认为是仙家之物,归为"芝草"一类,一般的古籍和药典并未对它进行记载,后来才逐渐被医药学家研究和认识,之后就频频出现在药典之中。

黄精在医书中始载于魏晋时期陶弘景的《名医别录》,"气味:甘、平、无毒。主治:补气益肾,除风湿,安五脏。久服轻身延年不饥。补五劳七伤,助筋骨、耐寒暑、润心肺"。

唐代著名医学家孙思邈《千金要方》记载:"黄精一石,去须毛,洗令净洁,打碎，蒸令好熟，压得汁，复煎去。上游水得一斗，内干姜末三两，桂心末一两，微火煎。看色郁郁然欲黄，便去火，待冷，盛不津器中，酒五合和，服二合。常未食前，日二服，旧皮脱，颜色变光，花色有异，鬓发更改，欲长服者，不须和酒内。生大豆黄，绝谷食之，不饥渴。"

李时珍的《本草纲目》记载："补中益气，除风湿，安五脏，久服轻身延年不饥""仙家以为芝草之类，以其得坤土之精粹，故谓之黄精""黄精为服食要药""补黄宫之胜品"。

其他如《神农本草经》《日华子诸家本草》《太平圣惠方》《圣济总录》《摄生众妙方》《本草蒙筌》《寿世保元》《本经逢原》《雨航杂录》《千金方衍义》《本草正义》《本草便读》等均有记载，而且对黄精的药性和药效记载也越来越精细，如清人吴仪洛的《本草从新》，集历代研究黄精成果之大成，他写道："黄精：甘平。补中益气，安五脏，益脾胃，润心肺，填精髓，助筋骨，除风湿，下三尸虫。以其得坤土之精粹，久服不饥。（气满则不饥）却病延年。似玉竹而稍大。黄白多须，故俗呼为玉竹黄精。又一种似白芨，俗呼为白芨黄精，又名山生姜。恐非真者，去须，九蒸九晒用。（每蒸一次、必半日方透）。"

我国地缘广阔，野生黄精资源丰富，民间很早就有用黄精治须发早白、眼疾、癞疾、癣菌等疾病的偏方。黄精常用方剂适用于病后虚弱、贫血、神经衰弱、精神萎靡、糖尿病、血虚等，癌症患者化疗前后也有专门的黄精药方。

近年来，随着医药科技的发展进步，许多医学专家对黄精进行了大量的科学研究和探索，已经基本弄清了它的化学成分和药理作用。研究表明，黄精中的主要有效成分为多糖、甾体皂苷、三萜、生物碱等，在抗氧化抗衰老、抗炎、抗肿瘤、降血糖调血脂、抗病原微生物感染、提高机体免疫功能等方面都有作用[6-9]，详见本书第三章第二节。

黄精是一味传统的中药材，有着悠久的应用历史。自古以来，黄精就被视为养生珍品，备受医家青睐。其丰富的药用功效，如滋阴润肺、补脾益气、益肾填精等，使其在治疗多种疾病方面发挥着重要作用。黄精不仅在中医临床中被广泛应用，而且在民间也有着深厚的文化底蕴和药用传统。它见证了中医药的发展历程，是中医药宝库中一颗璀璨的明珠，对人类健康事业作出了不可磨灭的贡献。

四、黄精的药食同源传统文化

最早关于黄精养生功效的论述出自道教，早在东晋道教的志怪小说《神仙传》里就有描写众多神仙不论男女老少，都是通过服食黄精后获得了长生不老之身，从这里可以推断，在东晋时期黄精就被人们当补益的食品食用了。

古人具体是从什么时候开始服食第一口黄精，目前已经无法考证。同时期的张华在《博物志》中记载了上古的传说："昔黄帝问天姥曰：天地所生，有食之令人不死者乎？天姥曰：太阳之草名黄精，食之可以长生。"这大概是有关服食黄精的最早记载。

黄精具有替代粮食的功能，在历代本草书籍中常作为补养用药，食用记录多于药用，葛洪评价黄精"黄精甘美易食，凶年可以与老小修粮，人不能别之，谓为米脯也"。

据《本经逢原》记载，"黄精为补黄宫之胜品，宽中益气，使五脏调和，肌肉充盛，骨髓坚强，皆是补阴之功。但阳衰阴盛人服之，每致泄泻痞满。不可不知。"

《食疗本草》描述生服黄精刺咽喉，并提及生服黄精的量，"蒸之若生，则刺人咽喉。曝使干，不尔朽坏。其生者，若初服，只可一寸半，渐渐增之。十日不食，能长服之，止三尺五寸"。

清朝《随息居饮食谱》用黄精充饥作食，造酒济荒。如《本草经集注》中注为"俗方无用此，而为《仙经》所贵"，《本草纲目》"黄精为服食要药，故《别录》列于草部之首，仙家以为芝草之类，以其得坤土之精粹，故谓之黄精"，李中梓在《医宗必读》补充为"可久服而无偏胜之弊者也"。

《本草汇笺》同时指出"黄精，非治病所需，而为服食之上品"。《本草便读》《本草正义》也均言黄精为补养脾阴之正品，可供无病者服食，盖平居服食之品，非去病之药物也。

整理历代本草古籍食药用方，发现黄精多为养生食用。《太平圣惠方》收录了黄精酒、服黄精成地仙方、神仙服黄精膏、真人饵黄精方、神仙饵黄精方、神仙饵黄精延年法等黄精的食用方和药用方。

总之，黄精具有延年益寿等补养之效，属于仙家之物而归属"芝草"一类，是道家辟谷修炼时的辅助餐食。黄精被道教圣人奉为仙品，历代道士服食黄精蔚然成风，不胜枚举。现在，很多修道者还以黄精为养生之食，一些高僧辟谷后也专以黄精为食。

随着对黄精的药用功效的认识和研究，黄精渐渐记入医药学家的典籍中。说到黄精的具体作用，《本草便读》记载："黄精味甘而厚腻，颇类熟地黄……按其功力，亦大类熟地，补血补阴，而养脾胃是其专长。"也就是说，黄精的专长是养脾胃，而脾胃是气血生化之源，脾胃好了，自然也能补气血。同时，黄精又能养阴，阴虚火旺，经常燥热上火的，食之也有好处。关于黄精的具体功效，本书第三章第一节有详细描述，此处不再赘述。

《黄帝内经太素》认为"空腹食之为食物，患者食之为药物"，反映出"药食同源"的理论思想。这种理论在中国传统医学中有着悠久的历史，药食同源理论就是指许多食物即药物，强调了食物和药物之间并无绝对的分界线，药食同源的食品既能当作食物来食用，同时也有治病的作用，兼具营养和保健的功效。这是我国传统医学中的重要概念之一，不仅是中华民族对自然界和人体的认识和利用的结果，也是中华民族的文化精神和价值观的体现。

在漫长的历史进程中，人们逐渐发现黄精不仅可以作为美味的食材，满足人们的口腹之欲，还具有显著的药用价值，能够治疗和预防多种疾病。这种从食材到药材的转变，反映了人们对健康和生活品质的追求，也体现了中医药文化深厚的底蕴。2002年卫生部公布的《关于进一步规范保健食品原料管理的通知》（卫法监发〔2002〕51号）中，黄精被列入既是食品又是药品的名单。黄精的发展史见证了不同时代人们的生活方式和健康观念的变化，它既是大自然赐予人类的珍贵礼物，也是人类智慧的结晶，为人们的生活和健康带来了福祉[10]。同时，这也让我们更加珍视和传承药食同源的传统文化，使其在现代社会中继续发扬光大。

第三节 黄精的文学表达

一、歌咏黄精的诗篇

自古文人墨客，常借自然景物抒发情感，寄寓哲思，黄精素有"仙人余粮"之美誉，被视为"坤土之精"，其身影频繁地活跃于诗词歌赋之间。文人雅士们通过对黄精的描绘与赞颂，将自己内心深处的情感淋漓尽致地表达出来，黄精不仅是一种物质存在，更是他们抒发内心情感的意象载体。

1. 坚韧顽强的意象

唐代大诗圣杜甫在《丈人山》中，以"扫除白发黄精在，君看他时冰雪容"这样的诗句，赋予黄精扫除岁月痕迹、焕发青春光彩的力量。黄精在这里，已不再是普通的草本植物，而上升为一种精神象征，代表着诗人对永恒青春、生命活力的理想境界的浪漫表达。转观《乾元中寓居同谷县，作歌七首》中，面对"黄精无苗山雪盛，短衣数挽不掩胫"的严冬景象，杜甫笔下的黄精虽暂失绿意，但其生命力却在皑皑雪被之下坚韧潜藏。杜甫对黄精的寻觅与珍爱之情并未因环境艰难而减弱，反而在逆境中愈发凸显，黄精成为他内心对顽强生存意志与生命韧性深沉赞美的一种载体。

另一位诗人贯休在《了仙谣》中言："紫术黄精心上苗，大还小还行中宝。"诗人把黄精比作"心上苗"，寓意这种对生命的追求已在诗人心底生根发芽，成为他修身养性路上的向导。无论人生大事小事，黄精都承载着重要的意义。

2. 宁静悠远的意象

黄精在诸多描绘山居生活的诗卷中出现，如李颀《寄焦炼师》所吟"白鹤翠微里，黄精幽涧滨"，以黄精点缀清幽出尘的自然景观，营造出超然物外的意境。马戴《期王炼师不至》一诗写到"黄精蒸罢洗琼杯，林下从留石上苔"，则描绘了黄精作为山居生活美食的一幕，体现了山居生活的宁静与满足。黄精以独特的方式，丰富、升华了人们对远离尘嚣、返璞归真的山居生活的艺术想象与文化内蕴。

灵一的《妙乐观》通过描绘"瀑布西行过石桥，黄精采根还采苗"的生动画面，使黄精从抽象的"仙药"符号转变成联系世俗与仙境生活、体现修炼身心理念的具体实物，表明诗人借助黄精这一媒介，融情于山水，追求人与自然、物质与精神的高度统一。

3. 隐逸恬淡的意象

黄精在古典诗词中，还常作为隐逸生活的象征。崇道隐逸，是我国古代各个朝代知识分子的常有心态，许多文人希望走隐居遁世的道路，过上"绕篱栽杏种黄精，晓侍炉烟暮出城"的生活，以大自然美景和清静无为的生活荡涤自己的心灵。如刘商《移居深山谢别亲故》中的"不食黄精不采薇，葛苗为带草为衣"，通过黄精、薇草两种植物，间接地表达诗人对世俗生活的摒弃；表达诗人对隐逸生活的向往和实践，以及他崇尚自然、甘于淡泊的人生态度。白居易在《题赠郑秘书征君石沟溪隐居》中的"丹灶烧烟煴，黄精花丰茸"，不仅是自然美景的描绘，也象征着诗人对郑秘书隐居生活的赞美，以及他在仕途之外潜心修养、顺应自然的生活态度，更表达了一种崇尚自然、追求内心纯净和精神升华的理想化人生观。

4. 深沉旷达的意象

苏轼，这位才情横溢的诗神，对黄精的描绘则展现出了丰富而独特的视角与思考。在他的诗篇中，黄精这一灵草的形象被赋予了多重意蕴，字句间流淌着诗人对黄精的深厚情感与哲思。

在《太平寺泉眼》一诗中，杜甫以"三春湿黄精，一食生毛羽"的诗句，赋予黄精让人羽化升仙的神奇力量，通过夸张手法凸显黄精的价值，表达出对大自然力量的敬畏和颂扬，以及对美丽自然风光的热爱，对和谐生态环境的向往，对生命持久繁荣与生生不息的珍视。

《初别子由》中，苏轼写下"会须扫白发，不复用黄精"。他既肯定了黄精的价值，又流露出对时光荏苒和生命规律的深刻理解，以及对生命无常的坦然接受。

在《答周循州》一诗中，苏轼以"知君清俸难多辍，且觅黄精与疗饥"的诗句，借黄精表达对友人清贫生活境况的深切关怀，同时将黄精视为在困境中维持高尚品质、淡泊名利的寄托。这既是对友人困境中品格的期许，也是对友人的安慰与鼓励。

《又次前韵赠贾耘老》中，苏轼通过"空腹待黄精"的形象描绘，展现了对黄精的执着追求，同时也以诙谐的笔触，传达了在生活困厄时，诗人以乐观心态自我宽慰和直面困境的精神境界，使得黄精这一意象内涵更为丰富多元，同时也映射出苏轼逆境中豁达开朗、不失幽默的人生哲学。

在《白水山佛迹岩》中，苏轼设想"当连青竹竿，下灌黄精圃"，用青竹引来山泉灌溉黄精园，这一情景交融了田园劳作的质朴情趣与禅宗意境的深远宁静，仿佛在黄精的滋养下，人与自然实现了完美融合，构建了一幅静谧深远的生命图景。

5. 艰难磨砺的意象

在艰难岁月中，黄精不仅是诗词篇章中的重要意象，更成为诗人现实生活中的良伴。王冕《过山家》中提及的"破瓶无粟妻子闷，更采黄精作朝飧"，在生活困苦的岁月，黄精成为维系生计的食物来源，能在逆境中助人渡过难关，体现了人们在逆境中善用自然资源的生活智慧和坚韧不屈的精神风貌。

黄精，既是文人墨客青春永驻的象征，也是他们在困苦中坚守生存信念的实物依托。黄精天然质朴的特质契合了文人对自然、纯真的审美追求，反映出他们对返璞归真的理想境界的欣赏，在文人的笔下，黄精常被描绘为一种具有君子形象的植物，它更像是一种文化符号，成为我国古代文人群体精神旨趣和审美理想的重要表征，承载着他们对美好生活的向往。在杜甫、苏轼等大家的笔下，黄精或寓意青春活力、生命韧性，或象征隐逸恬淡、自然和谐的生活态度。它既是诗画中山居生活的点缀元素，又是逆境中赖以生存的重要资源；承载着古人对生命的哲思，并体现了他们对美好生活的向往。通过其深厚的意蕴和美学价值，生动揭示了中华传统文化的深厚底蕴以及诗性智慧。

二、提及黄精的文学名著

文学名著是中华民族智慧与情感的结晶，这些作品不仅具有极高的文学艺术价值，还承载着丰富的历史文化内涵，为我们提供了无尽的精神滋养和思想启迪。文学名著与黄精有着紧密的联系，我们能从很多文学名著中搜寻到黄精的身影。黄精的出现，让文学名著更加富有韵味和深度，也让我们对历史文化有了更全面的认识和理解。

1.《西游记》与黄精

《西游记·第一回·灵根育孕源流出 心性修持大道生》中有"春采百花为饮食，夏寻诸果作生涯。秋收芋栗延时节，冬觅黄精度岁华"，这是对花果山美猴王生活的描述。原著中后面也反复提到黄精。挖掘黄精一般是取三年的老黄精，效果才最好。挖掘的时间一般是在阴历九月份，也正是初冬左右。可见，吴承恩对于黄精的认识是相当深刻的。本回还写道："次日，众猴果去采仙桃，摘异果，刨山药，厮黄精。芝兰香蕙，瑶草奇花，般般件件，整整齐齐，摆开石凳石桌，排列仙酒仙肴。"众猴为了给美猴王饯行，摆了一桌子丰盛的食物，其中就有黄精。接着又交代："但见那：金丸珠弹，红绽黄肥……熟煨山药，烂煮黄精。捣碎茯苓并薏苡，石锅微火漫炊羹。人间纵有珍馐味，怎比山猴乐更宁。"这里罗列出了三十多种奇珍异果，基本都是水果，也都是猴子喜爱食用的食物。从中不仅可以看出此次饯行宴席之丰盛，更可以看出众猴对美猴王的尊敬和爱戴。

《西游记·第五十四回·法性西来逢女国 心猿定计脱烟花》写道:"那八戒那管好歹,放开肚子,只情吃起。也不管甚么玉屑、米饭、蒸饼、糖糕、蘑菇、香蕈、笋芽、木耳、黄花菜、石花菜、紫菜、蔓菁、芋头、萝菔、山药、黄精,一骨辣噇了个罄尽……"

唐僧师徒西天取经路上,除了与各种妖魔作斗争之外,还要同饥饿作斗争。出家人比不得在家人,在家人可以按时吃饭,出家人走到哪儿"要"到哪儿。在西梁女国,女王招待的素筵让猪八戒饱餐了一顿:那猪八戒哪管好歹,放开肚皮,只管吃。

《西游记·第八十二回·姹女求阳 元神护道》写道:"……蔬菜更时新:豆腐、面筋、木耳、鲜笋、蘑菇、香蕈、山药、黄精。石花菜、黄花菜,青油煎炒;扁豆角、豇豆角,熟酱调成……椒姜辛辣般般美,咸淡调和色色平。"

无底洞的金鼻白毛老鼠懂阴阳学说,重视阴阳交合,注重养生、修炼,当然注重吃黄精。

2.《古本水浒传》与黄精

梁山军攻打兖州前,卢俊义病倒,宋江战败,急先锋索超、金眼彪施恩、病大虫薛勇负伤回山。神医安道全表示,梁山是孤岛,凑不齐药材,尤其缺少最重要的黄精。行者武松听说孟州有黄精,便表示那地方他熟,可以去采办。

武松领着轻伤痊愈的金眼彪施恩,在戴宗神行法的帮助下,三个人撒开六条腿就往盛产黄精的云峰山跑。到了云峰山才知道,因为是稀缺资源,黄精已经被无私道人杀了原纯阳宫的道士后圈占了,这无私道人也不是正经出家人,就跟《西游记》里看守化胎井的如意金仙一样,也是把天生地长的自然资源据为己有,并且借此敛财。于是在纯阳宫展开了一场厮杀,武松最终杀了无私道人,逼道童交出黄精。原著这样写:

"那道童叫道:'如意金仙上好的药物,都藏在后山阁子里。你们饶我,我便一齐取来相送。'施恩放手,那道童便向后山奔去,不一时,真个取到大包药物。当下就在殿上,武松教他一一指出药名,便取了三五个黄精,十余味上好药物,把来打个包裹,教戴宗背了。"

3.《诸葛亮集·故事卷二》与黄精

"诸葛亮随萼玖便上了武当山。北极教主收诸葛亮为徒后,也对他进行了一番考验,每日令他砍柴担水,食以黄精。这样住了很久,见其果有诚心,方授之以道术……"

文学作品来源于生活,作者们从生活中汲取素材进行创作,以此来反映社会现象和情感体验,让人们通过作品了解不同的生活形态和社会状况。黄精在中国传统文化中与道教、中医等文化密切相关,在这些文学名著中,黄精的食用、修仙和药用作用分别得到了描写,体现了这些作者对传统文化的吸纳和展现。《西游记》中黄精的反复出现，展现了花果山和取经途中丰富多彩的场景，增强了这部巨著的生活真实感，为西天取经的故事增添了一层神秘而奇幻的氛围。《古本水浒传》中对黄精的描写，可谓是别具匠心，通过安道全用黄精治病这一情节，展现出黄精在当时被视为一种具有神奇疗效的药材。这种描写既是对黄精本身特性的一种认可，也从侧面体现了作者对传统中医药知识和天然药物资源的尊重与关注。诸葛亮食黄精这一细节，凸显了武当山学道环境的独特与神秘，将黄精与诸葛亮的学道经历相结合，增添了故事的传奇性和文化底蕴，加深了读者对中国传统文化中的养生与修行的认知。

现当代文学作品的题材虽然广泛，但对黄精的描写却不多，只在一些以特定地域、传统文化或中医药等为主题的作品中偶尔出现。这警示我们在现代社会的文化创作中，需要挖掘和展现传统文化中如黄精这样具有传统文化的元素，以丰富文学的表现领域和内涵，让它们在现代语境下依然能够焕发出独特的魅力和价值。

第四节　黄精的农耕文化

我国是农业大国，也是农业古国。在数千年的农耕活动中，炎黄子孙在"天人合一"的思想指导下，创造了灿烂辉煌的农耕文明，留下了弥足珍贵的农业文化遗产。农耕文化是中华文化的鲜明标签，承载着华夏文明生生不息的基因密码，彰显着中华民族的思想智慧和精神追求[11]。

黄精是一种重要的中药材和滋补品，可是它的生长周期长，对生长环境的要求也比较高，导致野生的黄精资源非常有限，为了满足需求，很早就开始了人工的种植。黄精的种植文化是我国农耕文化的重要组成部分，在传统农耕文明中扮演着重要的角色。

黄精种植历史悠久，可是直到唐朝，才有黄精的栽培记载，唐诗"见欲移居相近住，有田多与种黄精"和"一池荷叶衣无尽，两亩黄精食有余"都提到了当时的黄精栽培。宋代《本草图经》记载："二月、三月采根，入地八九寸为上。"这里提到了种植方法。明代王恭的诗写道："手种黄精只半畦，草根时见叶初齐。不知门外残春雨，多少飞花踏作泥。"这首诗直接以"种黄精"为题写出了黄精叶子刚长出时生机勃勃的样子。《本草纲目》载："黄精野生山中，亦可劈根长二寸，稀种之，一年后极稠，子亦可种。"清朝汪切庵《本草易读》记录："二八月采根。亦可劈根稀种之，一年后极稠，子亦可种。以所来多伪，近世稀用矣。"这两种本草医药典籍都详细记载了黄精的繁殖方法。

黄精的种植区在山区，耕地分散且面积有限，地势起伏较大，交通不便，农业生产资料的运输和农产品的销售较难，黄精的种植需要农民们付出辛勤的劳动和智慧，在与落后的生产方式、恶劣的自然环境长期打交道的过程中，铸就了我们中华民族的韧性，这种品格也支撑着中华民族从一次次灾难中涅槃重生。

黄精的种植需要遵循生态和环保的原则，农民们需要保护好黄精的生长环境，还要采用绿色、环保的种植方法和管理措施，以减少对环境的污染[12,13]。黄精种植实践中蕴含着"天人合一"与万物和谐相处的思想，体现了人类在生产生活中与自然相互协调、相互融合的智慧。

农耕技术和经验在代际间传承，农民们需要传承好传统的黄精的种植技术和经验，同时也需要不断创新和改进种植方法和管理措施，以适应市场需求和社会发展的变化。他们积累的这些丰富的农业生产知识、技术和经验，代代相传，是文化传承的重要载体。

党的十九大报告首次提出了实施乡村振兴战略，即在新时代背景下，实现乡村经济、社会、文化、生态等各个方面的全面发展和提升。农耕文化作为乡村的独特资源和优势，能助力推动乡村的繁荣。具有药食同源文化的黄精的种植与乡村振兴的契合度非常高，因此，随着乡村振兴的发展，不少农户和集体的黄精种植已经成为山村的特色产业[14,15]。黄精的种植不仅让农户获得不错的经济效益，而且让乡村居民对自己的历史和传统有了更深入的了解和认同，这样进一步保护和传承了勤俭节约、守望相助等农耕文化，增强了乡村的文化自信。可见，在社会飞速发展和科技日益进步的今天，这些农耕智慧仍对现代社会的发展具有十分重要的现实意义。

第五节 黄精的创新文化

随着科技的发展，黄精产业已驶入发展的快车道，各地纷纷采用先进的种植技术，将传统的黄精文化与现代元素相结合，改进加工工艺打造具有特色的品牌，提高黄精的市场知名度和竞争力，推出更多满足人们需求的产品，各地黄精的创新文化呈现出一派欣欣向荣的景象。

九华山境内植被茂密，生态环境优美，天然水系发达，土壤中硒元素含量丰富，为高品质的黄精生长提供了良好的生态条件，千百年来，"九华黄精"久负盛名，民间俗称："北有长白人参，南有九华黄精"。九华山黄精研究所自 2007 年成立以来更是自 2015 年以来在国内诸多期刊发表了数篇有关九华黄精的研究论文，对九华黄精的传播起到了积极的推动作用。池州市九华府金莲智慧农业有限公司，专业从事黄精种植、加工、销售 10 余年，专注于研究古法养生领域，开展黄精相关产品的研发，传承并创新古法黄精的九蒸九晒工艺，生产的黄精丸、黄精果、黄精茶、黄精原浆、黄精酒、黄精蜜饯、黄精糕点、黄精膏、黄精粉等九大系列 60 余种黄精产品，以互联网为依托的电子商务平台辐射全国市场，是国内最大的黄精半成品供应商。

九华旅游西峰山庄通过与央视合作，展示了黄精菜肴的制作过程和黄精宴的开发，将黄精的文化内涵与旅游相结合，提升了徽菜的知名度，也为游客提供了更丰富的旅游体验。这种方式不仅能够吸引游客的关注，还能让他们更深入地了解黄精文化。

传承黄精的传统文化，同时将传统工艺与现代科技相结合，为提高黄精的炮制工艺和品质，山东泰安自主研发出全球首套黄精丝自动化、智能化生产线，把古法炮制过程中的六大工序融入其中，成功突破传统形态的技术瓶颈[16]。

湖南安化注重黄精品牌的塑造与产品的多元化创新，现已成功研发出包括即食黄精、黄精茶、黄精酒、黄精糖果、黄精护肤品在内的 40 多种食养产品，全方位拓展黄精的消费应用场景，精准对接市场需求，实现了安化黄精与现代生活的深度融合。

南阿黄精为了打造具有影响力的品牌，提升产品知名度和美誉度，增加市场竞争力，在设计包装时从年轻人生活方式和潮流文化出发，巧妙地将黄精文化年轻态融入其中，凭借小包装的便捷设计迅速占领市场。

湖北黄精哥食品有限公司积极对接线上销售平台，黄精产品已入驻京东、淘宝、中石化易捷、微信小程序等线上平台，紧跟电商时代的浪潮，拓宽线上线下的销售渠道。

在黄精系列产品销售方面，打开淘宝、天猫和京东，输入"黄精、九蒸九晒"等字，扑面而来的"如是心（安徽省如是心旅游发展集团有限公司）"品牌牢牢占据榜首，2017 年至今如是心黄精系列产品的销售额已经突破亿元。

随着旅游业多元化的发展，黄精文化也逐渐成了旅游资源之一。许多地方举办以黄精为主题的赏花节、文化节等活动，重庆市涪陵区举办了以"赏黄精、食黄精"为主题的文化节，通过赏、悦、食、动四大板块呈现药食同源的黄精系列文化和黄精的系列养生价值。

打造以黄精为主题的旅游景点，如黄精园、黄精博物馆等，吸引了众多游客前来参观和体验。安徽九华峰生物科技有限公司建成中国首家黄精博物馆，山东泰安市建成了泰山黄精文化博物馆，博物馆为公众提供了了解黄精的窗口，具有科普教育的作用，有助于保护和传承黄精相关的文化遗产。

黄精的创新文化是对传统黄精文化的延伸与拓展，它以科技为驱动，将黄精与现代理念、工艺相融合，创造出丰富多样的产品与体验，展现出黄精在养生、美食、艺术等领域的无限可能性，同时通过创新的传播方式让更多人了解和喜爱黄精文化，为其注入新的活力与生命力[17, 18]。

第六节　千年传承的瑰宝

　　黄精，这一古老而神秘的植物，承载着悠久的历史和深厚的文化底蕴。它在中国的医药史和文化长河中留下了浓墨重彩的一笔。

　　黄精的历史可以追溯到数千年前。早在古代，人们在食用黄精时就已经发现其药用价值，并将其广泛应用于医疗领域。在许多古代医学典籍如《神农本草经》《名医别录》中，都对黄精进行了详细的记载和高度评价。黄精被视为滋补上品，具有补气养阴、健脾润肺、益肾等多种功效，是古代医者们常用的药材之一。

　　在历史的发展过程中，黄精还与仙道文化紧密相连。古人认为黄精具有延年益寿、超凡脱俗的神奇功效，因此将其与仙道修行联系在一起。黄精被赋予了"仙人余粮"的美誉，成为仙道文化中的重要部分。许多仙道故事和传说中都有黄精的身影，它的神秘色彩更加增添了其文化魅力。

　　黄精文化不仅仅体现在医药和仙道方面，还反映在人们的日常生活和情感之中。在古代社会，黄精是人们馈赠亲友的珍贵礼品，表达着对彼此的关爱和祝福。同时，黄精也寄托了人们对健康长寿的美好愿望，是人们对幸福生活追求的一种体现。

　　黄精文化还具有丰富的艺术表现形式。在古代文学作品中，黄精常被提及，成为文人墨客们吟咏的对象。他们用优美的诗句和动人的篇章，描绘了黄精的美丽和神奇，表达了对黄精的喜爱和赞美之情。

　　从文化价值的角度来看，黄精体现了人与自然和谐共生的理念。黄精生长于自然之中，其生长过程需要适宜的环境和条件。人们在采集和利用黄精时，遵循着自然规律，体现了对自然的尊重和敬畏。这种和谐共生的理念，是黄精文化的重要内涵之一。随着黄精需求量的增加，其种植规模也在不断扩大，推动了黄精种植文化的传播与弘扬，黄精种植文化不仅是一种农业生产方式，更是中华民族农耕文化中的一部分，它见证了岁月的变迁和人们对生活品质、健康追求的执着，其价值和意义值得我们不断去品味和发扬。

　　随着现代科学技术的进步，人们对黄精的认识更加深入，黄精的应用和研究也在不断发展，黄精的开发和利用进入了新境界，踏上了涵盖多领域、多形式的创新发展之路。然而，我们在传承和发展黄精文化的过程中，要注重生态环境保护，确保黄精的可持续生长和利用。

　　在漫长的历史长河中，黄精以其独特的魅力和价值，成了中华文化中一颗璀璨的明珠。它的故事和传说，它的医药功效和文化内涵，都将永远流传下去，成为我们民族记忆中的一部分。黄精的历史和文化是中华民族宝贵的财富，它见证了人类文明的发展和进步。深入挖掘和传承黄精文化，对于弘扬中华优秀传统文化、促进人类健康和社会发展具有重要意义。让我们共同努力，让黄精这一古老而神奇的植物，在新时代继续绽放出璀璨的光芒，为人类的健康和幸福做出更大的贡献。

参考文献

[1] 邓钰文，欧阳琳，王珊，等 . 黄精药食同源价值研究进展 [J]. 湖南中医药大学学报，2024，44（5）：912-920.

[2] 章能胜，陈晓玲，潘淳 . 九华黄精研究与产业开发现状 [J]. 池州学院学报，2023，37（6）：73-76.

[3] 陈小磊，徐哲，钱华丽，等 . 黄精炮制历史沿革及现代研究进展 [J/OL]. 中华中医药学刊，1-15.

[4] 徐宇琳，王元忠，杨美权，等 . 黄精的本草考证及民族用法 [J]. 中国实验方剂学杂志，2021，27（17）：237-250.

[5] 肖移生，董琦，王萍，等 . 江西黄精资源、产品开发及资源综合利用分析 [J]. 中国野生植物资源，2022，41（11）：61-65.

[6] 宋添力，张钰，肖强，等 . 黄精化学成分以及药用价值的研究进展 [J/OL]. 中华中医药学刊，1-17.

[7] 林支穹 . 从肺脾肾三脏浅述黄精的药理作用 [J]. 中医研究，2024，37（5）：91-96.

[8] 罗婷，罗丹，甘露 . 黄精多糖的现代药理作用研究进展 [J]. 临床合理用药，2023，16（2）：177-180.

[9] 陈宇，周芸湄，李丹，等 . 黄精的现代药理作用研究进展 [J]. 中药材，2021，44（1）：240-244.

[10] 汪在明，张明建，宋威仪 . 黄精变"黄金" [N]. 中国国门时报，2022-09-26.

[11] 吕树强 . 传统农耕文化赋能乡村振兴的路径研究 [J]. 农业开发与装备，2024（4）：1-3.

[12] 张富源，陈军，陈子平，等 . 黄精施肥与栽培模式研究进展 [J]. 安徽农业科学，2024，52（3）：1-5.

[13] 龙艳，麻生富，张国俊，等 . 黄精病虫害防治研究进展 [J]. 耕作与栽培，2023，43（5）：63-66.

[14] 许倩琪 . 九华黄精产业：农旅融合让黄精变"黄金" [N]. 池州日报，2024-03-27.

[15] 李爱玉，刘志迎，丰志培 . 中药产业多链融合策略：基于安徽黄精产业的案例研究 [J]. 中国现代应用药学，2024，41（9）：1259-1266.

[16] 裴瀚哲，陈洪乐，张建宇，等 . 地域文化视角下泰山黄精包装的创新与研究 [J]. 鞋类工艺与设计，2023，3（14）：45-47.

[17] 陈晓茹，叶文慧，钟均宏 . 药用植物黄精的应用研究及产业发展 [J]. 园艺与种苗，2024，44（4）：62-66.

[18] 冯永文 . 特色中药种植对乡村振兴的推动作用 [J]. 农业工程技术，2023，43（32）：98-99.

第五章 黄精的产业规划

黄精之名源于仙家用其得土地之精华，《本草纲目》有记"仙家以为芝草之类，以其得坤土之精粹，故谓之黄精"，其药用历史悠久，具有重要的临床价值[1]。但目前黄精的发展面临精深加工不足、产业链条不健全等瓶颈问题，制约了黄精产业的健康发展。基于黄精产业发展现状，在本书的前四章节，详细描述了黄精资源、生产关键技术、质量标准、药理与临床、新药研发与大健康产品、历史文化等方面的内容，本章内容则从全产业链的角度，分析探讨黄精产业发展中存在的问题，并提出相应的发展策略与方法，为黄精产业的高质量发展提供科学支撑。

通过对中药产业链概念、构建与优化、应用等方面的研究，使中药产业在国民经济发展中的重要性不断提升，直至将中药产业发展成为国家战略性产业[2]。黄精全产业链发展是大势所趋，也是中医药产业发展的目标体现，为中药资源的应用形式提供了参考[3]。本章基于全产业链视角，分析从黄精种植、加工、销售到研发等多个环节存在的问题，并提出针对性策略和建议，为黄精全产业链研究与实践提供发展思路。

第一节　黄精代表性产业

黄精属多年生草本植物，作为传统药食同源中药材，药用历史悠久，其用药后在脾、肺、肾等脏腑部位的药效作用更为显著，可用于脾胃气虚，体倦乏力，胃阴不足，口干食少，肺虚燥咳，劳嗽咳血，精血不足，腰膝酸软，须发早白，内热消渴等症。黄精在中成药、中药处方中应用较多，药用价值高；此外，黄精还可用于保健品、化妆品、添加剂等，是国家卫生健康委员会公布的可用于药食两用的中药之一。黄精在新药研发、大健康产品研发及现代医学临床治疗、康复养生等方面具有广阔的开发价值。近年来，黄精在多个地区形成了具有代表性的产业。以下是一些黄精产业的代表性特点和发展情况。

一、安徽九华黄精产业

九华黄精有着1500多年的种植历史，该地区池州市青阳县是全国唯一的国家级黄精产业优势区，全市黄精种植面积达9.7万亩，年综合产值超20亿元。开发的九华黄精食品、菜肴、药品有100余种，包括九制黄精、黄精茶、黄精酒等健康养生产品。九华黄精先后获批国家地理标志产品、农产品地理标志保护产品、国家森林生态产品、国家重要农业文化遗产等荣誉。

池州市九华山黄精研究所在黄精研究方面已取得了一定的成果，涉及黄精的种植、加工、提取、应用等多个方面，为黄精的医药研究和产业化应用提供了技术支持。池州市九华山黄精研究所不仅致力于黄精的学术研究和技术创新，还积极参与社会活动和产业合作。例如，该研究所参与举办了多场与黄精相关的学术交流会、高峰论坛等活动,促进了黄精研究领域的交流与合作。同时,该研究所还为当地特色农业开发项目提供咨询和支持,推动了黄精产业的发展和壮大。

在安徽池州地区的另一条黄精产业,安徽省如是心旅游发展集团有限公司(简称"如是心"),是一家运营中国黄精产业的集团化公司,专注于古法养生领域,以黄精为主要原料,积极传承"九蒸九晒"工艺。如是心以"回馈社会、共创最美乡村"为宗旨,扎根九华山黄精原乡,打造集黄精种植、加工、设计包装、乡村旅游、仓储物流、产品销售于一体的完善产业链,开发了多种养生产品,包括但不限于黄精丸、黄精果、黄精茶、黑枸杞黄精原浆、玉灵膏、黄精秋梨膏、黄精石斛原浆等。这些产品均采用"九蒸九晒"的传统工艺,保留了黄精的精华,具有补气养阴、健脾益肾等功效。除了纯黄精制品外,如是心还开发了如是润养护肤洗护系列(如黄精焕颜洁面乳、黄精焕颜精华水、黄精多肽修复面膜、黄精植萃洗发水、黄精牙膏等)、黄精小食系列(如黄精小饼干、黄精小麻花、黄精糯米锅巴、黄精枣泥糕等)、黄精复合产品(如黄精艾条、黄精熏蒸粉、黄精蒸汽眼罩等)以满足不同消费者的需求。此外,如是心还致力于推广助农产品,如桂花莲子藕粉、山茶油、山泉水等,这些产品不仅品质优良,还带动了当地农民的经济收入。

二、湖南安化黄精产业

安化县黄精种植面积已达 10.55 万亩,年产黄精 1.3 万吨,实现综合产值 11.1 亿元,进入了全国黄精产业第一方阵。安化县遵循"政府主导、市场主体、部门主推、行业自律"的发展原则,抓好"生产、加工、营销、科研"四个环节,致力于把黄精产业培育成为全县经济社会发展新的增长极。通过发布"安化黄精"品牌形象,提升黄精产品的市场知名度和美誉度。

三、其他地区黄精产业

湖北崇阳县以黄精为代表的中药材种植加工产业快速发展,黄精产业链拓宽了乡村振兴致富路。崇阳黄精于 2022 年成功入选湖北"十大楚药"。同时,其他地区也在不断开发黄精的价值,如山东泰安、湖南怀化等地也依托各自优势,积极发展黄精产业,形成了各具特色的黄精产业区域。

各地政府通过政策引导、资金扶持等方式,积极推动黄精产业的发展。从头把控,加强黄精品种的选育、种植技术的研发及产品的精深加工,为黄精产品提升附加值。此外,注重品牌塑造和推广,提升黄精产品的市场知名度和竞争力,并不断推动黄精产业与旅游、文化等产业的融合发展,拓宽黄精产业的发展空间。事实证明,黄精产业在多个地区都取得了显著的发展成果,形成了具有代表性的产业模式和发展路径。未来,随着人们对健康养生日益重视以及中医药产业的不断发展壮大,黄精产业有望迎来更加广阔的发展前景。

第二节 黄精产业发展现状

黄精产业近年来呈现出稳步发展的态势，随着人们对健康和中医药的关注度提高，黄精的市场需求呈现增长趋势[11、17、18]。黄精被认为具有益气养阴、补肾固精、滋补强壮等功效，常用于调理体质、增强免疫力以及改善男性不育等作用，因此，备受人们的青睐。

一、黄精产业体系现状

黄精产业链包括种植、采摘、加工、销售等多个环节，产业体系已逐渐完善。近年来，黄精的种植技术得到了不断发展，种植区域也在持续扩大。除了南方的湖南、广东、江西等省份，黄精的种植区域已经扩展到了全国多个省份。这将有助于提高黄精的供应量，缓解市场供需矛盾。种植技术的提升和加工技术的创新，不仅提高了黄精的产量和质量，也为黄精产品提供了更多的品种和规格，满足了市场的多样化需求。同时，销售渠道的拓展也使得黄精产品能够更广泛地覆盖市场。

二、黄精产值现状

随着黄精产业的发展，其产值也在不断增加。例如，炎陵县通过积极融合数字电商优势，开发了黄精茶等多种食药同源产品，计划打造形成中药材种植培育、粗加工、精深加工、销售为一体的中药材产业链。这些努力不仅带动了当地经济的发展，也增加了黄精产业的附加值。

三、黄精市场现状

随着全球健康意识的提高和中医药文化的普及，中药市场已逐渐国际化，黄精作为传统中药材也受到了国际市场的青睐，这主要得益于其独特的药理活性和广泛的应用价值。一些国家和地区对黄精的保健功效产生了浓厚的兴趣，纷纷进口黄精产品，这为我国黄精产业拓展国际市场提供了良好的机遇。

四、相关政策支持

政府对黄精产业的发展给予了高度重视，为了促进黄精产业的发展，国家和地方政府出台了一系列扶持政策。这些政策包括资金支持、税收优惠、人才引进等方面，对从事黄精种植、加工、销售的企业和个人给予税收优惠政策，降低企业运营成本，提高市场竞争力，为黄精产业的发展提供了有力的保障；同时，国家还加强对黄精产业的监管力度，确保产品质量和安全。

第三节　黄精产业发展中存在的问题

一、种植技术和品种问题

1. 良种缺乏与种性退化

黄精种植中多采用无性繁殖技术，如根茎繁殖，这导致了严重的种性退化问题。长时间的无性繁殖使得黄精的遗传基础变得狭窄，降低了品种的适应性和抗逆性。有性繁殖虽然可以引入新的遗传变异，但后代表现多样化，且存在种子萌发率低和出苗不整齐等问题。

2. 栽培管理技术体系不完善

黄精的栽培技术体系涵盖了引种驯化、良种选育、繁殖技术、栽培管理及采收加工等全过程，但目前该体系尚不完善。缺乏标准化的种植规程和技术指导，导致种植过程粗放，药材品质参差不齐。栽培管理中对温度、用水、光照、肥料等因素的调控不够精细，未能充分满足黄精生长的需求。

3. 病虫害防治不当

黄精种植过程中常受到病虫害的侵袭，如炭疽病、叶斑病、蚜虫、蛴螬等。防治方法不当或防治不及时，容易导致病虫害的扩散和蔓延，对黄精的生长和产量造成严重影响。

4. 缺乏现代化的种植技术和设备

黄精种植过程中仍采用传统的种植技术和手工操作，缺乏现代化的种植技术和设备支持。这不仅影响了种植效率，还限制了黄精产业的升级和发展。

二、产业链和市场问题

1. 产业链短且附加值低

目前，黄精的产业链相对较短，主要集中在种植、初加工环节，深加工和高附加值产品开发不足。这导致黄精产品的附加值较低，难以形成品牌效应，也难以满足市场的多样化需求。

2. 市场认知度不高

黄精作为一种中药材，其药用价值和市场潜力尚未得到充分的挖掘和认知。许多消费者对黄精的功效和用途缺乏了解，导致市场需求不足。

3. 市场需求多样化与产品同质化矛盾

随着消费者需求的不断变化和升级，市场对黄精产品的需求也呈现出多样化的趋势。然而，目前市场上的黄精产品同质化严重，缺乏创新和特色，难以满足消费者的个性化需求。

三、资金和政策支持问题

1. 资金投入不足

黄精产业的发展需要大量的资金投入，包括种植基地的建设、技术研发、市场推广等方面。然而，由于黄精产业尚未形成大规模的商业化运作，资金来源有限，导致资金投入不足，制约了产业的发展。

2. 政策扶持力度不够

尽管国家和地方政府对中药材产业有一定的政策扶持，但针对黄精产业的专项扶持政策较少，政策扶持力度不够。这导致黄精产业在发展中难以获得足够的政策支持和资源倾斜，制约了产业的发展。

3. 政策执行不力

有些地方政府在执行政策时存在执行不力的情况，导致政策效果不佳。例如，有的地方政府在推动黄精产业发展时，未能充分考虑到当地的实际情况和产业特点，导致政策难以落地。此外，有的地方政府在资金扶持、技术支持等方面也存在执行不力的情况，使得黄精产业企业难以获得实质性的帮助。

四、产业组织和人才问题

1. 缺乏统一的产业组织和管理

黄精产业目前缺乏一个统一的全国性或区域性的产业组织来协调和管理整个产业链。这可能导致资源浪费、市场竞争无序及缺乏长远规划。产业链上的各个环节（如种植、加工、销售等）之间缺乏有效的协作机制。这种分散性可能导致生产效率低下和成本增加。

2. 人才问题

一方面，针对黄精产业的专门培训和教育项目相对较少，这限制了从业人员技能的提升和专业知识的更新。另一方面,黄精产业需要不断的科研投入和产品创新来保持竞争力,但目前这方面的力量还相对薄弱,缺乏足够的科研人员和研发资金。

第四节 黄精产业规划与展望

黄精产业链指从黄精药材种植,到其中药产品(中药饮片、中成药、功能性食品、保健品等)的生产加工过程,到达终端消费者的各个环节所构成的产业链条,包括上游黄精种植、中游黄精加工、下游终端市场等主体环节,最终到达消费者手中。关于黄精全产业链发展规划思路的详细介绍如图 5-1 所示。

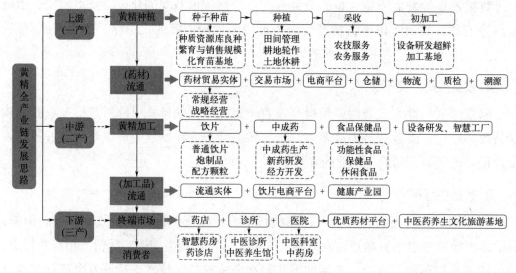

图5-1 黄精全产业链发展规划思路流程图

一、加强黄精种植技术研发与推广

首先,国家和地方政府可以设立黄精种植技术研发专项基金,用于支持科研机构、高校和企业进行黄精种植技术的研发。这些基金可以用于资助种植技术的创新、新品种的培育、土壤改良等方面的研究。鼓励科研机构、高校和企业建立产学研合作机制,共同进行黄精种植技术的研发。通过合作,可以将最新的科研成果转化为实际应用,提高黄精种植的科技含量和经济效益。

其次,通过示范基地、培训班、现场指导等多种形式,向农民和种植户推广先进的黄精种植技术。这些技术可以包括种子处理、播种方法、土壤管理、施肥与病虫害防治等方面的内容。同时，建立黄精种植技术交流平台，鼓励种植户、专家、学者等交流种植经验和技术，共同解决种植过程中遇到的问题。通过交流，可以促进技术的传播和创新，提高整个产业的技术水平；亦可以加强与国际黄精种植技术研发机构的合作与交流，引进国际先进的种植技术和设备，提高我国黄精种植技术的水平。同时，也可以将我国的种植技术和经验推向国际市场，提高我国黄精产业的国际竞争力。

最后，通过各种渠道加强黄精种植技术的宣传和普及工作，提高农民和种植户对黄精种植技术的认识和重视程度。多途径宣传可以激发农民和种植户学习新技术的热情，提高整个产业的科技水平。

以上措施的实施，可以加强黄精种植技术的研发与推广，提高黄精种植的科技含量和经济效益，推动黄精产业的可持续发展。

二、拓展黄精产业链，增加附加值

鼓励黄精种植户自愿组成合作社，建立共同出资、共同管理、共享收益的方式，实现资源的整合和共享。合作社可以为种植户提供技术指导、市场信息、销售渠道等服务，帮助他们提高种植技术和管理水平，降低市场风险。政府可以通过政策扶持、资金支持等方式，引导黄精产业的发展。例如，设立专项资金支持黄精产业的研发和推广，制定优惠政策鼓励企业投资黄精产业等。黄精种植基地可以与上下游企业建立紧密的合作关系，形成完整的产业链。通过与种子供应商、肥料生产商、加工企业等的合作，实现资源共享、优势互补，降低生产成本，提高产品质量和市场竞争力。产业链整合模式还可以促进黄精产业的聚集发展，形成产业集群效应，推动整个产业的升级和发展。

加强市场推广力度，提高黄精产品的知名度和美誉度。可以通过参加国际展会、建立海外销售渠道等方式，拓展国外市场。注重品牌建设，打造具有地方特色的黄精品牌，提高产品的竞争力和市场占有率。

加大科技投入，引进先进的种植技术和加工技术，提高黄精产品的科技含量和附加值。加强与高校、科研机构的合作，共同研发新产品、新技术，推动黄精产业的创新发展。结合传统的酿酒工艺，将黄精的营养成分和酒的析出功能相结合，开发出具有独特风味和保健功效的黄精酒。利用现代生物技术，从黄精中提取有效成分，结合其他天然成分，开发出具有避暑解渴、补水抗疲劳等功效的饮品。将黄精的营养价值融入日常食品中，如黄精面条、黄精膏、黄精代餐丸等，满足消费者对健康食品的需求。开发具有特定保健功能的黄精产品，如针对特定人群的保健品，以提高产品的附加值。除了传统的药用和食用领域外，还可以探索黄精在化妆品、护肤品等领域的应用。通过多元化发展，进一步提高黄精产品的附加值和市场竞争力。

综上所述，通过深加工产品开发、产业链整合、市场推广与品牌建设、科技创新与研发、合作社与政府引导，以及多元化发展等多方面的努力，可以拓展黄精产业链并增加其产品的附加值。

三、加强黄精品牌建设与市场推广

首先，明确黄精产品的目标市场和目标消费者群体，并确定品牌在市场中的独特定位，如高品质、纯天然、健康养生等。根据品牌定位，制定相应的品牌策略，包括品牌形象设计、品牌口号、品牌故事等，以塑造独特的品牌形象。构建与黄精产品相关的品牌文化，强调产品的药用价值和健康养生理念，提高消费者对品牌的认同感和忠诚度。及时注册商标和申请相关专利，保护品牌的知识产权，防止侵权行为的发生。

其次，进行市场调研，了解目标市场的消费者需求、竞争对手情况、市场趋势等，为市场推广提供数据支持。根据市场调研结果，制订具体的市场推广计划，包括推广目标、推广渠道、推广时间、预算等。利用互联网和社交媒体平台，如官方网站、微博、微信公众号、抖音等，发布产品信息和品牌故事，提高品牌知名度和曝光率。与电商平台合作，开设黄精产品专区，进行线上的销售和推广活动，吸引消费者购买。在药店、保健品门店、超市等实体店铺设货架，展示黄精产品，并提供购买咨询和售后服务。举办或参加行业展会、健康养生论坛、产品推介会等活动，展示产品特点和优势，吸引潜在客户。开展促销活动，如免费试吃、优惠折扣等，提高消费者购买意愿和满意度。通过优质的产品和服务，赢得消费者的信任和好评，形成良好的口碑效应，吸引更多消费者关注和购买。

最后，定期监测市场推广效果，评估各项推广活动的成效和投入产出比，及时调整和优化推广策略。

通过加强黄精品牌建设与市场推广，可以提高黄精产品的知名度和美誉度，增强消费者对品牌的认同感和忠诚度，从而提高产品的市场占有率和销售额。

四、加强科研创新，提升黄精产业竞争力

政府应加大对黄精产业科研创新的投入，设立专项资金用于支持科研项目、研发机构和高校的研究工作。企业应充分认识到科研创新对提升竞争力的重要性，将研发经费纳入年度预算，确保有足够的资金投入研发工作。加强与高校、科研机构的合作：通过建立产学研合作机制，共享科研资源，共同开展黄精种植、加工、产品开发等方面的研究，推动科研成果的转化和应用。通过引进国内外高层次人才，为黄精产业注入新的科研力量，提高产业的创新能力和技术水平。整合优势资源，

建设黄精产业科技创新中心，为科研人员提供先进的研发设备和良好的工作环境。加强国际合作与交流，与国际黄精产业科研机构开展合作与交流，引进国际先进的科研理念和技术，提高我国黄精产业的国际竞争力。

针对黄精种植过程中的关键问题，如品种改良、病虫害防治、土壤改良等，开展深入研究，提高黄精的产量和品质。加强黄精加工技术的研发，提高加工效率和产品质量，开发更多符合市场需求的产品。针对黄精中的有效成分，开展提取技术研发，提高提取效率和纯度，为开发更多高附加值产品提供技术支持。

提高知识产权意识，加强科研人员对知识产权重要性的认识，鼓励他们申请专利、著作权等知识产权。加强知识产权保护力度，政府应加大对知识产权侵权行为的打击力度，保护科研人员的合法权益，激发他们的创新热情。

加强市场调研，了解消费者对黄精产品的需求和偏好，为科研创新提供方向。研发符合市场需求的产品，根据市场需求，研发符合消费者口味、需求的高品质黄精产品，提高市场竞争力。

总之，加强科研创新是提升黄精产业竞争力的关键。通过加大科研投入、建立产学研合作机制、加强关键技术研发、建立科技创新平台、加强知识产权保护，以及加强市场导向的科研创新等措施的实施，可以推动黄精产业的持续发展和竞争力的提升。

五、建设黄精产业园区，促进产业聚集发展

建设黄精产业园区是促进黄精产业聚集发展的有效方式。制订详细的产业园区规划，明确园区的定位、发展目标、功能布局等。根据黄精产业的特性和需求，设计合适的生产、研发、仓储、物流等空间布局。加强园区的基础设施建设，包括道路、供水、供电、通信等基础设施，确保园区的基本运行条件。建立完善的公共服务体系，如质量检测中心、信息中心、培训中心等，为园区内的企业提供全方位的服务支持。建立完善的园区管理机制，确保园区的有序运行。提供优质的服务支持，包括政策咨询、融资支持、市场对接等，帮助企业解决发展中的问题。

通过吸引黄精种植、加工、销售等上、下游企业入驻园区，形成完整的产业链，实现资源共享和优势互补。鼓励企业之间的合作与交流，推动产业聚集发展，形成产业集群效应。

在园区内设立科研机构或与企业共建研发中心，加强黄精种植、加工、产品开发等方面的科研创新。引进先进的种植技术和设备，提高黄精的产量和品质。鼓励企业与高校、科研机构建立产学研合作关系，推动科研成果的转化和应用。

加强黄精品牌建设、加大市场推广力度，提升园区内产品的知名度和美誉度，拓展国内外市场，提高产品的市场占有率。利用互联网和社交媒体等新媒体手段，进行品牌宣传和推广。

政府应制定相关政策，为黄精产业园区的发展提供政策支持和保障。设立专项资金，支持园区的建设和发展，包括基础设施建设、企业扶持、科研创新等方面。引进高层次人才，为园区的发展提供人才保障。加强人才培养，提高园区内企业的技术水平和管理能力。

通过以上举措，可以推动黄精产业园区的成功建设和发展，促进黄精产业的聚集发展，提高整个产业的竞争力和可持续发展能力。

六、加强对黄精产业的政策扶持与引导

制定清晰的产业发展规划，明确黄精产业的发展目标、战略定位及政策支持的重点领域和关键环节。根据产业发展趋势和市场需求，适时调整政策目标和方向，确保政策的针对性和有效性。

设立黄精产业发展专项资金，用于支持黄精种植、加工、研发、市场推广等关键环节。给予从事黄精产业的企业提供税收减免、贷款优惠等财政扶持政策，降低企业经营成本，提高企业盈利能力。

鼓励企业加大科研投入，支持企业与高校、科研机构开展产学研合作，推动黄精产业技术创新和成果转化。设立科技创新奖励基金，对在黄精产业科技创新方面取得显著成果的企业和个人给予奖励。

加强黄精种植基地的基础设施建设，改善种植条件，提高黄精产量和品质。支持黄精加工企业引进先进技术和设备，提高加工效率和产品质量。加强黄精产品的品牌建设和市场推广，提高产品的知名度和竞争力。

制定和完善黄精产业相关政策法规，为产业发展提供法律保障。加强政策宣传和解读，提高政策知晓率和执行率。建立政策评估机制，对政策实施效果进行定期评估和调整。推动黄精产业与其他相关产业的融合发展，形成产业联动和集群效应。支持企业之间建立紧密的合作关系，共同开拓市场、分享资源、降低成本。

加强政府对黄精产业的引导和指导，提供产业发展规划、技术咨询、市场信息等方面的服务。建立健全的黄精产业服务体系，为企业提供从种植、加工、研发到销售的全流程服务支持。

上述措施，能够有效加强对黄精产业的政策扶持与引导，推动黄精产业的持续健康发展，提高产业的竞争力和可持续发展能力。

七、拓展黄精国际市场，提高出口竞争力

为了拓展黄精国际市场并提高出口竞争力，首先，应深入了解国际市场需求，针对不同国家和地区的消费者需求进行市场调研，了解他们对黄精产品的认知和接

受程度。确定目标市场，根据市场调研结果，选择具有潜力的目标市场，并制定相应的市场进入策略。

其次，加强黄精种植、加工过程的质量控制，提升黄精产品质量与安全性，确保产品符合国际标准和进口国的要求。建立完善的质量检测体系，确保出口的黄精产品安全、有效、稳定。

同时，加强品牌建设与宣传，打造具有国际影响力的黄精品牌，提升品牌知名度和美誉度。利用国际媒体和社交平台进行品牌宣传，扩大黄精的国际影响力。根据目标市场的需求和消费者偏好，调整产品结构和包装设计，以满足不同国家和地区的需求。与国际知名分销商和渠道商建立合作关系，拓展销售渠道，提高黄精产品的国际覆盖率。积极参加国际医药、保健品展览和交流活动，展示黄精产品的独特魅力和药用价值。与国际科研机构和企业开展合作，共同研发新产品和技术，提升黄精产业的国际竞争力。

时刻了解和掌握国际贸易规则和准入标准，确保黄精产品顺利进入国际市场。建立应对贸易壁垒的机制，如申请相关认证、建立绿色贸易壁垒应对策略等，以降低出口风险。

最后，政府应加大对黄精出口企业的支持力度，提供出口退税、信贷优惠等政策措施。加强与国际组织的合作，推动黄精产业的国际合作与交流，为企业拓展国际市场创造有利条件。

通过上述方式，不仅可以有效拓展黄精国际市场、提高出口竞争力，还能够为黄精产业的持续发展注入新的动力。

八、加强对黄精产业人才的培养与引进

为了加强对黄精产业的人才培养与引进，首先，应根据黄精产业的发展需求和人才缺口，制订长期和短期的人才培养计划，明确培养目标和方向。计划中应包含培训内容、培训方式、培训周期等，确保培养计划的可行性和有效性。设立专门的黄精产业培训机构，为从事黄精种植、加工、销售等环节的人员提供专业培训。培训内容包括但不限于黄精种植技术、加工技术、市场营销、国际贸易等，提高从业人员的专业技能和综合素质。鼓励企业开展内部培训，加强员工的岗位技能培训和职业素养教育。

其次，可加强与高校的合作，共同设立黄精产业相关专业或课程，培养具备专业知识和实践能力的专业人才。鼓励高校与企业开展产学研合作，共同开展科研项目和技术创新，促进黄精产业的科技进步和产业升级。制定具有吸引力的人才引进政策，为黄精产业引进高层次人才提供优厚的待遇和良好的工作环境。设立人才引进基金，对在黄精产业领域有突出贡献的人才给予奖励和资助。建立人才评价机制，对人才的工作业绩和创新能力进行评估，并根据评估结果给予相应的激励和晋升机

会。同时，举办黄精产业人才交流会、论坛等活动，为人才提供交流学习的机会，促进人才之间的合作与交流。搭建线上人才交流平台，方便人才之间的信息交流和资源共享。鼓励黄精产业人才参与国际交流与合作，学习借鉴国际先进技术和经验，提高人才的国际化水平。拓展国际合作渠道，与国外相关机构和企业建立合作关系，共同开展黄精产业的研发和市场推广。

最后，建立健全的人才服务体系，为人才提供全方位的服务支持，包括政策咨询、创业指导、融资支持等。加强知识产权保护，鼓励人才的创新成果得到保护和利用，激发人才的创新活力。

通过以上措施的实施，可以加强对黄精产业的人才培养与引进，为黄精产业的持续发展提供有力的人才保障。

第五节　总　结

黄精产业在未来有着广阔的发展前景[19,20]，总结为以下五个方面。

一、市场需求持续增长

随着人们对健康和中医药的关注度提高，黄精作为一种具有益气养阴、补肾固精、滋补强壮等功效的中药材，其市场需求将持续增长。尤其是在调理体质、增强免疫力及改善男性不育等方面，黄精具有独特的优势，将吸引更多的消费者。

二、产业链不断完善

黄精产业链已逐渐完善，涵盖种植、加工、销售等多个环节。随着农业技术的不断进步和产业链的进一步延伸，黄精的种植规模将不断扩大，加工技术和产品种类也将更加丰富。同时，随着"公司+基地+农户"的产业模式的推广，黄精种植的规模化、标准化和现代化水平将得到提高。

三、科技创新推动产业升级

科技创新是黄精产业持续发展的关键。通过加强产学研合作，推动黄精产业的科技创新和产业升级，可以提高黄精的产量和品质，降低生产成本，提高市场竞争力。同时，科技创新还可以推动黄精在医药、保健品、食品、化妆品等领域的应用拓展，为黄精产业带来更多的发展机遇。

四、国际市场拓展

中国黄精产业在国际市场上具有巨大的潜力。随着国际贸易的不断发展，中国黄精企业将有机会进入国际市场，拓展销售渠道，提高品牌知名度和影响力。同时，国际市场的拓展也将为黄精产业带来新的发展机会和挑战。

五、品牌建设和质量提升

随着竞争的加剧，黄精企业将更加注重品牌建设和质量提升。通过加强产品质量控制、开展宣传推广等方式，提升自身在市场中的竞争力。同时，品牌建设和质量提升也将有助于提高消费者对黄精产品的认知和信任度，推动黄精产业的健康发展。

综上，黄精产业在未来具有广阔的发展前景。通过加强市场需求调研、完善产业链、推动科技创新、拓展国际市场，以及加强品牌建设和质量提升等措施，可以进一步推动黄精产业的持续发展。

参考文献

[1] 明·李时珍. 本草纲目 [M]. 北京：中国医药科技出版社，2011：375-378.
[2] 熊天兰，陈晓凡，王立元，等. 新时代中药产业发展研究 [J/OL]. 陕西中医药大学学报，1-7.
[3] 朱玉洁. 基于可持续发展的中药资源产业价值链与供应链融合创新研究 [D]. 南京：南京中医药大学，2019.
[4] 国家药典委员会. 中华人民共和国药典2020年版（一部）[M]. 北京：中国医药科技出版社，2020：319-320.
[5] 梁·陶弘景. 名医别录 [M]. 尚志钧，校注. 北京：中国中医药出版社，2013：19-20.
[6] 邓钰文，欧阳琳，王珊，等. 黄精药食同源价值研究进展 [J]. 湖南中医药大学学报，2024，44（5）：912-920.
[7] 宋添力，张钰，肖强，等. 黄精化学成分以及药用价值的研究进展 [J/OL]. 中华中医药学刊，1-17.
[8] 李彦力，苏艺，袁晚晴，等. 黄精主要活性成分、功能及其作用机制研究进展 [J]. 现代食品科技，2023，39（12）：354-363.
[9] 汪成，叶菊，何旭光，等. 黄精化学成分、药理作用研究进展及质量标志物（Q-Marker）预测分析 [J]. 天然产物研究与开发，2024，36（5）：881-899，855.
[10] 祝义伟，祝利，陈秋生，等. 黄精的化学成分、药理作用及其产品开发 [C]. 中国中西医结合学会

营养专业委员会.第六届全国中西医结合营养学术会议论文资料汇编.2015：2.

[11] 斯金平,裘雨虹,孙云娟,等.新兴林粮——黄精产业发展战略研究[J].中国工程科学,2024,26(2)：113-1620.

[12] 常晖,靳鹏博,马存德,等.不同方法炮制黄精后其化学成分及药理作用研究进展[J].世界中医药,2023,18（21）：3125-3135.

[13] 文晓萍,杨常碧.黄精化学成分与药理研究概况[J].山东化工,2023,52（23）：126-128.

[14] 杨庆雄,李欣.林下经济作物黄精的研究进展[J/OL].贵州师范大学学报（自然科学版）,1-34.

[15] 杜浩,朱响,王树明,等.滇黄精研究进展[J].热带农业科技,2024,47（2）：50-56.

[16] 温作荣,张旭,宁祎琳,等.不同生境条件对林下多花黄精生长及有效成分的影响研究进展[J].竹子学报,2024,43（1）：81-87.

[17] 章能胜,陈晓玲,潘淳.九华黄精研究与产业开发现状[J].池州学院学报,2023,37（6）：73-76.

[18] 曹小青,戴卫东,黄治,等.安徽九华黄精产业存在的问题及高质量发展对策[J/OL].中药材,2024,（3）：537-541.

[19] 李爱玉,刘志迎,丰志培.中药产业多链融合策略：基于安徽黄精产业的案例研究[J].中国现代应用药学,2024,41（9）：1259-1266.

[20] 李金凤.基于产业价值链的山东中药产业发展战略研究[D].济南：山东中医药大学,2018.

滇黄精 *Polygonatum kingianum* Coll. et Hemsl.

图1-5 滇黄精整体图（程道馨绘）

1—植株的一部分；2—花被（已剖开）；3—花；4—雌蕊；5—根茎；6—根茎切面；7—果实；8—果实切面

黄精 Polygonatum sibiricum Delar. ex Red.

图1-10 黄精整体图（程道馨绘）
1—植株；2—花被（已剖开）；3—花；4—果实；5—果实切面；6—根茎

多花黄精 Polygonatum cyrtonema Hua.

图1-15 多花黄精整体图（程道馨绘）

1—植株；2—花（已剖开）；3—雌蕊；4—果实；5—果实切面；6—根茎

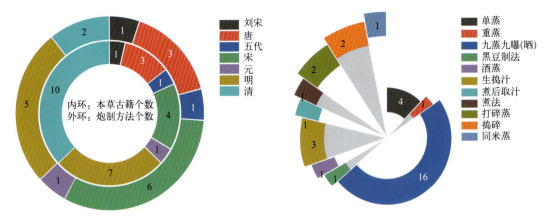

图2-2　记载黄精的古籍著作及炮制方法个数（左图）和历朝历代
黄精各个炮制方法出现的个数（右图）

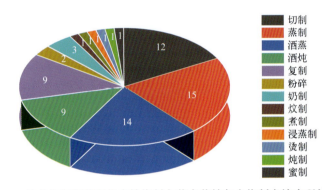

图2-3　地方炮制规范和代表性炮制专著中黄精各个炮制方法出现的个数

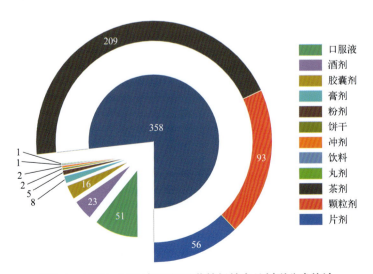

图2-6　1997～2024年5月8日黄精保健食品剂型分类统计